act.29
ALTERIDADES, CRUZAMENTOS, TRANSFERÊNCIAS

ALTERIDADES, CRUZAMENTOS, TRANSFERÊNCIAS
Direcção: Centro de Estudos Comparatistas
Coordenação: Helena Carvalhão Buescu e João Ferreira Duarte

ACT 29 – LITERATURAS E CULTURAS EM PORTUGAL E NA AMÉRICA HISPÂNICA.
NOVAS PERSPECTIVAS EM DIÁLOGO

Organização: **Magdalena López, Ângela Fernandes, Isabel Araújo Branco, Margarida Borges, Raquel Baltazar e Sonia Miceli**

Capa: Edições Húmus, a partir de layout de **António J. Pedro**
Imagem da capa: *Encuentros en el Lago Titicaca, Perú (2009)*, por Luis Lander
Paginação: **Ângela Andrade**

Revisão: **Marta Pacheco Pinto** (CEC) / Edições Húmus

© Edições Húmus, Lda., 2014
Apartado 7081
4764-908 Ribeirão – V.N. Famalicão
Telef. 926 375 305
humus@humus.com.pt

Impressão: Papelmunde, SMG, Lda. – V.N. Famalicão
1.ª edição: Novembro de 2014
Depósito Legal: 383975/14
ISBN: 978-989-755-094-2

act.29
ALTERIDADES, CRUZAMENTOS, TRANSFERÊNCIAS

Literaturas e Culturas em Portugal e na América Hispânica
Novas Perspectivas em Diálogo

Organização de
Magdalena López
Ângela Fernandes
Isabel Araújo Branco
Margarida Borges
Raquel Baltazar
Sonia Miceli

húmus   COMPARATISTAS
         CENTRO DE ESTUDOS

PREÂMBULO DOS COORDENADORES

Central ao trabalho comparatista no nosso tempo é sem dúvida o encontro com o Outro, a investigação dos contactos culturais, a pesquisa sobre migrações discursivas e as reconfigurações disciplinares e epistemológicas que advêm da irrevogável diluição de fronteiras que caracteriza o regime actual das Ciências Humanas. É por isso que o Centro de Estudos Comparatistas da Faculdade de Letras da Universidade de Lisboa, em colaboração com a editora Húmus, propõe aqui uma série de publicações dedicada à exploração de "Alteridades, Cruzamentos, Transferências", ou – uma vez que também as línguas se submetem cada vez mais à lógica da travessia e da pluralidade – "Alterities, Crossings, Transfers", "Altérités, Croisements, Transfers", e que se caracteriza essencialmente pela disseminação de assuntos, pelo nomadismo tópico.

O acrónimo ACT denuncia de imediato outra dimensão, agora pragmática, desta empresa: é que cada volume constitui a transcrição de uma *performance*, isto é, de um conjunto de textos comunicados oralmente a um público e com ele interactivamente discutidos. Ao decidir encenar regularmente estes ACT e transferi-los da palavra oral para a escrita, pretendem os Coordenadores antes do mais ampliar o âmbito da discussão por via da reapropriação intelectual que ao livro sempre subjaz; pretendem, em suma, contribuir para o continuado debate que a ciência é e, em particular no que diz respeito aos Estudos Comparatistas, para a possibilidade de conversão do ACT em acto de re-conhecimento.

Helena Carvalhão Buescu
João Ferreira Duarte

PREFÁCIO

O volume que aqui se apresenta propõe reflexões cruzadas entre aspectos das literaturas e das culturas nos universos português e hispano-americano, em especial durante os séculos XX e XXI. Na verdade, as indagações em torno das relações culturais e artísticas entre Portugal e a América Hispânica têm sido escassas. Por esse motivo, esta publicação decorre, por um lado, da constatação de que essas relações têm uma história mais longa e mais intensa do que poderá parecer à primeira vista e, por outro, do desejo de promover tais conexões através da apresentação, numa edição portuguesa, de estudos sobre aspectos fundamentais das literaturas hispano-americanas.

Por circunstâncias históricas e culturais, a chamada "literatura hispano-americana" constituiu-se a partir da necessidade de olhar para fora do seu próprio espaço. É possível afirmar que boa parte dos saberes culturais da região se fundam na multiplicidade focal produzida na interacção com diferentes *outros*. Os ensaios aqui reunidos implicam uma continuidade com esta tradição dialógica. Ao mesmo tempo, como toda a crítica sujeita a um devir relacional, este volume é também inovador. Ao colocar um país como Portugal do outro lado do diálogo, abordamos uma linha praticamente inexplorada nos estudos de Literatura Comparada em ambos os lados do Atlântico. "Hispano-americanizar" a crítica cultural portuguesa, mas também "portugalizar" a latino-americana, deslocando ambas dos seus referentes habituais, implica uma abertura hermenêutica que vai mais além das noções essencialistas de unidade ou de diferença, assim como também das cada vez mais incertas ideias sobre centro e periferia.

O olhar para fora do espaço próprio orientou este volume num sentido mais amplo que o de mero cruzamento entre sistemas geográfico-culturais. A nossa perspectiva transfronteiriça foi projectada igualmente nos diálogos interdisciplinares e entre diferentes períodos históricos, géneros literários e produções artísticas. É o caso, por exemplo, da comparação entre azulejos portugueses e murais mexicanos, ou entre filmes de diferentes décadas, ou ainda da introdução de debates sociológicos, históricos ou teológicos nas discussões. Se todo o diálogo implica uma abertura, a fuga a preceitos fechados conduziu igualmente a um questionamento dos limites associados à figura do autor, assim como ao de certas práticas interpretativas e de recepção. A ideia de uma crítica deslocada também implicou a necessidade de um olhar alheio ao cânone ou da sua revisão, evitando os lugares comuns de análise.

Importará sublinhar que este desígnio de conhecimento aprofundado e de promoção dos diálogos artísticos ibero-americanos constitui a base de uma das áreas de trabalho do Projecto DIIA – Diálogos Ibéricos e Ibero-Americanos, do Centro de Estudos Comparatistas da Faculdade de Letras da Universidade de Lisboa, em que colaboram as organizadoras do volume. Foi precisamente no âmbito dessa linha de investigação que se realizou, nos dias 11 e 12 de Abril de 2013, o colóquio internacional ACT 29, co-organizado pelo Projecto DIIA e pelo Programa Gulbenkian Próximo Futuro, com o apoio da Casa da América Latina, do Instituto Cervantes de Lisboa e da Embaixada da Argentina. Embora tendo a sua génese nesse encontro científico, a presente publicação oferece um conjunto de ensaios que se distanciam das comunicações apresentadas no colóquio não só devido à selecção de textos através de um processo de *peer review*, mas também pela inclusão de novos contributos relevantes.

Este volume está estruturado em cinco eixos temáticos que reflectem preocupações comuns dentro do conjunto dos vinte e um ensaios cuja unidade reside precisamente na perspectiva dialógica que orienta a abordagem das obras e das problemáticas estudadas.

A primeira secção, intitulada "Identidades em questão", reúne ensaios que discutem a representação das noções de identidade tanto em termos políticos e sociais como de género. María Rosa Olivera-Williams (University of Notre Dame) começa por analisar o papel do tango na constituição de uma ideia de pertença à identidade rioplatense, explorando a evolução deste processo entre o final do século XIX e as primeiras décadas do século XX. Num estudo comparado da ficção do português José Saramago e do venezuelano Miguel Otero Silva, Raquel Baltazar (Universidade de Lisboa) explora a construção discursiva de uma noção de identidade social que ganha relevância na obra de ambos os autores. Já o ensaio de Magdalena López (Universidade de Lisboa) propõe uma leitura da narrativa cubana actual à luz do conceito de desenraizamento, partindo concretamente da análise dos romances *Otras plegarias atendidas*, de Mylene Fernández Pintado, y *Desde los blancos manicomios*, de Margarita Mateo Palmer. Também Alicia Ramírez Olivares (Benemérita Universidad Autónoma de Puebla) se concentra em dois romances recentes, *La muerte me da*, da escritora mexicana Cristina Rivera Garza, e *Campo de Sangue*, da autora portuguesa Dulce Maria Cardoso, com o objectivo de mostrar a centralidade de uma voz feminina que, em ambas as narrativas, contribui para reconfigurar os códigos do género policial. No último ensaio desta secção, Silvia Hueso Fibla (Université de Picardie Jules Verne) discute a noção de transgénero no quadro das identidades pós-coloniais, tomando como ponto de partida uma leitura do romance *Sirena Selena vestida de pena*, da autora porto-riquenha Mayra Santos-Febres.

A secção "Sujeitos à margem e identidades transfronteiriças" aborda o dinamismo e a ambiguidade das fronteiras na configuração de novas subjectividades. Estas últimas tendem a questionar e transgredir as habituais divisões dos territórios nacionais ou de certos imaginários sociais. Os ensaios de Silvia Ruzzi (Freie Universität Berlin), Víctor Carreño (Universidad del Zulia) e Andrea López (Universidad Nacional Autónoma de México) expõem a redefinição da localização do interior e exterior da fronteira entre o México e os Estados Unidos, da identidade nacional por parte da diáspora venezuelana, e do malandro como figura tradicionalmente antagónica à ordem do Estado. Ao longo destas reflexões mostra-se como as obras *Soy un delincuente* e *El reincidente*, de Clemente de la Cerda, *Cárcel o Infierno*, de Luidig Ochoa, *Una tarde con campanas*, de Juan Carlos Méndez Guédez, *Bajo tierra*, de Gustavo Valle, "Um fantasma português, com certeza", de Miguel Gomes, e *Al otro lado*, de Heriberto Yépez, perfilam sujeitos marcados pelo abandono dos seus territórios físicos ou simbólicos "originários".

Na terceira secção, intitulada "Representação e memória", surgem os ensaios que tratam diversas representações artísticas na sua relação com contextos históricos e sociológicos específicos. Ana Bela Morais

(Universidade de Lisboa) analisa os critérios da Comissão de Censura do Estado Novo entre 1968 e 1974 em relação aos filmes ibero-americanos projectados em Portugal, assinalando o cruzamento entre aspectos morais e políticos. Já Armando Trinidad Aguilar de León (Universidade Nova de Lisboa) coloca lado a lado a azulejaria portuguesa e o muralismo mexicano, enquanto manifestações artísticas fortemente marcadas pelas histórias de ambos os países e que visaram o fortalecimento de um sentimento de identidade nacional. De seguida, partindo do significado religioso, social, histórico e simbólico do sacramento cristão do baptismo, Gerardo Gómez Michel (Busan University of Foreign Studies, Coreia do Sul) reflecte sobre a postura e acção da Igreja durante a revolução cristera no México rural da novela *Pedro Páramo*, de Juan Rulfo. E, por fim, Silvia Donoso Hiriart (Universidade de Lisboa) comenta várias representações fílmicas de Valparaíso e de Lisboa, concentrando-se em *Valparaíso mi amor*, de Aldo Francia, *Singularidades de uma Rapariga Loura*, de Manoel de Oliveira, e *Lisbon Story*, de Wim Wenders, de modo a sublinhar a história política e social e os ambientes característicos de ambas as cidades.

Os ensaios incluídos na secção "Metaficção e autoria" abordam questões de poética na ficção e na poesia de autores do século XX, explorando as estratégias através das quais esses autores expõem a sua ideia de literatura. No primeiro ensaio, Cristina Almeida Ribeiro (Universidade de Lisboa) analisa as características do microconto em Ana Hatherly e Ana María Shua, evidenciando a existência de uma importante reflexão metaficcional nos contos breves dessas escritoras. De metaficção fala também Felipe Cammaert (Universidade de Lisboa) num artigo em que discute a construção da figura autoral em António Lobo Antunes, Enrique Vila-Matas e César Aira, cujas obras questionam permanentemente a fronteira entre realidade e ficção. Por fim, Alejandro Palma Castro (Benemérita Universidad Autónoma de Puebla) propõe uma revisitação das vanguardas hispano-americanas como continuidade e não como ruptura com o modernismo hispânico, através de um estudo comparativo da poesia de Álvaro de Campos, heterónimo de Fernando Pessoa, e dos poetas hispano-americanos Juan José Tablada e Carlos Oquendo de Amat.

Finalmente, na quinta e última secção, sob o título "Recepção, releituras e confluências", surgem reunidos contributos que usam como fio condutor o trânsito das relações culturais e literárias entre Portugal e a

América Hispânica. Margarida Borges (Universidade de Coimbra) propõe uma descrição histórica da emergência e consolidação de uma ideia identificadora de literatura hispano-americana em Portugal. Centrada no *boom* de Roberto Bolaño em Portugal, María Fondo (Universidade de Lisboa) explora as práticas discursivas que divulgaram a obra do autor na imprensa e na produção editorial do país. O ensaio de Miguel Filipe Mochila (Universidade de Évora), por sua vez, foca a influência da obra de Eugénio de Castro sobre o movimento modernista hispano-americano, em particular sobre o percurso e a obra de Rubén Darío. Já Celina Martins (Universidade da Madeira), atenta à figura da reescrita enquanto transgressão, analisa "La rosa de Paracelso", de Jorge Luis Borges, e "A história de Elia de Mirceia", de Gonçalo M. Tavares, à luz de uma abordagem comparatista. Márcia Seabra Neves (Universidade Nova de Lisboa) coloca em diálogo *El libro de los seres imaginarios*, de Jorge Luis Borges, e *Bestiário Lusitano*, de Alberto Pimenta, sublinhando as raízes de ambas as obras nos bestiários medievais. Por último, o ensaio de Isabel Araújo Branco (Universidade Nova de Lisboa) propõe uma leitura intertextual de *Crónica de una muerte anunciada*, de Gabriel García Márquez, e de *Comédia de Rubena*, de Gil Vicente, apontando pistas para novos entendimentos de ambas.

A múltipla dinâmica relacional plasmada neste volume implicou, finalmente, um olhar que não se limita a uma noção de extraterritorialidade. O reconhecimento dos limites de qualquer hermenêutica coloca a questão de que os diferentes espaços disciplinares, nacionais, linguísticos, de género ou regionais que aqui se entrecruzam fazem referência também a uma reflexão crítica *interna* que se abre à diversidade. Na medida em que acolhemos num terreno próprio uma práxis interpretativa dialógica, parece-nos pertinente abandonar qualquer pretensão conclusiva. Esperamos, assim, que este livro contribua para deixar a porta aberta a um diálogo crítico entre as literaturas e culturas em Portugal e na América Hispânica, no âmbito do qual ainda permanece muito por fazer.

As Organizadoras

PREFACIO

El presente volumen propone reflexiones cruzadas entre aspectos literarios y culturales de los universos portugués e hispanoamericano, mayormente durante los siglos XX y XXI. Por lo general, las indagaciones en torno a las relaciones culturales y artísticas entre Portugal e Hispanoamérica han sido escasas. Por esta razón, esta publicación obedece, por un lado, a la necesidad de constatar que esas conexiones tienen una historia más larga e intensa de lo que generalmente se cree y, por el otro, al deseo de promoverlas a través de la presentación de aspectos fundamentales de la literatura hispanoamericana en una edición portuguesa.

Por motivos históricos y culturales la llamada "literatura hispanoamericana" ha estado constituida por una necesidad de mirar fuera del propio espacio. Es posible afirmar que buena parte de los saberes culturales de la región se fundan en la multiplicidad focal que se produce por la puesta en relación con diversos *otros*. Los ensayos aquí reunidos suponen una continuidad con esta tradición dialógica. Sin embargo, como toda crítica sujeta a un devenir relacional, este volumen resulta también innovador. Al colocar un país como Portugal al otro lado del diálogo, abordamos una veta prácticamente inexplorada en los estudios de literatura comparada en ambos lados del Atlántico. "Hispanoamericanizar" la crítica cultural portuguesa, pero también "portugueñizar" la latinoamericana dislocando a ambas de sus referentes habituales, implicaría una apertura hermenéutica que vaya más allá de las nociones esencialistas de unidad o de diferencia, así como también de las cada vez más inciertas sobre centro y periferia.

El mirar fuera del propio espacio orientó este volumen en un sentido más amplio que el del mero cruce entre sistemas geográfico-culturales. Nuestra perspectiva transfronteriza se proyectó igualmente en los diálogos interdisciplinarios y entre diferentes períodos históricos, géneros literarios y producciones artísticas. Tal es el caso, por ejemplo, de la comparación entre azulejos portugueses y murales mexicanos, o entre filmes de diversas décadas, o bien de la incorporación de debates sociológicos, históricos o teológicos en las discusiones. Si todo diálogo implica una apertura, la fuga de preceptos cerrados llevó igualmente a un cuestionamiento de los límites asociados a la figura del autor, así como al de ciertas prácticas interpretativas y de recepción. La idea de una crítica dislocada también implicó la necesidad de una mirada ajena al canon, o bien la de su revisión evadiendo los lugares comunes de análisis.

Es importante destacar que el conocimiento profundo y la promoción de diálogos artísticos iberoamericanos es la base de una de las líneas de trabajo del Proyecto DIIA – Diálogos Ibéricos e Ibero-Americanos del Centro de Estudios Comparatistas de la Facultad de Letras de la Universidad de Lisboa, en el que colaboran las organizadoras de este volumen. Fue precisamente en este marco de investigación que se realizó el coloquio internacional ACT 29 durante los días 11 y 12 de abril de 2013. Se trató de un evento organizado por el Proyecto DIIA conjuntamente con el Programa "Próximo Futuro" de la Fundación Calouste Gulbenkian y que contó con los apoyos de la Casa de América Latina, el Instituto Cervantes de Lisboa y la Embajada de Argentina. A pesar de que la presente publicación tuvo su génesis en el referido encuentro científico, se ofrece aquí un conjunto de ensayos distanciado de las comunicaciones presentadas durante el coloquio. Ello no sólo se debió al proceso de selección por evaluadores anónimos, sino también a la inclusión posterior de nuevas contribuciones relevantes.

Este volumen está estructurado en cinco ejes temáticos que reflejan preocupaciones comunes dentro del conjunto de los veintiún ensayos cuya unidad total reside, precisamente, en la perspectiva dialógica que orienta el abordaje de las obras y problemáticas estudiadas.

La primera sección intitulada "Identidades en cuestión" reúne ensayos que discuten la representación de las nociones de identidad en términos políticos, sociales y de género. María Rosa Olivera-Williams (University of Notre Dame) comienza por analizar el papel del tango en la constitución de una idea de pertenencia rioplatense, examinando la evolución de este proceso entre finales del siglo XIX y las primeras décadas del siglo XX. En un estudio comparado de las ficciones del portugués José Saramago y del venezolano Miguel Otero Silva, Raquel Baltazar (Universidade de Lisboa) explora la construcción discursiva de una identidad social que gana relevancia en la obra de ambos autores. El ensayo de Magdalena López (Universidade de Lisboa), por su parte, propone una lectura de la narrativa cubana actual a la luz de un concepto de desarraigo en las novelas *Otras plegarias atendidas* de Mylene Fernández Pintado y *Desde los blancos manicomios* de Margarita Mateo Palmer. También Alicia Ramírez Olivares (Benemérita Universidad Autónoma de Puebla) se concentra en dos novelas recientes, *La muerte me da* de la mexicana Cristina Rivera Garza y *Campo de Sangue* de la portuguesa Dulce Maria Cardoso, para mostrar la centralidad de una voz femenina que contribuye a reconfigurar los códigos del género policial. En el último ensayo de esta sección, Silvia Hueso Fibla (Université de Picardie Jules Verne) discute lo transgénero en el contexto de las identidades postcoloniales, tomando como punto de partida la novela *Sirena Selena vestida de pena* de la puertorriqueña Mayra Santos-Febres.

La sección "Sujetos al margen e identidades transfronterizas" aborda el dinamismo y la ambigüedad de las fronteras en la configuración de nuevas subjetividades. Éstas últimas vendrían a cuestionar y transgredir las usuales divisiones de los territorios nacionales o de ciertos imaginarios sociales. Los ensayos de Silvia Ruzzi (Freie Universität Berlin), Víctor Carreño (Universidad del Zulia) y Andrea López (Universidad Nacional Autónoma de México) exponen, alternativamente, la redefinición de la localización de los adentros y los afueras de la frontera méxico-estadounidense, de la identidad nacional por parte de la diáspora venezolana y del malandro como figura tradicionalmente antagónica al orden del Estado. A lo largo de estas reflexiones se muestra de qué manera las obras *Soy un delincuente* y *El reincidente* de Clemente de la Cerda, *Cárcel o infierno* de Luidig Ochoa, *Una tarde con campanas* de Juan Carlos Méndez Guédez, *Bajo tierra* de Gustavo Valle, "Um fantasma português, com certeza" de Miguel Gomes y *Al otro lado* de Heriberto Yépez van perfilando sujetos marcados por el abandono de sus territorios físicos o simbólicos "originarios".

La tercera sección, "Representación y memoria", comprende ensayos que tratan sobre la dinámica entre diversas obras y sus contextos históricos y sociológicos. Ana Bela Morais (Universidade de Lisboa) analiza los criterios de la Comisión de Censura del Estado Novo entre 1968 y 1974 en relación a los filmes iberoamericanos proyectados en Portugal, señalando el cruzamiento entre aspectos morales y políticos. Armando Trinidad Aguilar de León (Universidade Nova de Lisboa) establece un paralelismo entre la azulejería portuguesa y el muralismo mexicano. Fuertemente marcados por la historia de sus respectivos países, ambos tipos de manifestaciones artísticas buscaron el fortalecimiento de la identidad nacional. De seguida, partiendo del significado religioso, social, histórico y simbólico del sacramento cristiano del bautismo, Gerardo Gómez Michel (Busan University of Foreign Studies, Corea del Sur) reflexiona sobre la postura y la acción de la Iglesia durante la Revolución Cristera en el México rural de la novela *Pedro Páramo* de Juan Rulfo. Por último, Silvia Donoso Hiriart (Universidade de Lisboa) comenta varias representaciones cinematográficas de Valparaíso y Lisboa, concentrándose en *Valparaíso mi amor* de Aldo Francia, *Singularidades de Uma Rapariga Loura* de Manoel de Oliveira y *Lisbon Story* de Wim Wenders, para resaltar la historia política y social así como los ambientes característicos de ambas ciudades.

Los ensayos incluidos en la sección "Metaficción y autoría" se aproximan a las poéticas de la ficción y de la poesía de varios autores del siglo XX, explorando las estrategias a través de las cuales estos autores exponen su idea de la literatura. Cristina Almeida Ribeiro (Universidade de Lisboa) analiza las características de los microcuentos de Ana Hatherly y Ana María Shua, evidenciando en ellos la existencia de una importante reflexión metaficcional. Sobre metaficción también discute Felipe Cammaert (Universidade de Lisboa) a propósito de la construcción de la figura autoral en obras de António Lobo Antunes, Enrique Vila-Matas y César Aira. Cammaert muestra cómo se cuestionan permanentemente las fronteras entre la realidad y la ficción. Por último, Alejandro Palma Castro (Benemérita Universidad Autónoma de Puebla) propone revisitar las vanguardias hispanoamericanas como continuidad y no como ruptura con el modernismo, mediante un estudio comparativo entre la poesía de Álvaro de Campos, heterónimo de Fernando Pessoa, y los poetas hispanoamericanos José Juan Tablada y Carlos Oquendo de Amat.

Finalmente, en la quinta y última sección bajo el título "Recepción, relecturas y confluencias", se reúnen contribuciones que tienen como hilo conductor el tránsito de las relaciones culturales y literarias entre

Portugal e Hispanoamérica. Margarida Borges (Universidade de Coimbra) propone una descripción histórica de la emergencia y consolidación de una idea identificadora de la literatura hispanoamericana en Portugal. Centrada en el *boom* de Roberto Bolaño en Portugal, María Fondo (Universidade de Lisboa) explora las prácticas discursivas que divulgaron la obra del autor en la prensa y en la producción editorial del país. El ensayo de Miguel Filipe Mochila (Universidade de Évora), a su vez, se enfoca en la influencia de Eugénio de Castro sobre el movimiento modernista hispanoamericano; en particular, lo hace sobre la trayectoria y la obra de Rubén Darío. Celina Martins (Universidade da Madeira) apunta a la figura de la reescritura como forma de transgresión. Martins analiza "La rosa del Paracelso" de Jorge Luis Borges y "A história de Elia Mirceia" de Gonçalo M. Tavares, a la luz de un abordaje comparado. Márcia Seabra Neves (Universidade Nova de Lisboa) coloca en diálogo *El libro de los seres imaginarios* de Borges y *Bestiário Lusitano* de Alberto Pimenta, resaltando las raíces de ambas obras en los bestiarios medievales. Por último, el ensayo de Isabel Araújo Branco (Universidade Nova de Lisboa) propone una lectura intertextual de *Crónica de una muerte anunciada* de Gabriel García Márquez y de *Comédia de Rubena* de Gil Vicente, sugiriendo pistas para sus nuevos entendimientos.

La múltiple dinámica relacional plasmada en este volumen implicó, finalmente, una mirada que no se limita a una noción de extraterritorialidad. El reconocimiento de los límites de cualquier hermenéutica plantea la cuestión de que los diferentes espacios disciplinarios, nacionales, lingüísticos, de género o regionales que aquí se entrecruzan refieren también a una reflexión crítica *interior* que se abre a la diversidad. En la medida en que cobijamos en un terreno propio una praxis interpretativa dialógica, resulta pertinente abandonar toda pretensión conclusiva. Esperamos, así, que este libro contribuya a dejar la puerta abierta a un diálogo crítico entre las literaturas y culturas en Portugal e Hispanoamérica en el que todavía queda mucho por hacer.

Las Organizadoras

I
IDENTIDADES EM QUESTÃO

I
IDENTIDADES EN CUESTIÓN

TANGO: EL DESEO DE PERTENECER

María Rosa Olivera-Williams[*]

> *Si arrastré por este mundo*
> *la vergüenza de haber sido*
> *y el dolor de ya no ser.*
>
> Carlos Gardel y Alfredo Le Pera, *Cuesta abajo*

> *Yo, que no he pertenecido*
> *al ambiente en que ahora estoy*
> *he de olvidar lo que he sido*
> *y he de olvidar lo que soy.*
>
> Antonio Martínez Viergol y Manuel Jovés, *Loca*

Donald S. Castro, en una de las importantes contribuciones de la década del 90 sobre el tango como fenómeno cultural del Río de la Plata, *El tango argentino como historia social, 1880-1955*, señala tres períodos para su evolución[1]. Basándose en el análisis temático y lingüístico del tango como "reflector 'pasivo' de su tiempo y espacio" (1990, 10), distingue primero al tango como cultura folklórica, siendo éste un producto espontáneo del sector más bajo de la escala social, especialmente criollos marginados en los arrabales portuarios de las ciudades-capitales de Buenos Aires y Montevideo y más tarde inmigrantes europeos (1880-1890). Segundo, el tango-danza (1890-1917), período que Castro reconoce como la entrada del tango a la cultura popular debido a su más amplia aceptación en la cultura de los barrios bajos y obreros de Buenos Aires. Esta recepción no

---

[*] University of Notre Dame.
[1] Importa señalar que el libro de Castro está escrito en inglés y publicado en los Estados Unidos, contribuyendo con un agudo estudio sobre el tango al desarrollo de los estudios culturales en dicho país. Por supuesto, los estudios sobre el tango asimismo se enriquecen con la aproximación de Castro.

estaba limitada a la población de los arrabales portuarios, ya que el tango atrajo a jóvenes de los sectores afluyentes de la sociedad bonaerense a los prostíbulos. Tercero, el tango-canción, la transformación del tango en canción popular, a partir de 1917, fecha en que Pascual Contursi escribió el poema para el tango "Mi noche triste", con música de Samuel Castriota, y el tango alcanzó popularidad masiva (tango como cultura de masas) por medio de los nuevos medios electrónicos de la radio, el cine y las grabaciones de sonido. En la década del veinte del siglo XX, la clase media ya había aceptado el tango y en la década del 30, gracias al cine y la radio, el tango-canción se convirtió en un fenómeno nacional e internacional de la cultura popular porteña, metonimia de la cultura popular argentina y, por extensión, rioplatense (Castro 1990, 6-8).

Esta útil clasificación propuesta por Castro que subraya la creciente aceptación del tango durante la primera mitad del siglo XX hasta llegar a convertirse en uno de los elementos más profundos y reconocidos de la identidad rioplatense, esa manifestación del "alma del pueblo", tal como Castro subtituló a su libro, deja de lado uno de los elementos constitutivos del fenómeno cultural del tango: la interpretación. Es precisamente la interpretación que le brinda su perfil distintivo tanto al tango como música, como danza y como canción (el tango como poesía cantada), lo que manifiesta el deseo de pertenencia fundante del tango y que nunca lo abandona. Este deseo de un grupo que se sentía y sabía marginado y deseaba pertenecer al espacio, tiempo y sociedad que habitaban —los tres elementos constitutivos de la identidad (Grinberg y Grinberg 1984, 159)— hace que el tango se convierta en el lenguaje de las emociones del siglo XX en el Río de la Plata. En una época de profundos cambios económicos, políticos y sociales, así como de avances tecnológicos y científicos nació el tango, hijo bastardo de la modernización. El lenguaje del tango, desde su cuna orillera, aprendió a hablar de los impactos del mundo exterior y de los deseos del individuo de tener un lugar en ese afuera que lo estremece, pero que le es siempre ajeno. Si se piensa al moderno ciudadano rioplatense perdido en las grandes ciudades de Buenos Aires y Montevideo, las que le mostraron la transformación vertiginosa de sus conceptos de tiempo y espacio, se entiende por qué el tango se convirtió paradójicamente en el lenguaje epistémico de la modernidad. Asimismo, el tango sigue siendo el lenguaje epistémico del presente, o sea el que nos permite conocernos en los perennes cambios de la historia.

El tango como afecto es en términos de la filosofía de Baruch de Spinoza, "pasión" que responde al impacto del mundo exterior (1883). El lenguaje plástico de los cuerpos que se atraen en una danza ritual que parece oponerse con su sensualidad dialógica y plástica a la voracidad del tiempo, de la historia y del progreso formando un círculo que se mueve en sentido contrario a las agujas del reloj; el lenguaje musical de notas de instrumentos de diferentes orígenes que dejan sentir los sonidos fragmentarios de lugares lejanos: África, Europa y la pampa; y el lenguaje melancólico de la poesía del tango que da cuenta principalmente de desplazamientos y pérdidas es un lenguaje de la pasión. Parecería que el tango se mueve o es actuado por impactos externos. Castro, en el trabajo ya citado, identificaba al tango como "reflector '*pasivo*' de su tiempo y espacio" (1990, 10) el énfasis le pertenece), o sea como pasión. Para Spinoza (1883), las pasiones son "emociones pasivas" por medio de las cuales el sujeto es actuado. Sin embargo, el tango no es solo pasión. No es solo la representación del impacto del afuera que mueve a los tangueros como conocedores pasivos del mundo (tiempo y espacio). El tango es esencialmente "deseo", es la acción del individuo que se abre al afuera en el abrazo del tango. Es el deseo del individuo de ser impactado por ese mundo exterior, haciéndolo suyo. En términos de Spinoza, los deseos como actos individuales manifiestan la esencia humana del individuo, su esfuerzo de auto-preservación, adquiriendo un conocimiento consciente del impacto. Estas "emociones activas" hacen posible lo que Henri Bergson llamó "la duplicación" del cuerpo real por la intensidad del potencial de ser impactado, permitiendo que el cuerpo se haga real y virtual (Massumi 1995, 92). Brian Massumi, quien lee a Spinoza con los aportes de Bergson, explica que la "idea del afecto", o sea, la idea de la intromisión del afuera sobre el cuerpo del individuo, alcanza para Spinoza, el nivel de reflexión consciente cuando se duplica la idea de la idea del impacto. En palabras de Massumi: "La reflexión consciente es la duplicación de la idea misma, una auto-repetición de la idea que involucra al afecto o la imposición/impresión del afuera en el cuerpo, cuando este impacto se ha distanciado dos veces" (1995, 92). El tango como danza, como música, como poema-canción da cuenta de la viscosa naturaleza de la identidad, que siempre depende de lo social, de esa duplicación virtual del individuo como ser real y abstracto para pertenecer, para ser más allá de sus limitaciones temporales y geográficas.

INTERPRETACIONES DE LA PERTENENCIA

Si bien los límites temporales de cualquier proceso socioeconómico, como el de la modernización; o de un movimiento literario, por ejemplo, el modernismo; o de un fenómeno cultural como el del tango, son arbitrarios, siempre hay un período de gestación que precede a la fecha aceptada de origen y un período de transición que trasciende la fecha de su cierre: el año de 1880 como fecha de comienzo de la modernización, el modernismo y el tango como fenómeno cultural popular del Río de la Plata es significativo.

Se puede indicar el año de 1880 como la fecha de modernización del principal puerto del Río de la Plata. En 1880 se terminaron las obras que hicieron del puerto de Buenos Aires un puerto moderno y, en 1909, se inauguró el puerto de Montevideo. Estas fechas son simbólicas ya que la renovación de ambos puertos señala la entrada de las economías de Argentina y Uruguay en el mercado mundial. Los puertos fueron metonimia del nuevo y vertiginoso cambio que trajo el capitalismo a la región. Productos —exportación de materia prima e importación de productos manufacturados— y seres humanos competían en la velocidad de sus intercambios. La nueva geografía humana estaba compuesta para la primera década del siglo XX, por más de seis millones de inmigrantes europeos y un número importante de migrantes rurales. El impacto de la inmigración europea y la migración rural fue similar en Uruguay, aunque los números no hayan sido tan impresionantes. Movimiento, cambios, velocidad, ruido, pluralidad de lenguas y razas caracterizaron a estas dos ciudades capitales portuarias. La actividad del fin de siglo fue incesante.

En pocos años, ciudades que solían ser grandes pueblos de provincia con edificaciones bajas de estilo español y escasos habitantes se transformaron en florecientes centros urbanos con edificios altos de estilo francés y toques de *Art Nouveau*. Buenos Aires y Montevideo se estilizaron, se volvieron ciudades luminosas y activas[2]. La filosofía socioeconómica del intelectual argentino Juan Bautista Alberdi (1810-1884) de que era necesario poblar la tierra para civilizarla y el programa político del séptimo Presidente de Argentina, Domingo Faustino Sarmiento (1811-

---

2   En 1930, se construyó el Obelisco de Montevideo para celebrar el centenario de la Primera Constitución de Uruguay. En 1936, el Obelisco de Buenos Aires se construyó para celebrar el cuarto centenario de la fundación de la ciudad. En la década del 30, ambos monumentos sellaban las transformaciones de las ciudades en centros urbanos modernos.

1888) de que el país necesitaba la contribución de inmigrantes especializados se logró en la década del ochenta del siglo XIX. Precisamente, en 1880 cuando Julio Argentino Roca (1843-1914) asumió la presidencia de Argentina, reformó la Constitución y Buenos Aires se convirtió en la capital federal de la República. Este cambio administrativo —Buenos Aires era hasta ese entonces la capital de la provincia de Buenos Aires— marcó la centralidad del país moderno que enfocaba sus energías en las actividades de su puerto y las demandas del mercado europeo. En el colorido estilo de *El libro del tango*, de Horacio Ferrer, la nueva realidad de la ciudad portuaria de la década del 80 del siglo XIX la transformó en "la Shangai de la pampa" (1970, xxxv). Ferrer describe a la ciudad de la siguiente manera: "Ya los extranjeros son más —y bastante más— en Buenos Aires que los propios porteños. Se diría que alguien ha sacado a una ciudad que aquí había y que, en la misma implantación (la que Hernando Báez escoge en 1536 por orden de Pedro de Mendoza) ha puesto otra" (1970, xxxv).

El capitalismo refundó las dos ciudades capitales. En verdad, la nueva economía hizo posible la independencia cultural y social de Argentina y Uruguay. Para Luis Alberto Herrera, un joven político y abogado uruguayo en 1895 y luego el líder del Partido Nacional, el torbellino de la industrialización, comercio, construcción y tecnología sacudieron los grilletes coloniales de Montevideo. La antigua fortificación amurallada que era Montevideo "de los tiempos de España" se transformó en una ciudad moderna, que se expandía hacia las áreas rurales, llevando progreso. El joven Herrera, no disimulaba su entusiasmo ante el impulso modernizador del país: "Estimulada por las enciclopédicas exigencias de su avanzada cultura, la blasonada capital crece y se expande tierra adentro con la briosa elasticidad característica de esta época de vértigo y sólo concedida á la propia fuerza" (1895, 72). Sin embargo, los arrabales portuarios de ambas ciudades, donde mataderos y curtiembres se levantaban dando cuenta de las principales exportaciones de ambas economías, dejaban ver la otra cara del capitalismo: los conventillos, los remanentes de la vida tradicional rural y la proliferación de prostíbulos. En los arrabales portuarios, la crisis social y espiritual creada por los efectos de la economía capitalista se hizo evidente y contrastó con la confianza que intelectuales y artistas tenían en la tecnología, la ciencia, la industrialización y el progreso material.

La confianza de los sectores cultos se articulaba en una de las publicaciones más cuidadas de fines del siglo XIX: la *Revista Nacional de Literatura y Ciencias Sociales* (1895-1897), fundada por la joven elite intelectual uruguaya —Daniel Martínez Vigil, Carlos Martínez Vigil, Víctor Pérez Petit y José Enrique Rodó—, y donde publicó el joven Herrera su apología a la modernización en Uruguay. En la presentación de dicha revista sus fundadores señalaban la necesidad de una publicación que: "[R]*eflejara con exactitud la vida cerebral de las nuevas generaciones; que fuera su expresión genuina en cuanto atañe a los levantados ideales que persigue en materia científica y literaria*" (Revista Nacional 1895, 1), alejándose de la política y el sensacionalismo publicitario de los diarios de la época. La vida cerebral de las jóvenes generaciones se preocupó por difundir las nuevas corrientes estéticas, filosóficas y científicas. La pluma de Rodó dio cuenta de las características del modernismo como expresión literaria de su presente. Sin embargo, ya en esta revista en la cual parecería que se quiso proteger la actividad intelectual como el tesoro más hermoso de una época de grandes transformaciones y avances; de los aspectos oscuros del capitalismo en su etapa imperialista, lo que quedaba para "las hojas diarias de publicidad" con sus "tejemanejes" políticos y mercantiles, se reflejaba la crisis de pertenencia de ciertos grupos de la intelectualidad. Crisis que se entiende mejor como deseo de pertenencia de un grupo en lo que ellos percibían como la representación errónea de lo social; errónea, ya que esa representación los excluía o, en esa representación, ellos no se encontraban. Este deseo de pertenencia al ámbito simbólico de la nación se extendió asimismo a los que estaban en el otro extremo de la escala social, los sectores populares, especialmente los sectores que habitaban los arrabales portuarios, y se articularía en una de sus creaciones más felices, el tango, pasando a ser éste expresión metonímica de una época en el Río de la Plata y, con el correr del tiempo, de la identidad rioplatense.

El grupo de la intelectualidad uruguaya que no se sentía pertenecer a las manifestaciones literarias modernas en el Río de la Plata era el criollista. En 1895, Elías Regules, intelectual, médico, catedrático, escritor y político uruguayo, fundador y primer presidente de la "Sociedad Criolla", publicó un artículo en la *Revista Nacional de Literatura y Ciencias*, donde se defendía de los ataques de aquéllos que veían en la apropiación de la figura del gaucho y de su canto por los poetas criollistas, un mito nacional vacío que no respondía a la nueva sensibilidad de lo social.

Regules, después de enumerar los títulos con los que los criollistas eran atacados por sus enemigos literarios: "retrógradas", "restauradores perjudiciales de un gaucho que no existe" y el más ofensivo, "compadres" (Regules 1895, 36), ya que como Regules indica, este término deja conocer su origen arrabalero, contraataca mostrando las tendencias colonialistas de los que abrazan lo extranjero negando los valores propios. El problema es precisamente identificar qué constituye lo propio en momentos de grandes transformaciones, cuando se siente la naturaleza cambiante de la identidad. Regules tiene que recurrir a la tierra. El artículo finaliza con una exaltación a los valores estéticos que se originan en el campo como naturaleza que hizo posible el surgimiento de "una raza propia", vástagos de aquéllos primeros europeos que habitaron el país. La postura nacionalista de Regules, para quien: *La Civilización, que no ha legislado todavía sobre gustos nacionales, no puede prohibir en el Uruguay lo que consiente en todo el Universo*" (1895, 37; el énfasis le pertenece) es duplicada en la décima de Orosmán Moratorio que acompaña el artículo. Moratorio muestra que es la guitarra del poeta criollista y su sensibilidad, las que pueden cantar a la naturaleza del país porque la saben escuchar y sólo cuando esa naturaleza calla, él canta imitándola. El criollista no necesita apropiarse de la voz del gaucho, como los poetas gauchescos, para cantar a la naturaleza y el sentir nacional[3]. En esto radica la genuina originalidad de su canto y la necesidad del mismo:

> Por eso calla el cantor
> de las regiones campestres.
> ¿A qué sus cantos silvestres
> cuando trina el ruiseñor?
> Ante la lira bizarra
> de primorosas canciones
> yo rompo sin aprensiones
> las cuerdas de mi guitarra.
> (Moratorio 1895, 37)

El artículo de Regules titulado "Ellos y nosotros" y las "Décimas" de Moratorio se publicaron en 1895, a menos de un año de la fundación

---

3 Con respecto a la apropiación de la voz del gaucho en la poesía gauchesca, ver el libro de Josefina Ludmer, *El género gauchesco. Un tratado sobre la patria*. Leer especialmente el prólogo a la edición de 2000.

de la "Sociedad Criolla" (24 de mayo de 1894) y, como explica la breve introducción ("Regionalismo literario"), posiblemente escrita por José Enrique Rodó, fueron trabajos leídos un mes antes en una celebración literario-musical en la "Sociedad Criolla". Estos datos sirven de termómetro para medir la intensidad del sentimiento de no pertenencia de los criollistas, aún en el seno de la misma institución que fundaran para rescatar los frutos de la sensibilidad rural que estaban fuertemente amenazados por el torbellino urbanista. Se está en una guerra de pertenencias al ámbito simbólico de la nación. La modernización amenaza la identidad criollista como identidad nacional. Es importante entender esto para conectarlo con el registro del tango. El propio Regules entiende en el apasionado final de su ensayo que el progreso urbano es sinónimo de "civilización", pero no puede permitir que en nombre de esa civilización se desnaturalice al "nosotros", a los legítimos herederos de "la raza" de esa tierra. Parecería que los criollistas mantienen vivo el sentir del gaucho criollo, ya no el beduino de las pampas al decir de Sarmiento, sino los valores del patriarca de la nación, del individuo que se enraizó en la tierra rioplatense con la lengua y la cultura del conquistador, haciendo que lengua y cultura se hicieran propias, de ahí que no tuvieran que hacerse de la voz "gaucho". El criollo sería la esencia idealizada del gaucho. Regules no puede permitir que la sensibilidad moderna, en las críticas de sus enemigos literarios, los convierta en "ellos", los marginados en la nueva representación de las naciones rioplatenses.

El agravio de Regules ante el título afrentoso de "compadres" sirve de puente para analizar el tango como deseo de pertenencia de la nueva geografía humana que, ocupando las orillas urbanas, constituía la génesis de los modernos sectores populares rioplatenses. El término "compadre" se le asesta al criollista porque siendo un poeta culto y urbano se apropia del sentir del gaucho y su vestimenta. El criollista interpreta su pertenencia a su espacio y tiempo por medio de la figura del gaucho. Intenta preservar al gaucho en la ciudad moderna, la cual ha extendido sus tentáculos civilizadores hacia el campo, institucionalizándolo. Sin embargo, no quiere que ese gaucho criollo se monumentalice en una sociedad criolla que actúa como museo; quiere darle vida en el sentir nacional y fracasa. Moratorio en su "décima" dice que sabe escuchar la naturaleza, pero los criollistas no aprendieron a escuchar la nueva naturaleza humana de Argentina y Uruguay. ¿Qué encierra el concepto "compadre" que lo hace inaceptable para Regules?

Marco Aguinis, en *El atroz encanto de ser argentinos*, describe al compadre como "el guapo prestigioso por su coraje y su mirada" (2001, 59). Es un hombre de honor y de palabra, y su arma, el cuchillo, solo la emplea para imponer justicia cuando se abre un precipicio entre las leyes escritas y su aplicación. Hay que recordar que para el compadre su palabra es ley. Aguinis señala asimismo que el compadre es el heredero directo del gaucho: "Desprecia el trabajo, como sus antecesores míticos (el hidalgo y el conquistador) y como su padre aborrecido (el gaucho)" (2001, 60). El compadre es la adaptación urbana del gaucho ("su padre aborrecido"), conservando sus más deseables valores en el tiempo de la modernización. No le gusta el trabajo regulado, pero trabaja por causas que considera superiores, como la política. El criollista podría replicarse en el compadre como metáfora de valores telúricos en plena modernización. Regules dice que: "[E]fectuaríamos un indiscutible progreso, si pudiéramos traer á los días contemporáneos el alma bien tallada del antiguo uruguayo (léase gaucho), que tenía su palabra por documento y por Dios su deber, para encarnarla en una generación modificada, donde los papeles ya no obligan" (1895, 37). El alma del antiguo uruguayo vive en el compadre. Sin embargo, Regules, en nombre de los criollistas, se siente agraviado con el título de compadre. El compadre es metonimia del arrabal, de esa orilla donde se fermenta una nueva identidad rioplatense y por eso conscientemente confunde al compadre con el compadrito, o sea, la degradación del primero: el que no tiene ni honor, ni palabra; no le gusta trabajar, ni se arriesga por ninguna causa política; mata por pendenciero y con revólver; explota a las mujeres y es ostentoso en el hablar, el vestir, el bailar (Aguinis 2001, 61; Gobello 1980, 14-16). Regules no puede aceptar que su deseo de pertenencia se acerque al deseo de pertenencia que desglosan tanto las notas del tango, como el fuerte abrazo de los tangueros, exteriorizando el deseo de unirse a un "otro". En plena modernización, cuando el desarrollo urbano mostraba los réditos de las exportaciones de carne, cueros, sebo, lanas y granos, especialmente, así como la entrada del exceso de la mano de obra del primer mundo, y el intercambio que se realizaba en los puertos no se limitaba a productos y gente, sino a ideas y desarrollo científico y tecnológico, cuando se asentaba la estética modernista con grandes poetas y obras, y el tango entraba en la cultura popular, especialmente como danza, la estética criollista reconocía, con el pesar de sus hacedores, haber perdido hegemonía en la representación de la sensibilidad nacional rioplatense.

¿Qué pasaba con el tango de arrabal y los barrios obreros? Horacio Ferrer dice que el "arrabal" era el *sub-urbis*. El arrabal era el área de los aledaños que estaban alejados de la parte central, iluminada, bien ventilada de la moderna Buenos Aires, donde vivían aquéllos que tenían poder económico y buenos apellidos. Ferrer, quien rastrea la etimología de la palabra *arrabal*, encuentra que en hebreo *rabah* significa "multiplicarse", lo que lo lleva a indicar que el arrabal respondió al desborde poblacional de la ciudad durante la modernización. Literalmente, arrabal sería la zona proletaria (prole, prolífica, excesiva; de reproducción obrera y de los excesos de los fenómenos de la migración). Asimismo, en árabe, *arraba* significa "extramuro", o sea, el arrabal sería la franja que está afuera del centro urbano, la zona portuaria habitada por el exceso humano de las áreas metropolitanas rioplatenses. Ferrer distingue, sin embargo, el suburbio del arrabal. El suburbio indica una zona geográfica, el arrabal, un modo de vida, la "del bajo urbano". Esta diferencia no niega que en la década del 80 del siglo XIX ambos términos designaran una misma realidad: "[L]os suburbios de la Buenos Aires de 1880 son los del conventillo. Los que vive el recién llegado proletario, el inmigrante, la familia criolla de clase media pero pobre. Desde San Telmo y Montserrat hasta Palermo pasando por la Concepción, Boedo y demás" (Ferrer 1970, xli). En el suburbio/arrabal iban a vivir los que no podían vivir en un lugar mejor. Ese exceso poblacional también contó con aquellos que no eran los inmigrantes especializados que deseaba Sarmiento para poblar la pampa (el desierto en sus palabras) y que, escapando de la miseria de sus países de origen en Europa, llegaron a los arrabales portuarios y sobrevivieron en ellos con las habilidades de la llamada "mala vida". Con tono de poesía de tango, Ferrer marca la diferencia del arrabal: "El Arrabal está allí donde el rigor policial es menos denso. Allí donde la noche es más honda y más protectora. [...] Al Arrabal no se va a vivir: el Arrabal se lleva puesto. Es una fuga, un esoterismo y una fatalidad" (1970, xli). En ese suburbio/arrabal donde se originó y consolidó el tango, donde fermentó la moderna identidad rioplatense, surgió una nueva voz. Solo que no es *una* voz sino legión: fuga lingüística, moral, identitaria, de género; ¡fuga!

En estos procesos, el lenguaje juega un papel central. Mijaíl Bajtín entendía el lenguaje como esencialmente ajeno. Su riqueza significante proviene de siglos de historia y tradición. Otras voces constituyen el enunciado, aún antes de que el mismo se realice. De ahí que la *otre-*

dad (la presencia de las voces de los otros) habite el lenguaje haciendo posible la polifonía de voces en el momento de cualquier enunciado, el cual siempre está destinado por y para otro. El filósofo francés Paul Ricoeur, con los aportes de Roland Barthes, entiende la identidad como una construcción narrativa y, este concepto del sujeto que se constituye en el tiempo de la enunciación, le permite obviar la ilusión del sujeto "idéntico a sí mismo" y enfocarse en el principio esencial del autorreconocimiento. Para ello se basa en la distinción en latín entre "idem", la identidad como lo mismo, e "ipse", la identidad como un sí mismo, que sería la diferencia entre una identidad sustancial y una identidad narrativa. Para Ricoeur la identidad sería el intervalo u oscilación entre el "idem" y el "ipsem" (1994, 18, 118, 121, 124). En un periodo de fuertes y veloces cambios en el Río de la Plata, la *otredad* constituyente del lenguaje tenía que manifestarse en la polifonía de voces del arrabal haciendo surgir la identidad moderna rioplatense. Ese lenguaje *otro* en el periodo de la modernización rioplatense se llamó lunfardo y le dio voz y tono a la poesía del tango.

Donald Castro, en el trabajo ya citado, dedica dos capítulos al estudio del lunfardo, esa mixtura lingüística, recodificación, híbridez de vocablos y conceptos provenientes del italiano. Con el rigor académico que lo caracteriza, parte del primer trabajo sobre el lunfardo: los artículos de Benigno Lugones para el periódico *La Nación* de marzo y abril de 1879. Lugones define al caló porteño de los ladrones como lunfardo y llama lunfardos a los mismos ladrones[4]. El incremento de la actividad criminal en los arrabales de Buenos Aires y Montevideo se asoció con la inmigración de individuos indeseables a ambas ciudades capitales, teniendo como resultado el surgimiento de un lenguaje propio de los criminales ladrones: el lunfardo. El crimen que se incrementó en este periodo, descontando la acumulación de capital, fue el robo y la estafa. El estudio del lunfardo fue clave para el entendimiento del mundo criminal bonaerense de fines del siglo XIX y principios del siglo XX. La criminología argentina dio a luz importantes trabajos que necesariamente se enfocaron en el nuevo lenguaje del bajo mundo. En este sentido, sobresale el libro del periodista y estadista argentino Luis María Drago, *Los hombres de presa* (1888), que fue traducido al italiano en 1890 (*I Criminali nati*) y contó con un prefacio del famoso médico, antropó-

---

4 "Los beduinos urbanos" y "Los caballeros de la industria", los artículos de Lugones fueron reproducidos por José Gobello en *Vieja y nueva lunfardía* (1963, 101-118).

logo y moderno criminalista italiano, Cesare Lombroso, para quien el lunfardo era un "lenguaje salvaje", típico de la sensibilidad anormal de los criminales. El prólogo de Lombroso le servía al criminalista italiano para avanzar su propia teoría sobre el atavismo criminal. El lunfardo era un excelente ejemplo del lenguaje salvaje como lenguaje degenerado de individuos que habían sufrido una reversión biológica. El jurisconsulto y sociólogo argentino Francisco Ramos Mejía también escribió un largo prólogo a la segunda edición argentina del famoso libro de Drago, la que coincidió con la fecha de la publicación de la versión italiana, 1890. Ramos Mejía, al igual que Lombroso, se sirvió del prólogo a *Los hombres de presa* para presentar sus propias ideas sobre criminología. Las opiniones de Ramos Mejía coincidían más con el estudio de Drago sobre los criminales de su tiempo que con la propuesta lombrosiana. Ramos Mejía afirmaba que el lunfardo no era un lenguaje primitivo y salvaje propio de seres anormales, sino un argot nacido por la necesidad de los ladrones de expresar con claridad y precisión ideas de su oficio: "[Q]ue el lenguaje general no expresaría bien o no lo haría sino por medio de molestas circunlocuciones" (Drago 1921, 10).

¿Cómo un lenguaje específico imputado a los ladrones orilleros se vuelve lenguaje popular rioplatense? Castro señala que la publicación de importantes obras sobre los nuevos criminales, los lunfardos[5], en las últimas décadas del siglo XIX y primeras del XX en Buenos Aires, refleja de cierta manera la percepción de los sectores cultos de la sociedad sobre las consecuencias de la inmigración masiva al país. Tanto para ellos como para las clases afluyentes, la inmigración era de culpar por el incremento de la actividad criminal y la corrupción de los valores morales. En 1908, uno de los fundadores del Instituto Argentino de Criminología, inaugurado un año antes en 1907, el joven criminalista Eusebio Gómez publicó *La mala vida en Buenos Aires*. Este libro recoge opiniones similares a las que desarrollaran Drago y Ramos Mejía. Gómez subraya el crimen en Buenos Aires debido al veloz crecimiento urbano y dice:

---

5   Califico de "nuevos" a los criminales lunfardos porque si bien hubo ladrones en Buenos Aires y Montevideo desde la época de la colonia (en un principio, de acuerdo a lo estudiado por Lugones, el término lunfardo se limitaba a los ladrones), estos lunfardos, como argumenta Eusebio Gómez, responden a la evolución de la criminalidad en la gran ciudad: "de la violencia al fraude". Ver Gómez 1908, 28.

[E]n esta gran capital del Sud, frente á sus progresos que asombran á cuanto extranjero nos visita, frente á las maravillas de una civilización harto avanzada en el orden material, ofrécense al ojo del observador desprovisto de prejuicios, las lacras más vergonzosas que suponerse puedan. [...] [Y] obrando de consuno la influencia de una inmigración no depurada en manera alguna, inmigración que trae á nuestro país, junto con el hombre verdaderamente trabajador, la resaca extraída de los más bajos fondos de los pueblos europeos, nace en Buenos Aires la plaga de los parásitos sociales. (1908, 27-28)

"La plaga de los parásitos sociales" define la mala vida porteña y, como observa el filósofo positivista y médico argentino, José Ingenieros, autor del prólogo del libro de Gómez y primer director del Instituto de Criminología, hay que diferenciar entre la mala vida y la criminalidad. La primera tiene que ver con la inadaptación social de acuerdo al "criterio ético del ambiente"; la segunda con la criminalidad y la ley[6]. Importa que Gómez enfoque su estudio en la mala vida bonaerense y los actores de la misma porque, al referirse a la inadaptación social de éstos y su manera de hablar, muestra la contaminación del lunfardo con el caló orillero o porteño. En un ejemplo dado por Gómez, en el que también se detiene Castro, un joven de campo recién llegado a la ciudad es engañado por un malviviente orillero, quien para sacarle el dinero, lo lleva a un "café concierto". Ahí, en un ambiente de música y "canciones obscenas", presumiblemente las letras picantes de los primeros tangos, una camarera y amante del estafador seduce al ingenuo campesino atrayéndolo a la mala vida y robándole todo el dinero que éste ahorrara con su trabajo en el campo. En este ejemplo, Gómez muestra una de las maneras más comunes en la que los jóvenes argentinos de comienzos del siglo XX se desviaban moralmente, ya fueran éstos ingenuos campesinos cegados por la gran ciudad como también jóvenes de "cierta posición" que buscaban una vida fácil sin trabajar. El criminalista utiliza vocablos que unen el lunfardo con el lenguaje popular rioplatense para hablar de los cambios sociales de su época. Así, el estafador que se sirve de la mujer para robar es el "canfinflero", el campesino es el "otario"

---

6   José Ingenieros escribe: "Hay 'mala acción' y 'mala vida' toda vez que un acto ó una conducta son considerados antisociales por el criterio ético del ambiente; hay 'delito' y 'criminalidad' cuando ellos tienen una calificación especial en las leyes penales vigentes. En suma, la mala vida implica la inadaptación moral de la conducta y la criminalidad requiere su inadaptación legal". Ver "Prólogo" (1908, 10).

(cándido para Gómez; "tonto" para Juan Carlos Guarnieri y "víctima de un pícaro" para Fabio Carrizo[7]) y el robarle el dinero es "spiantar el vento" (Gómez 1908, 24). El lenguaje preciso de los ladrones para funcionar en su oficio pasa a identificar elementos de la vida moderna coloreándolos con cierto tono picaresco y burlón. Estas características encuentran recepción en el lenguaje popular orillero al cual se unen enriqueciéndolo.

El enriquecimiento lingüístico originado en el arrabal impulsó a que los prejuicios de clase de los sectores acomodados de la sociedad y el desdén de los mismos por los inmigrantes se dejaran sentir. La clase alta pensaba que aquellos que ocupaban las esferas bajas de la sociedad, en su gran mayoría inmigrantes europeos, especialmente italianos[8], y migrantes rurales, eran criminales ladrones. Sin embargo, este sentimiento que sirvió también para descalificar al tango como producto de la cultura popular no era hegemónico. Castro, basándose en los trabajos de Antonio Dellepiane, Juan Carlos Guarnieri y José Gobello sobre el lunfardo y la evolución del lenguaje rioplatense, dice: "El único victorioso fue en verdad el lenguaje argentino, el cual para el final de la Primera Guerra Mundial, tenía un vocabulario tanto más rico del que poseía al inicio del debate" (se refiere al debate de la influencia del lenguaje popular en el español argentino) (1990, 51). En 1917, Pascual Contursi simbólicamente confirma el enriquecimiento del lenguaje argentino por medio de la adopción y adaptación del lunfardo con su poema para el tango de Samuel Castriota, "Mi noche triste", inaugurando la etapa del tango-canción y dejando atrás los orígenes criminales del lunfardo en el lunfardo del tango:

> Percanta que me amuraste
> en lo mejor de mi vida,
> dejándome el alma herida
> y espina en el corazón,
> . . . .

---

7 José Gobello en *Vieja y nueva lunfardía* presenta el vocabulario lunfardo dado por José S. Álvarez en 1897, bajo el seudónimo de Fabio Carrizo, o sea antes de ser el reconocido "Fray Mocho". En "Memorias de un vigilante" también aparece la palabra "vento" como "producto de una estafa" (Gobello 1990, 16-18).

8 Castro señala el origen de la palabra "lunfardo" como una deformación del español de la palabra "lombardo", persona de la Lombardía en Italia. Asimismo, indica que "lombardo" significó en un momento "ladrón". Ver nota 3 del capítulo I.

para mí ya no hay consuelo
y por eso me encurdelo
pa'olvidarme de tu amor[9].

Parecería que la victoria del lenguaje argentino y del tango que encuentra en el sabor del nuevo lenguaje popular el decir exacto para sus pérdidas y deseos, para sus nostalgias y críticas, en verdad para todos los temas que incumben al individuo y la sociedad, era la victoria de la cultura popular que había encontrado en el tango el teatro donde podía representar su pertenencia a un espacio y un tiempo determinados: las ciudades rioplatenses de comienzos del siglo XX. Parecería que el tango había desplazado el imaginario culto del criollista que presentaba en la figura idealizada del gaucho el sentir nacional. Pascual Contursi, desde Montevideo donde escribió el poema "Mi noche triste", estaría respondiendo al ensayo de Regules de 1895 y mostrándole el sentir rioplatense. Sin embargo, fue Carlos Gardel, el icono del cantante de tango y metonimia del tango como música, canción, danza e interpretación en todas las avenidas mediáticas: café concierto, cabarets, teatros, salones de baile, grabaciones de voz, radio y cine, quien personificó el deseo de la pertenencia del tango a la cultura que parecía representar.

Cuando los criollistas sintieron que la evolución cultural del Río de la Plata los desplazaba y se perdían las raíces rurales de la nación, pocos años antes de que Contursi escribiera "Mi noche triste" y que Gardel en Montevideo cantara ese tango entre amigos, grabándolo en 1917 en Buenos Aires para el sello Odeón, después de haberlo cantado en público en el teatro Esmeralda con José Razzano y el guitarrista José Ricardo; el joven Gardel buscaba el tono de su voz y la manera de interpretar el tango. Buscaba darle raíces nacionales a ese fenómeno popular por medio del cual se podría afincar en el sentir de lo social. Paradójicamente, quienes lo ayuden a encontrar el modo con el que aspirar a la pertenencia serían los payadores urbanos, los herederos del gaucho cantor de la pampa.

---

9 Con respecto al lenguaje del poema, la joven ("percanta") que abandonó ("amuró") al cantante lo impulsa a que se emborrache ("encurdele") para la imposible misión de olvidar el amor que ella despertó en él. Misión imposible porque su vivienda de soltero ("cotorro"/"bulín") le recuerda en cada objeto, desde el retrato de ella a la cama ("catrera"), su ausencia. La prosopopeya de los objetos y los vocablos lunfardos profundizan el abandono del cantante, quien queda mudo y en sombras sin ella.

En la monumental biografía sobre Carlos Gardel, Julián y Osvaldo Barsky señalan a dos payadores como las influencias fundamentales del cantar "a la criolla" de la primera etapa de la carrera profesional de Gardel. Conviene recordar ya aquí que esa forma de cantar acriollada de Gardel no se limitará a la primera etapa de su desarrollo como cantante y músico, sino que perdurará a lo largo de toda su carrera y que se mantendrá como fragmentos de una ruina cultural en el tango en general. Los payadores que le sirvieron de puente entre un pasado rural y un presente urbano al mítico cantor de tangos fueron: José Betinoti y Arturo De Nava. Si bien "El carretero" de De Nava será una pieza fija en el repertorio gardeliano y tema del cortometraje de 1930 del mismo nombre dirigido por Eduardo Morera, en el cual aparece su creador, Arturo De Nava en un breve diálogo con Gardel; fue Betinoti quien tendió un puente más sólido para que el joven Gardel interpretara el tango del sentir rioplatense. Betinoti era un payador diferente, al decir de los Barsky, con un estilo intimista y romántico que cantaba temas relacionados con su vida, en los cuales la madre ocupaba un papel preponderante en su repertorio. La temática de Betinoti hizo que, a diferencia de los otros payadores, incursionara en el uso del lunfardo y se sintiera atraído por el tango, ese "incipiente estilo musical que comenzaba a aflorar en la ciudad" (Barsky y Barsky 2004, 119). Betinoti[10] le mostró a Gardel cómo se creaba una persona artística en el estilo cuidadoso de su vestir y algo que fue muy novedoso en la época, especialmente para los payadores, un repertorio estable. Como indican los Barsky, el público sabía lo que iba a escuchar cuando iba a ver al payador romántico, delgado y de cabello claro, vestido de negro con una moña al estilo de Oscar Wilde también negra. Iban a ver y a escuchar al personaje Betinoti cantando las piezas que a ellos les gustaba. La creación de un repertorio estudiado y preparado minuciosamente de acuerdo a la ocasión será adoptado por Gardel. Gardel aprendió de Betinoti y De Nava el arte de interpretar. Aprendió las reglas del consumo cultural en la era de los medios de comunicación. Supo que no podía ser payador. Presintió que su tiempo no era el de la payada improvisada y el ingenio rápido de las respuestas en el duelo de guitarras e inspiración. Asimismo percibía que el sentimiento popular bonaerense, ese espacio que quería hacer suyo, necesitaba guardar frag-

---

10 Los Barsky insinúan que la hispanización del apellido de Carlos Gardes a Carlos Gardel se debe asimismo a la influencia de José Betinoti, quien también había hispanizado su apellido (Betinotti o Bettinotti).

mentos de un pasado campestre que se estaba disolviendo como signo identitario. Gardel guardaría esos fragmentos en los tonos de su voz y en su preferencia por las guitarras como instrumentos para el tango. Lo que me interesa hacer notar es que en el proceso de creación de la persona de Gardel como metonimia del tango rioplatense, o tango argentino como se divulgó desde París, el deseo de pertenencia a la cultura que paradójicamente representa, pero que siente que no lo acepta completamente, surge como elemento esencial del tango.

Los criollistas fueron marginados por la evolución cultural rioplatense como resultado de la modernización. Sin embargo, y debido a la hegemonía de la cultura promovida desde el Estado, sentían que la figura del gaucho que ellos creaban era la legítima representación nacional. Ese sentimiento de legitimidad hizo más fuerte su clamor ante la marginación cultural que experimentaban, a pesar de los programas estatales. Los tangueros, producto de la modernización, crearon desde los sectores populares un teatro amplio donde se pudieran encontrar los individuos modernos. Es un teatro que representa los deseos de esos individuos, que no saben bien en quiénes están deviniendo, de pertenecer al círculo que forma la música, la poesía cantada, la danza, y cuya tensión se mantiene por la manera en que el tango se interpreta. El deseo de pertenecer al círculo del tango es metonimia del deseo de pertenecer al círculo más amplio de lo social, o sea, de ocupar un lugar en el espacio y en el tiempo.

El tango —que hoy es signo de una identidad rioplatense cosmopolita y global a la vez que vernácula— fue al comienzo un problema, una suerte de anomalía musical, lingüística y social, signo de los desencuentros de la modernidad argentina y uruguaya en el momento de su articulación a los flujos de capital y de trabajo.

El deseo de la pertenencia, esa oscilación entre la imposibilidad y la necesidad de identidad, es la esencia del tango como expresión de lo popular. Lo que parecería ser una señal de debilidad es su punto fuerte. Cuando lo social parece no permitir el surgimiento del individuo, cuando no lo refleja ni apoya, cuando la identidad se vuelve un imposible, es cuando el tango adquiere más fuerza. En ese momento es un teatro popular donde se escucha el lenguaje del afecto de identidades desarraigadas que desean pertenecer. En ese momento se muestran veloces fragmentos de un pasado que constituyen el lado oscuro del imaginario social moderno del Río de la Plata.

OBRAS CITADAS

AGUINIS, Marcos. 2001. *El atroz encanto de ser argentinos*. Buenos Aires: Planeta.

BAJTÍN, Mijail. 2008. *Estética de la creación verbal*. Trad. Tatiana Búbnova. México: Siglo XXI.

BARSKY, Julián y Osvaldo BARSKY. 2004. *Gardel. La biografía*. Buenos Aires: Aguilar, Altea, Taurus, Alfaguara.

CASTRO, Donald S. 1990. *The Argentine Tango as Social History, 1880-1955*. San Francisco: Mellon Research University Press.

CONTURSI, Pascual y Samuel CASTRIOTA. 1917. Mi noche triste. In *Todo Tango. The Library*, www.todotango.com/english/las_obras/letra.aspx?idletra=178 (consultado el 27 de mayo de 2011).

DELLEPIANE, Antonio. 1967. *El idioma del delito y diccionario lunfardo-español*. Buenos Aires: Editorial Fabril.

DRAGO, Luis María. 1921. *Los hombres de presa*. Buenos Aires: La cultura argentina.

FERRER, Horacio. 1970. *El libro del tango. Historias e imágenes*, vol. I. Buenos Aires: Ediciones Ossorio-Vargas.

GARDEL, Carlos y Alfredo LE PERA. 1934. Cuesta abajo. In *Todo Tango. The Library*, www.todotango.com/english/Las_obras/Letra.aspx?idletra=215 (consultado el 20 de julio de 2012).

GOBELLO, José. 1980. *Crónica general del tango*. Buenos Aires: Editorial Fraterna.

——. 1990. *Nuevo diccionario lunfardo*. Buenos Aires: Corregidor.

GÓMEZ, Eusebio. 1908. *La mala vida en Buenos Aires*. Prólogo de José Ingenieros. Buenos Aires: Editor Juan Roldán.

GRINBERG, León y Rebeca GRINBERG. 1984. *Psicoanálisis de la migración y del exilio*. Madrid: Alianza Editorial.

GUARNIERI, Juan Carlos. 1979. *Diccionario del lenguaje rioplatense*. Montevideo: Ediciones de la Banda Oriental.

HERRERA, Luis Alberto. 1895. Hilvanes. *Revista Nacional de Literatura y Ciencias Sociales* I: 71-73.

LUDMER, Josefina. 2000. *El género gauchesco. Un tratado sobre la patria*. Buenos Aires: Libros Perfil.

LUGONES, Benigno. 1963. "Los beduinos urbanos" y "Los caballeros de industria". In *Vieja y nueva lunfardía*. Ed. José Gobello. Buenos Aires: Editorial Freeland, 101-118.

Martínez Viergol, Antonio y Manuel Jovés. 1922. Loca. In *Todo Tango. The Library*, www.todotango.com/Spanish/las_obras/Tema.aspx?id=62Hu/Wdg0Yg (consultado el 26 de mayo de 2011).

Martínez Vigil, Daniel *et al.* 1895-1897. *Revista Nacional de Literatura y Ciencias Sociales* I-III.

Massumi, Brian. 1995. The Autonomy of Affect. *Cultural Critique* 31: 83-109.

Moratorio, Orosmán. 1895. Décimas. *Revista Nacional de Literatura y Ciencias Sociales* I: 37.

Regules, Elías. 1895. Ellos y nosotros. *Revista Nacional de Literatura y Ciencias Sociales* I: 36-37.

Ricoeur, Paul. 1994. *Oneself as Another*. Trad. Kathleen Blamey. Chicago: Chicago University Press.

Spinoza, Baruch de. 1883. On the Origin and Nature of the Emotions. In *The Ethics. Part III*. Trad. del latín por R. H. M. Elwes. Escaneado y revisado por Edward A. Beach, http://yesselman.com/e3elwes.htm (consultado el 12 de febrero de 2013).

—. 1883. *The Ethics. Part IV. Of Human Bondage or the Strength of Emotions*. Trad. del latín por R. H. M. Elwes. Escaneado y revisado por Edward A. Beach, http://yesselman.com/e4elwes.htm (consultado el 12 de febrero de 2013).

JOSÉ SARAMAGO E MIGUEL OTERO SILVA: UMA REESCRITA DA IDENTIDADE SOCIAL

Raquel Baltazar[*]

Numa abordagem comparatista, este ensaio foca a temática da identidade social nas obras do escritor português José Saramago e do autor venezuelano Miguel Otero Silva. Se o compromisso com o alcance social das obras de Saramago problematiza o conceito de identidade através de um discurso intemporal, os textos de Otero tornam-se apropriações da realidade, estabelecendo múltiplas relações entre o mundo extraliterário para uma procura da identidade latino-americana.

Os romances *Levantado do Chão* (1980), de Saramago, e *Casas muertas* (1955), de Otero, concretizam o paradoxo metaficcional da consciencialização do homem sobre a sua alienação sociopolítica. Obras de repressão centradas nas ditaduras de Salazar e de Gómez, respectivamente, tornam-se intérpretes sociais de espaços em reestruturação e recuperação da identidade. O estilo de narração confessional realça uma interrogação retórica do comportamento humano e das tentativas de sobrevivência associadas à repressão física e ideológica.

Já as obras *A Caverna* (2000), de Saramago, e *Oficina Nº 1* (1961), de Otero, são metáforas do obscurecimento da razão que incapacitam a criação do conceito unificado de comunidade. Através do febril desejo de enriquecimento na exploração petrolífera, apresentado em *Oficina Nº 1*, ou na figura de um Centro que apela a desejos de ordem consumista, no caso de *A Caverna*, aparecem retratadas sociedades que aniquilam a introspecção ideológica em virtude de uma realidade ilusória. A inadaptação dos protagonistas às restrições ideológicas impostas pelos dirigentes dos centros económicos gera a insatisfação individual e a procura incessante por um espaço utópico. No caso do texto oteriano, a inconformidade permanece numa apatia generalizada devido

[*] Centro de Estudos Comparatistas, Universidade de Lisboa.

ao pensamento consumista que se instala como sistema, enquanto no caso de Saramago a impossibilidade de convivência com a mentalidade económica culmina no exílio físico por parte dos protagonistas. A falsa pertença a um espaço obriga a uma deslocação psicológica e consequentemente ao afastamento político, como Edward Said reflectiu em *Orientalism*. Esta questão torna-se numa das problemáticas centrais da modernidade, uma situação que conduz a uma permanente alteração identitária provocada pelas modificações no espaço e pela transformação da estrutura tradicional numa lógica financeira.

A análise de *Ensaio sobre a Cegueira* (1995), de Saramago, e *La muerte de Honorio* (1963), de Otero, completa esta viagem da identidade social a partir de um exercício de autognose na forma de literatura de denúncia, em que ocorre o resgate da experiência humana através de situações de epidemia, cativeiro e tortura. Estas obras permitem discutir a anulação da identidade como elemento fundamental para a construção de uma ideologia, sendo que o leitor desempenhará um papel importante na descodificação da verdade histórica.

O eixo condutor desta análise incide na existência de um conceito de identidade social que unifica os romances. A teoria sociológica focaliza as relações de oposição entre pertença e discriminação, entre afastamento e integração, ou seja, sublinha a dualidade permanente como uma fronteira física e ideológica do comportamento humano. Distintas categorizações dentro da identidade pessoal enturvam um conceito psicológico mais amplo de enquadramento sociológico.

As obras dos dois autores apresentam uma História que nos surge transfigurada, em que o real é transformado numa auto-consciência discursiva. Se Maria Lúcia Lepecki menciona "um pacto de veracidade" do escritor português (1984, 15), José Pulido descreve o escritor venezuelano como "novelista medio alumbrado [...] por la inconformidad ante la injusticia" (1985, 12). Os dois autores trabalham a matéria histórica como cenário paralelo a partir do qual o discurso ficcional se materializa numa posição dialéctica questionadora da identidade ideológica.

Em *Reler José Saramago. Paradigmas Ficcionais*, é sublinhada a reflexão política e ideológica reconhecida ao discurso pós-moderno na tentativa de reescrita da própria História. Assinala-se igualmente que, em *Levantado do Chão*, a atemporalidade e a subversão dos factos reestruturam a dimensão temporal e a "[c]onsciencialização do oprimido face à a-naturalidade dessa imobilidade que o confina à miséria e à alienação, incitando à recuperação da temporalidade pela reescrita da sua história, pessoal e colectiva, num contexto que já não o ignora nem subjuga, mas que de ele depende" (Martins 2005, 29). Esta descrição das obras de José Saramago serve de estrutura impulsora para o estudo dos textos de Miguel Otero Silva, escritor que utilizou a literatura de forma jornalística como reflexão e resistência face a um poder hegemónico.

Levantado do Chão e *Casas muertas* são obras telúricas e intérpretes de um mundo em restrição ideológica, estando ambas centradas na repressão social e em dois períodos de ditadura. Através da construção de um espaço rural emblemático, as obras expressam diversas vertentes da realidade portuguesa e venezuelana: personagens que se enquadram numa representação social estruturada em plena luta pela sobrevivência e posteriormente por melhores condições de vida, indivíduos que vivem alienados da realidade política e que aos poucos vão sofrendo um processo de consciencialização progressiva do oprimido. Será um projecto diário de sobrevivência que resgata os "esquecidos" históricos, como Ana Paula Arnaut assinala em *Post-Modernismo no Romance Português Contemporâneo*.

Em *Levantado do Chão* ocorre a elevação humana do "bicho da terra" (Saramago 1980, 73) na história de um Portugal rural reconfigurado na sobrevivência de uma família alentejana desde o início do século XX até às celebrações do dia do trabalhador após 25 de Abril de 1974. A obra de Saramago apresenta uma imagem profunda de ignorância, pobreza, submissão e exploração do trabalho físico, e uma luta desigual entre a Lei (que compreende o Latifúndio, o Estado e a Igreja) e uma família de agricultores marcada pelo apelido Mau-Tempo. Mostra também a clausura social que reflecte o aprisionamento mental que obriga os indivíduos a uma resignação psicológica. Aos poucos, através de um processo lento de consciencialização e da elevação do pó da terra, haverá esperança de justiça que se materializa na descendente Maria Adelaide Espada, já liberta do apelido de família.

Em *Casas muertas*, a ausência da identidade reside na apatia contagiante, no abandono corporal que se materializa nas "sombras desteñidas, esqueletos vagabundos, con la muerte caminando por dentro" (Otero 1955, 81) e na decrepitude dos espaços sociais provocados pelo desmoronamento do sistema agro-pecuário. Miguel Otero Silva apresenta um desencanto colectivo pela vida rural e pelas deficiências estruturais que existem nos espaços agrários. As enfermidades e a morte estão reflectidas no inóspito da paisagem e perseguem as personagens como uma tormenta que os recorda da sua passageira condição humana. Mas, se a superfície terrestre nada proporciona aos seus habitantes, o seu interior revela riqueza ou a possibilidade de enriquecimento, como é continuamente recordado no final de *Casas muertas*:

> Todos iban en busca del petróleo que había aparecido en Oriente, sangre pujante y negra que manaba de las sabanas, mucho más allá de aquellos pueblos en escombros que ahora cruzaban, de aquel ganado flaco, de aquellas siembras miserables. El petróleo era estridencia de máquinas, comida de potes, dinero, aguardiente, otra cosa. A unos los movía la esperanza, a otros la codicia, a los más la necesidad. (Otero 1955, 134)

Com descrições semelhantes a estas, o narrador prepara o leitor para o segundo livro que continua a obra, *Oficina Nº 1*, a história de um poço petrolífero em que a realidade e a ficção se misturam numa perda da inocência social. Se, na obra oteriana, a exploração do petróleo descontrola as personagens pela possibilidade de enriquecimento rápido, em *A Caverna* a escavação da terra funciona como lugar de revelação com a descoberta da caverna de Platão nas fundações de um edifício denominado de Centro. Trata-se de um gigante complexo que satisfaz todas as necessidades consumistas dos seus habitantes e que chega a recriar artificialmente experiências naturais como chuva, vento, neve para que os seus usuários possam desfrutar de mais de oitenta anos de divertimento consecutivo.

A Caverna e *Oficina Nº 1* funcionam como metáforas do obscurecimento da razão, obras epifânicas onde o discurso ficcional é uma indagação constante sobre a modernidade que não aceita a individualidade ou o pensamento em desacordo com o estabelecido pelas entidades económicas que representam a governação. Através da ironia são recontadas histórias de civilização e de sobrevivência, de um febril desejo de enriquecimento na exploração petrolífera (*Oficina Nº 1*), ou na figura de um Centro que incrementa desejos exacerbados de ordem capitalista (*A Caverna*). Estas sociedades aniquilam o questionamento social e político em virtude de uma realidade ilusória que assume a forma de um consumismo anestesiante. Os indivíduos deixam-se alucinar por espaços distópicos contemporâneos, por um falso progresso e por uma modernização desigual e desintegradora. Como Pablo Neruda afirma no prólogo da edição checa do livro *Oficina Nº 1*:

La vida endiablada, el movimiento constante, las fuerzas que crean y las que destruyen la sociedad humana que por la primera vez se reconocen y luchan —todo esto continuará vivo [...]. Porque este libro contiene, en su desolación y vitalidad, la realidad caótica del continente latino-americano. (Neruda 1978, 97)

Estes lugares recriam o modelo da cidade babélica, tanto no arquitectónico como no humano. São espaços de construções aceleradas que sufocam as identidades dos indivíduos cegos pela cobiça. Rómulo Gallegos descreve estes centros petrolíferos como estruturas desorganizadas sem planeamento nem futuro:

¡Los *pueblos nuevos* a la orilla de la estupenda riqueza! Nacían desmirriados, torcidos, tarados, como engendros de la vieja miseria en la irredimible incuria, mal paridos por la prisa aventurera y el recién nacido enteco y propenso a todas las lacras, abriendo enseguida las fuentes perennes de sus llagas la cantina, el garito, el lupanar... Petróleo era riqueza y el porvenir diría si había valido la pena. (1969, 951)

Gallegos assinala as debilidades dos sujeitos que procuram enriquecer com o petróleo, iludidos pela rapidez do processo que veio alterar uma estrutura que ainda não estava sólida. Em *A Caverna*, ocorre uma situação semelhante com o reajuste social provocado por uma febre capitalista. O oleiro Cipriano Algor, após ver o Centro recusar a compra de mais peças de barro por serem consideradas obsoletas, reaprende a sua maestria moldando bonecos de barro, gesto que funciona como metáfora da criação divina:

Ia medir-se com o barro, levantar os pesos e os alteres de um reaprender novo, refazer a mão entorpecida, modelar umas quantas figuras de ensaio que não sejam, declaradamente, nem bobos nem palhaços, nem esquimós nem enfermeiras, nem assírios nem mandarins, figuras de que qualquer pessoa, homem ou mulher, jovem ou velha, olhando-as, pudesse dizer, Parecem-se comigo. E talvez que uma dessas pessoas, mulher ou homem, velha ou jovem, pelo gosto e talvez a vaidade de levar para casa uma representação tão fiel da imagem que de si própria tem, venha à olaria e pergunte a Cipriano Algor quanto custa aquela figura de além, e Cipriano Algor dirá que essa não está para venda, e a pessoa perguntará porquê, e ele responderá, Porque sou eu. (Saramago 2000, 152-53)

A epígrafe que acompanha a obra, retirada do *Livro VII* da *República*, de Platão, funciona como uma revelação prévia, uma interrogante à própria obra: "Que estranha cena descreves e que estranhos prisioneiros, são iguais a nós" (Saramago 2000, 9). Nas fundações do Centro, descobrem-se esqueletos e ligaduras para mobilizarem as cabeças numa única direcção. Esse momento de epifania que faz com que Cipriano e a sua família abandonem o espaço em busca de um lugar onde não os obriguem a permanecer prisioneiros de ilusões, atados "a um banco de pedra e a olhar para uma parede" (Saramago 2000, 337). De forma irónica, o autor continuará a criticar esta sociedade castradora do livre pensamento, enquanto o Centro coloca a inscrição "Compre já a sua entrada" como admissão à visita da caverna platónica.

De forma a continuar esta análise da identidade, as obras *Ensaio sobre a Cegueira* e *La muerte de Honorio* clarificam esta viagem que já não tem demarcações geográficas e representa a imagem do sujeito na "modernidade líquida", apropriando-me da designação teórica de Zygmunt Bauman (2006). São dois textos de resgate da experiência humana face a situações de epidemia, cativeiro e tortura, que discutem as tentativas de anulação da identidade como elemento fundamental para a construção de uma nova ideologia. O carácter universal da reconfiguração do espaço, a visível incomunicabilidade e a geografia ficcional constituem um lugar de reflexão ideal, uma vez que a dimensão filosófica presente na elaboração temática instaura uma tomada de consciência social. Se o carácter ensaístico da obra de José Saramago se propõe à análise da condição humana numa cidade onde se propaga a cegueira, uma brancura leitosa que impossibilita a visão, a obra oteriana, a partir da história de cinco personagens presas e torturadas em lugares de concentração aos opositores do governo ditatorial, explora uma temática semelhante, fazendo do leitor um participante activo, para além de testemunha. As obras apresentam a construção de autoridades que escondem políticas repressivas de controlo ideológico. "Penso que todos estamos cegos. Somos cegos que podem ver, mas que não vêem" (Saramago 1995, 310), como se pode ler no romance saramaguiano.

Segundo Maria Alzira Seixo,

[a] marca da modernidade em Saramago continua intacta, sobretudo na capacidade interventora da sua escrita e na construção modularmente elaborada e reflectiva dos seus textos [...] o que permanece agora, hoje, é que

de facto "something matters" e que a intervenção social torna-se de novo necessária e imprescindível à sua intenção actuante. (1999, 126-127)

A crítica realça o compromisso e o alcance social das obras de Saramago, apresentando uma problematização do conceito da identidade social. A afiliação a este "tema social" também foi assinalada por Nieves María Concepción Lorenzo na sua tese de doutoramento sobre o escritor venezuelano, *La fabulación de la realidad en la narrativa de Miguel Otero Silva*. Concepción refere que a obra de Otero "toca el relieve telúrico, que llegó a convertirse en signo definidor de un desarrollo ideoestético muy amplio [...] a una búsqueda de la identidad continental" (1997, 116). Em nota à primeira edição de *La muerte de Honorio*, o romancista destaca que "los personajes y el argumento de este libro son imaginarios. En cuanto a los maltratos que en él se narran son auténticos y fueron padecidos por venezolanos de carne y hueso en los años inmediatamente anteriores a 1958" (Otero 1963, 15).

O aparecimento de interrogantes da identidade na sociedade moderna ocorre devido a alterações institucionais, de acordo com Anthony Giddens (1991). Os aspectos "micro" da sociedade, que correspondem ao sentido de identidade pessoal, estão relacionados com os aspectos "macro", que compreendem a figuração do Estado, de empresas capitalistas multinacionais ou mesmo da própria globalização. Em sociedades que aniquilam o pensamento ou a livre ideologia, que distraem os indivíduos com prazeres mundanos ou que os mantêm presos a lutas pela sobrevivência, os elementos "micro" são ultrapassados pelos "macro". Através de um falso conceito de liberdade, os seres humanos vivem encurralados numa posição que os afasta da realidade.

Miguel Otero Silva e José Saramago resgatam a questão da identidade como questionamento dos valores sociais. As obras em análise são retratos de uma modernidade fragmentada por uma globalização inacabada e contribuem para uma melhor compreensão do mundo contemporâneo. Numa vertente multidisciplinar, interdiscursiva e intersemiótica, os romances evidenciam a convergência do espaço literário, cultural e político como lugar questionador da identidade social.

OBRAS CITADAS

Arnaut, Ana Paula. 2000. *Post-Modernismo no Romance Português Contemporâneo*. Coimbra: Almedina.

Bauman, Zygmunt. 2006. *Liquid Modernity*. Cambridge: Polity.

Concepción Lorenzo, Nieves María. 1997. *La fabulación de la realidad en la narrativa de Miguel Otero Silva*. San Cristóbal de La Laguna: Universidad de la Laguna. Disponível em: ftp://tesis.bbtk.ull.es/ccssyhum/cs42.pdf (consultado a 10 de Março de 2014).

Gallegos, Rómulo. 1969. *Obras completas*, tomo II. Madrid: Eds. Aguilar.

Giddens, Anthony. 1991. *Modernity and Self-identity in the Late Modern Age*. Stanford: Stanford University Press.

Lepecki, Maria Lúcia. 1984. O romance português contemporâneo na busca da história e da historicidade In *Actes du colloque: le roman portugais contemporain*. Paris: Fondation Calouste Gulbenkian, 13-21.

Martins, Lourdes Câncio, org. 2005. *Reler José Saramago, Paradigmas Ficcionais*. Chamusca: Edições Cosmos.

Neruda, Pablo. 1978. *Para nacer he nacido*. Barcelona: Seix Barral.

Otero Silva, Miguel. 1955. *Casas muertas*. Barcelona: Editorial Seix Barral.

—. 1961. *Oficina Nº 1*. Caracas: Los Libros de *El Nacional*. 2006.

—. 1963. *La muerte de Honorio*. Caracas: Los Libros de *El Nacional*, 2006.

Pulido, José. 1985. Entrevista a Miguel Otero Silva. *El Nacional* [Caracas], 29 de Agosto.

Said, Edward. 1995. *Orientalism*. Londres: Penguin Books.

Saramago, José. 1980. *Levantado do Chão*. Lisboa: Caminho.

—. 1995. *Ensaio sobre a Cegueira*. Lisboa: Caminho.

—. 2000. *A Caverna*. Lisboa: Caminho.

Seixo, Maria Alzira. 1994. *Lugares da Ficção em José Saramago*. Lisboa: Imprensa Nacional-Casa da Moeda.

HACIA UNA ÉTICA DEL DESARRAIGO EN LA NOVELÍSTICA CUBANA

Magdalena López[*]

En su reciente libro, *Utopía, distopía e ingravidez*, Odette Casamayor-Cineros propone una clasificación de distintas cosmologías para abordar el asunto de la incertidumbre postsoviética en la actual narrativa cubana. Mientras los "utópicos" de alguna manera intentan reconstruir un orden que aún mantenga la premisa de cierto progreso social, los "ingrávidos" han abandonado la idea de un telos histórico (2012, 21-22). En sintonía con esta propuesta crítica de Casamayor, este ensayo mostrará que las subjetividades de las novelas *Otras plegarias atendidas* (2003), de Mylene Fernández Pintado, y *Desde los blancos manicomios* (2008), de Margarita Mateo Palmer, apuntan a nuevas formas de concebir el mundo tras la debacle revolucionaria desde una revalorización del desarraigo. Propongo establecer que una *ética del desarraigo* funcionará tanto para un agenciamiento "utópico" como para uno "ingrávido" en el presente de la isla.

La protagonista y narradora de *Otras plegarias atendidas* (2003) es una escritora neófita que narra sus peripecias cotidianas en La Habana y luego sus aventuras durante una estadía temporal en Miami, para terminar de vuelta en la isla. La obra comienza con las imágenes del aeropuerto internacional José Martí, en el que ella espera para embarcar el avión que la llevará hasta la ciudad norteamericana. Este espacio nos introduce en lo que será el ámbito dominante de la novela: el de la mera circulación y no el de la fijeza. El énfasis en la idea de un continuo movimiento revela la prescindencia de un lugar de llegada o de un destino final que, no sólo remite al desplazamiento geográfico, sino también a un tipo de subjetividad dinámica propio de la protagonista. Mientras aguarda en el aeropuerto, la narradora anuncia: "Empiezo a conver-

[*] Centro de Estudos Comparatistas, Universidade de Lisboa.

tirme en sospechosa, estigma que va a marcarme para siempre. Desconfían de ambos lados porque ya no voy a poder renegar de ninguno lo suficiente. Desconfío porque ya no voy a poder pertenecer a ninguno y sentirme ajena me va a resultar de lo más familiar" (Fernández 2003, 20). Varias páginas más adelante agrega: "Sólo soy una camarera transitoria, una habitante temporal, una amante de paso, una espectadora a la distancia" (Fernández 2003, 137). Lo transitorio va a aludir a una idea de constante extranjería o de sentido de ajeneidad. La narradora no elude los costos de este posicionamiento pero su perspectiva es más bien ambivalente. No repara en darnos ejemplos de sus amigos insatisfechos en Miami, para quienes vivir en Florida es como estar subarrendados (Fernández 2003, 147). Pero cuando nos relata que el hijo de una vecina en Cuba quiere ser extranjero cuando sea grande (Fernández 2003, 67), no sólo nos remite a la subalternización de los isleños frente a los turistas sino que también está dándole la vuelta al chiste. La asunción de una permanente extranjería tal como desea el niño, le permite a la protagonista rehuir el dilema polarizador de estar aquí o allá, dentro o fuera, y, por lo tanto, evita todo encasillamiento en las esferas totalizadoras de la nación, la clase social o la identidad generacional. De allí que se niegue a reconocerse en cualquiera de las dos alternativas a la pregunta de "si te piensas quedar [en Miami] en vez de regresar a la isla" (Fernández 2003, 147). La respuesta, nos comunica, es un montón de otras preguntas atrapadas entre un par de imanes que parecen no dejarla pisar firme en donde está (Fernández 2003, 148). La "ingravidez" del personaje devendría precisamente de esa incapacidad de "pisar en firme" que posibilita el abandono de un sentido de origen y de pertenencia fijo.

Enfocado en el movimiento y basándose en la noción de rizoma de Deleuze y Guattari, el martiniqueño Édouard Glissant (2002, 130) propone una poética de la errancia que sería propia del Caribe. Se trata de un tipo de desplazamiento que, abandonando la linealidad de una identidad unívoca, comprende múltiples direcciones y vasos comunicantes sin un centro estructurador. En consecuencia, para Glissant, el sentido de lugar no reside en un territorio establecido sino en un entramado de relaciones culturales que se abren a la imprevisibilidad de lo diverso (Glissant 2002, 39, 105). Bajo esta óptica, el desarraigo se convierte entonces en un recurso de apertura hacia lo heterogéneo y lo relativo que le permite a la protagonista abordar una variedad de problemáticas sin caer en la inamovilidad de las verdades absolutas. El desplazamiento *fuera de sí* provoca inusitados encuentros con diversos personajes frente a los cuales la narradora se abstiene de hacer juicios de valor ideológicos e incluso morales. Tanto si se está en la Cuba socialista como en el Miami capitalista, accedemos a una visión que intenta ser desprejuiciada. Esta perspectiva encuentra una de sus mayores metáforas en el piso del psiquiátrico en La Habana que dirige Marilyn, amiga de la protagonista. Se trata, oficialmente, de un piso para extranjeros, aunque también es frecuentado por cubanos. Marilyn construye un mapamundi alternativo para organizar el lugar en el que conviven pacientes de diferentes países e ideologías en habitaciones en las que ni siquiera se pueden comunicar en la misma lengua. Lugar ideal de una "poética de la relación" glissaniana, el manicomio supone el hábitat de una comunidad donde lo único que hermana a sus integrantes son la enfermedad y la locura. Espacio de la condición de transitoriedad, el psiquiátrico de Marilyn es un sitio de paso, del que tarde o temprano salen los pacientes una vez terminado el tratamiento. Como el aeropuerto, se trata de un lugar de circulación y no de permanencia en el que todos, incluidos los cubanos, son extranjeros. La extrañeza y movilidad permanente harían innecesario un sentido teleológico en la vida de estos personajes.

La novela *Desde los blancos manicomios*, por su parte, también se vuelca sobre un trayecto transitorio, pero habrá una recuperación del sentido de llegada o de destino final. De este modo, el texto de Mateo Palmer se identificaría con una cosmología "utópica" en la que sería posible recuperar un sentido de progreso social tras el fracaso revolucionario. El desarraigo aquí se propone como un viaje interior desde la locura hasta la sanación, mientras la protagonista está recluida en un hospital psiquiátrico. La novela nos incita a acompañarla en su difícil travesía de recomponer los trozos de su propia subjetividad. Desde las primeras páginas asistimos a sus desdoblamientos: María Mercedes Pilar de la Concepción se hace llamar Gelsomina. También se nos habla de la paciente de la cama 23, una mujer que permanece internada junto a ella y que bien pudiera ser su alter ego. Tales desdoblamientos parecen originarse de una depresión disociativa en la que llegó a confundir su cama con una balsa y la isla con un jardín. La depresión funciona entonces como un catalítico de recomposición interior que da lugar a exilios, fugas, vuelos y navegaciones psíquicas suscitados por una pregunta: "¿Cómo se reconciliaría con ella misma, con su ser disociado y fragmentado en pedazos que aún se resistían a la reconciliación?" (Mateo 2008, 129).

Además de Gelsomina, la novela presenta otros tres personajes. El primero es su hijo adolescente al que llama Clitoreo en una jocosa mezcla del corredor homérico Clitoneo y la palabra clítoris. Con el apodo, alude a su afición a las carreras y las mujeres. El segundo personaje es su hermana María Estela que vive en Miami y, por último, está también su madre, la Marquesa Roja. El mote se debe a sus ínfulas aristocráticas combinadas con una supuesta abnegación revolucionaria. Aunque se trata de personajes muy disímiles entre sí, todos comparten cierto desasosiego que reniega del asentamiento espacial, geográfico, temporal o psíquico. Un desasosiego que se metaforiza en la falta de aire que aqueja a todos los personajes.

Bajo los apartados intitulados "La carrera interminable", acudimos a la subjetividad del hijo adolescente. Empeñado en correr distancias cortas, Clitoreo abraza el impulso inmediato de la huida. Correr le supone el despegue del caos que vive en su casa en la que ha sido criado por dos mujeres dispares e igualmente intensas. Si Clitoreo emprende corridas enérgicas para alejarse del hogar, su tía María Estela no logra levantar ninguno. Inmigrante en Miami, en los últimos doce años se ha mudado veintiocho veces. A través de las cartas que envía a su hermana somos partícipes de su desarraigo:

> Desde que me fui lo que más me acerca a la idea de un hogar es el carro, un Toyota donde paso la mayor parte del tiempo manejando de un lugar a otro. El maletero es como el clóset de la casa, ahí tengo todo lo que necesito, ropa, zapatos y libros; y la guantera es la gaveta donde guardo la ropa interior y el cepillo de dientes. Es muy dura esta sensación de desarraigo, que más que una sensación, es una triste realidad. (Mateo 2008, 33)

Por su parte, la Marquesa Roja tampoco consigue asentarse. Se ve impelida a cambiar y a modificar todo constantemente. No soporta tener los muebles y demás objetos de la casa en el mismo lugar. Lo mismo le ocurre con la ropa, a la que corta y recose para cambiar su aspecto. Pero esta manía personal tiene su paroxismo sobre el propio cuerpo. Se ha sometido a diez cirugías plásticas para alterar su cara, sus caderas, los senos y hasta un codo. De manera hilarante, la marquesa describe sus peripecias tratando de ocultarle a un novio al que le lleva 37 años, la asimetría entre sus dos codos: el que ha sido operado y el que permanece arrugado. La imagen del cuerpo sometido al bisturí y su disparidad resultante, constatan la noción de territorialidades rotas que deberán ser reconstruidas en el viaje interior de Gelsomina.

Este proceso se nos describe como el trayecto de una balsa amenazada por tiburones; una imagen que nos remite inmediatamente a la migración caribeña. Del mismo modo en que la nación parece haber expulsado a sus integrantes, el cuerpo de Gelsomina ha desalojado a la razón y los significantes se han apartado de sus significados habituales. Los constreñimientos del Período Especial conllevaron a que su cocina se convirtiese en baño, la sala en cuarto, el cuarto en comedor y el portal en cocina. Dada la falta de combustible, debía cocinar en el portal al aire libre donde se pudiese encender el fuego. Gelsomina dormía en el comedor para resguardarse de la lluvia que las precarias ventanas de su habitación no lograban aislar y, los rituales de higiene tenían lugar en la cocina, único lugar por el que de vez en cuando emergía el agua de sus tuberías (Mateo 2008, 63-64). Esta "subversión de la semiótica espacial" (Mateo 2008, 64) produjo una alteración en los signos y funciones del hogar, que excedían la capacidad de Gelsomina de descifrarlos, pues esta subversión se multiplicaba constantemente en función de las necesidades diarias. Llegó un momento en que los objetos se le volvieron ajenos: "Y comenzaste a ser huésped extraño en tu propia casa, impelida a buscar en otros horizontes el espacio interior que te faltaba" (Mateo 2008, 65).

La expulsión del hogar aparece como punto de partida de un desarraigo que va a contener las pistas de un trayecto sanador. Los objetos, otrora extraños, amos y señores del desbarajuste que obnubila la conciencia de la protagonista, se ofrecerán como un texto secreto. Gelsomina encuentra en el caos de su casa una lengua oscura. En unas chancletas, en un pulóver, en un pantalón y en unas llaves, logra entender que ha llegado el momento de romper el confinamiento del hogar: "[H]ay que abrir las puertas, difuminar las fronteras, romper los límites. No hacen falta llaves, cerrojos ni rejas. Solo puertas abiertas" (Mateo 2008, 69). La rebeldía y el caos de los objetos y espacios que conforman su hogar le indican que debe aventurarse *fuera de sí*. Este *fuera de sí* resulta transgresivo, como si se tratase de una experiencia dolorosa que nos conmina a abandonar las cómodas fronteras espaciales y psíquicas sobre las que se sostiene nuestra subjetividad.

Una vez fuera de casa, los objetos se transforman, dentro de la maleta de la viajera, en fragmentos del asidero que se ha perdido. Los calzoncillos, las medicinas, o las fotocopias que en ella se guardan entrañan una memoria empoderadora. Como si la casa-balsa hubiese logrado fortalecerse por el trauma de su propia itinerancia en una casa-maleta. Lo portátil se tiñe de una liviandad liberadora de aquello que resultaba constreñido. Gelsomina descubre que las escobas no sólo sirven para limpiar sino también para volar, para recorrer grandes extensiones y trasponer límites. Aventurarse *hacia afuera* impele a la viajera a volcarse sobre una flexibilidad identitaria que la convierte en alguien diferente de la que fue. En alguien cruzada por incontables desarraigos que le impedirían anclarse en una sola identidad.

Finalmente, la protagonista consigue retornar a la cordura después de sortear muchos peligros e incertidumbres. He aquí el destino y finalidad de su viaje interior. Al llegar a las costas de su conciencia, no se advierte en ellas una lisura semejante al codo operado de su madre del que han sido borrados todos sus pliegues. La vuelta al hogar psíquico constata la imposibilidad de cualquier idealización. Ella descubrirá dentro de sí la imagen de una "llama enferma", como si las huellas, las heridas del desarraigo se constituyeran en un motor reconstructivo, sanador. Este proceso ético se resume en una hermosa imagen sobre las piedras. En los momentos de mayor enajenación, desde sus alturas, un poeta Suicida le envía a Gelsomina una piedrecilla. Cual si fuese una piedra de la locura caribeña, la sanación no requiere su extracción sino, por el contrario, su integración. La piedra como un fragmento agenciador de la experiencia personal e histórica se revela en los versos que susurra el poeta suicida: "[E]sta pequeña piedra del camino fue una estrella fugaz: cayó apagada y hoy recuerda, entre lodos ignorada, su pasado de estrella y de destino. De estrellas muertas se hace nuestra casa y se empiedran los caminos..." (Mateo 2008, 94).

La posibilidad de abonar un camino de recomposición tras el fracaso utópico, se ofrece en *Otras plegarias atendidas* y *Desde los blancos manicomios* como una nueva ética que prescinde de un sentido de lugar unívoco o fijo para abrazar el desarraigo como una experiencia movilizadora. Mientras que la primera novela propone que dicha recomposición pasa por la renuncia de una visión teleológica del mundo para disfrutar de lo transitorio; la segunda ofrece una promesa utópica de sanación, capaz de devolvernos a un lugar después del extravío. De este modo, una *ética del desarraigo* funcionaría como una forma de agenciamiento alternativa que recurriría a la propia experiencia traumática para la formulación de distintas cosmologías en el escenario postsoviético que enmarca ambas novelas.

OBRAS CITADAS

Casamayor-Cisneros, Odette. 2012. *Utopía, distopía e ingravidez. Reconfiguraciones cosmológicas en la narrativa postsoviética cubana*. Madrid: Iberoamericana.

Fernández Pintado, Mylene. 2003. *Otras plegarias atendidas*. La Habana: Ediciones Unión.

Glissant, Édouard. 2002. *Introducción a una poética de lo diverso*. Trad. Luis Cayo Pérez Bueno. Barcelona: Ediciones El Bronce.

Mateo Palmer, Margarita. 2008. *Desde los blancos manicomios*. La Habana: Letras Cubanas.

LA VOZ FEMENINA EN LA NOVELA POLICIACA COMO ELEMENTO PRIMORDIAL EN *LA MUERTE ME DA* DE CRISTINA RIVERA GARZA Y *CAMPO DE SANGUE* DE DULCE MARIA CARDOSO

Alicia V. Ramírez Olivares[*]

En sus novelas policiacas, la escritora mexicana Cristina Rivera Garza y la escritora portuguesa Dulce Maria Cardoso presentan la imagen de la mujer como un elemento esencial para que el lector/a decodifique la historia a partir de la mirada femenina. Con ello además, proponen una perspectiva que en cierto sentido rompe con el horizonte de expectativas usual en las novelas negras. De esta manera, el misterio en ambas es sólo un medio lúdico para atrapar al lector/a y presentarle la posibilidad de un mundo posible femenino.

  Este ensayo analiza las obras *La muerte me da* (2008) de Cristina Rivera Garza y *Campo de sangue* (2005) de Dulce Maria Cardoso para mostrar que a través de los personajes femeninos y los distintos niveles narrativos y de focalización, se logra establecer una relación entre el lenguaje, el cuerpo y la escritura como elementos sustanciales para decodificar y jugar con los textos. En Rivera Garza esto ocurre a través de fragmentos de poesía con voz femenina y la intertextualidad, mientras que en Cardoso lo mismo sucede por medio de la construcción del personaje masculino en relación con distintos personajes femeninos. En ambas obras se establece una analogía donde la mutilación de lo masculino se traduce en la resignificación del lenguaje y el empoderamiento de una voz femenina por medio de la cual, más que resolverse el misterio del crimen, se resuelve la problemática de una configuración femenina en el lenguaje. Para mostrar esto, me basaré en conceptos que propone Julia Kristeva en sus textos *El lenguaje ese desconocido* (1988) y "El sujeto en cuestión: el lenguaje poético" (1981). En ellos se subraya la importancia del lenguaje en la construcción del sujeto, en este caso de la mujer.

[*] Benemérita Universidad Autónoma de Puebla.

Al emplear el género policiaco, tanto Rivera Garza como Cardoso proponen un juego para descifrar las distintas formas entre el/la lector/a y obra, en que la mujer se recrea a través de la palabra. En ambas obras, la voz femenina es capaz de configurar un lenguaje que equivale a la castración simbólica de lo masculino como metáfora de apropiación del espacio femenino. En Rivera Garza esta castración se da de manera física por los cadáveres de hombres mutilados sobre los que se han escrito con lápiz labial rojo, o esmalte del mismo color, fragmentos de poemas de Alejandra Pizarnik. En cambio, en Cardoso, la castración se produce como consecuencia de la anulación del juicio masculino ante la mirada, la voz y el cuerpo femeninos; simbolizándose así, la ponderación de la mujer.

Resulta relevante destacar que ambas autoras emplean el uso de analepsis para ir recreando el crimen. Sin embargo, en *La muerte me da*, la víctima es un hombre (de hecho a lo largo de la obra hay varios cadáveres masculinos): "*Sí, estoy al tanto de que faltaba el pene. Mutilación. Hurto. Algo que no está. Sí, es una cosa terrible contra los muertos*" (Rivera Garza 2008, 21). Las cursivas del mismo texto muestran la focalización de quien narra y este tipo de letra distingue el testimonio de una tercera persona que explica al personaje de La detective. La narradora (focalización) es femenina y es intradiegética, además de que La detective, encargada de seguir el crimen, es mujer. En *Campo de Sangue*, por el contrario, se habla al comienzo de un crimen que comete un hombre y por el cual cuatro mujeres están reunidas en un lugar: "Cuatro mujeres están en la sala. De estas mujeres es necesario saber, antes que nada, que están aquí a causa de un hombre que cometió un crimen y que si ellas, por casualidad, se encontraran en la calle, no se saludarían" (Cardoso 2005, 11). Las veremos conectadas a través de ese personaje masculino a lo largo de una historia en la que el narrador extradiegético irá recreando aparentemente sólo la cotidianidad de aquél; una cotidianidad en la cual la mayoría de las relaciones que establece son con mujeres.

En ambas autoras se aprecia el uso del lenguaje común y sencillo que requiere el género policiaco, tal como lo afirma Desiderio Navarro, en *A pe(n)sar en todo. Para leer el contexto* (2007), cuando aclara que este tipo de novelas contienen ciertas particularidades como la de "una conformación de todos los planos [...] orientada a realizar una '*instant literature*', una literatura 'fácil'" (Navarro 2007, 225). Esto con el fin de conseguir que el/la lector/a adquiera la sucesión de la narración para entender los motivos del crimen. Sin embargo, es importante destacar que lo que ambas autoras proponen en sus obras no es tanto la resolución del crimen, sino destacar la relevancia del sujeto femenino.

De esta manera, por ejemplo, en *La muerte me da*, elementos intertextuales como las citas a los poemas de Pizarnik escritas en los cadáveres mutilados o como los paratextos con los que se abre la obra (una cita de Renata Salecl), destacan la importancia de recrear al ser femenino a través de la castración del masculino:

> Sin embargo, en el caso de los humanos, la castración no debe ser entendida como fundamento de la negación a la relación sexual, sino como el prerrequisito para cualquier relación. Incluso puede decirse que es sólo por el hecho de que los sujetos estén castrados que las relaciones humanas pueden existir como tales. La castración le permite al sujeto entender a los otros como Otro en lugar de lo mismo, ya que sólo después de experimentar la castración simbólica, el sujeto empieza a preocuparse por cuestiones como "¿qué desea el Otro?" y "¿qué soy para el Otro?" (Rivera Garza 2008, 13)

Aunque este paratexto aparentemente no tiene nada que ver con la sucesión de hechos que resolverían el crimen, sí tiene relevancia y un alto grado de significación para entender la propuesta de la autora, la cual se basa en el empleo del lenguaje, el uso del cuerpo y la castración no sólo física sino también simbólica del cuerpo masculino, para dar paso a la identidad del sujeto femenino gracias al lenguaje mismo o cotidiano. El cuerpo que emplea la autora para reafirmar al ser femenino no es el de la mujer, sino el del hombre castrado.

Esto también se percibe al enfatizar la mirada femenina, como cuando el personaje de La Detective ve una fotografía de una de las víctimas:

> Su belleza la sorprende. La belleza masculina siempre lo hace, eso, sorprenderla. Como si no la esperara nunca. Como si siempre ocurriera por primera vez. Observa el rostro en la fotografía que sostiene la Mujer Llorosa en su mano izquierda y lo único que se dice, literalmente, es: ¡pero qué hombre tan hermoso! (Rivera Garza 2008, 130)

Esta sorpresa de la que habla el personaje se refiere a la perspectiva de la mujer, la cual siempre, aunque sea la misma, es nueva debido a que no tiene validez ante los demás. Por ello, la detective siempre está hablando para sí misma como si así recuperara, desde dentro, esa configuración del ser femenino desde su mirada.

Al respecto, Julia Kristeva en su obra *El lenguaje, ese desconocido* afirma que el lenguaje permite configurar al sujeto y que no debe tomarse tanto como ciencia, sino como un elemento para entender la construcción de ese ser: "Aquí, el lenguaje ya no es objeto de estudio sino praxis y conocimiento, o praxis analítica, *elemento* y *trabajo* en los que, y mediante los cuales, el sujeto conoce y organiza lo real" (1988, 198). Con ello, afirmo que, a través de su obra, Rivera Garza construye al sujeto femenino mostrando que la apropiación del lenguaje por la mujer permite que ésta se defina. Esto equivaldría para ella, en realidad, a una castración simbólica de lo masculino no en términos sexuales, sino en términos de poder y reconocimiento de la mujer (el Otro).

De igual forma y con la misma intención, en la obra *Campo de Sangue* de Cardoso, la resolución del misterio del crimen tampoco es lo importante. Encontramos también paratextos que hacen alusión al título de la obra, como la cita de la *Biblia* de Matteo 27:3-8:

> *Entonces Judas, el que lo entregó, viendo que Él había sido condenado, fue acosado por el remordimiento, y devolvió las treinta monedas de plata a los sumos sacerdotes y a los ancianos [...] Y después de deliberar, compraron con ellas el Campo del Alfarero como lugar de sepultura para los forasteros. Por esta razón, hasta hoy, a ese campo se le llama Campo de sangre.* (Cardoso 2005, 9; cursivas de la autora)

Con este texto en cursivas, Cardoso evoca la traición de Judas a Jesucristo, la cual más adelante se relacionará con la traición del personaje masculino a Eva, quien lo mantenía y a quien engaña con una joven: "[É]l la había traicionado, antes de verlos se torturaba con la certeza de que la rival sería más joven y más bonita que ella, cuando los vio se tranquilizó, tuvo lástima de él" (Cardoso 2005, 241). El episodio también se vuelve símbolo de la traición del hombre a la madre o a Eva, la primera mujer del mundo según la Biblia católica, quien representa la vida y a la que finalmente traiciona en la realidad cotidiana a través del sometimiento patriarcal.

Mediante esta traición, Cardoso no nos muestra un crimen a resolver, típico de novela negra, ya que incluso desde el comienzo se conoce al culpable: el hombre. En la obra, lo relevante es cómo a través de esa cotidianeidad, el paso del tiempo y la dependencia del sujeto masculino, éste llega a la anulación total del juicio y del sentido de la realidad cuando se relaciona con las mujeres reunidas en la sala. Ellas representan distintas generaciones: la madre, la ex-esposa, una joven y la dueña de una pensión. Todas tienen capacidad de decisión y son independientes, al contrario de él. Desde el comienzo, el personaje masculino se percibe como un sujeto pasivo y sin relevancia: "Eva le exhaló el humo del cigarrillo en la cara, se quedó callada, y él sintió nuevamente el silencio que lo asustaba, el silencio que modificaba los ojos de Eva" (Cardoso 2005, 21). Esta acción se percibe como el dominio de Eva y el humo en la cara representaría el desvanecimiento gradual del sujeto masculino, quien se ve amenazado ante el silencio femenino.

Este acto se puede entender como el empoderamiento de la palabra femenina y la importancia de ésta para los que le rodean, en especial para el patriarcado. Al respecto Kristeva afirma: "[A]l acentuar lo que hemos dado en llamar 'la funcion poetica del lenguaje', la novela moderna hace exploración no sólo de las estructuras narrativas sino también de la estructura propiamente oracional, semántica y sintáctica de la lengua" (Kristeva 1988, 265). Por tanto, a través de la literatura se puede deconstruir o proponer formas del lenguaje en los que se evoquen o se experimenten nuevas estucucturas y significados. De esta manera, Cardoso presenta no sólo otro modo de escribir la novela policiaca, sino también propone una perspectiva femenina donde la mujer se convierte en la proveedora que es traicionada por la mirada masculina. Una mirada que únicamente se obsesiona con la figura de la belleza juvenil, sin siquiera importarle si se trata de la misma mujer o una diferente por lo que acaba por perder el juicio.

En ambas autoras la propuesta es la mutilación del personaje masculino. En la obra de Rivera Garza ello sucede a través de la muerte simbólica; la castración del cuerpo masculino simboliza la anulación del dominio patriarcal mediante el lenguaje: "La mujer de la Gran Sonrisa Iluminada lo dejaría relatar una historia que ya no estaba en condiciones de escuchar muy bien" (Rivera Garza 2008, 292). Esta cita muestra ahora a una mujer alegre y, la palabra "iluminada", remite a un resplandor que le permite ser visible. Ella simboliza la conciencia femenina de sí misma al aceptarse como un ser independiente al que ya no le afecta el orden simbólico del dominio patriarcal contenido en el lenguaje. Por ello, el hecho de que le permita al hombre contar una historia significa que no lo reprime, simplemente no lo escucha ni le da importancia al relato o al lenguaje masculino.

Kristeva afirma que:

> El discurso conlleva e impone una ideología; y cada ideología encuentra su discurso. Se comprende entonces por qué toda clase dominante cuida particularmente la praxis del lenguaje y controla sus formas y los medios de su difusión: la información, la prensa, la literatura. Se comprende por qué una clase dominante tiene sus lenguajes predilectos, su literatura, su prensa, sus oradores y tiende a censurar cualquier otro lenguaje. (1988, 258-259)

Por tanto, en *La muerte me da* se propone romper esa praxis del lenguaje masculino para dar paso a la perspectiva femenina y, con ello, liberar o permitir las formas de otro grupo, o clase, que representan a la mujer en el lenguaje. Es a través de la palabra, de las historias, de acuerdo con Rivera Garza, que la mujer se apropia del espacio y dominio de sí misma al dejar de escuchar las historias masculinas que si bien no dejan de existir, sabe que no tiene que escucharlas.

En *Campo de Sangue*, esa mutilación masculina también se refleja en la aniquilación o poca importancia que se le da al personaje masculino a pesar de ser el protagonista de la historia. Esto se percibe cuando las cuatro mujeres salen apresuradamente después de haber sido interrogadas y dispensadas. Seguras de la culpabilidad del hombre, todas ellas permanecen indiferentes ante lo que le pueda pasar al homicida:

> El médico ve que cada una de las mujeres elige un camino distinto para cruzar el terreno. La ex-mujer atraviesa el terreno haciendo una diagonal, la madre una línea recta, la dueña de la pensión da vueltas de serpiente y la joven se desvía varias veces del camino que parecía haber elegido, posiblemente para ver alguna cosa. (Cardoso 2005, 300)

Este camino, visto desde la perspectiva de un médico que es el que atiende al homicida, simboliza cómo percibe ahora esa mirada patriarcal a la mujer. En ella, cada una toma un camino distinto para llegar a su meta. Sin embargo, el ser masculino no debe guiarla, ni forzarla en ninguna dirección, pues ellas toman sus propias decisiones. Esto significa la pérdida de juicio y con ello de poder de lo masculino sobre lo femenino.

Ante esta lectura que se propone de Cardoso, se puede recurrir a la idea de que es el lenguaje el que ayuda a definir al sujeto. En el caso de estas obras escritas por dos autoras, se propone una nueva forma de entender el lenguaje. Más que inventarlo, aluden a la idea de dar otro significado para entender lo femenino. Por ello, Kristeva, en su obra *El sujeto en cuestión: el lenguaje poético*, asegura que: "Toda teoría del lenguaje es tributaria de una concepción del sujeto que afirma explícitamente, que implica o que se esfuerza en denegar [...] [C]ierto sujeto es tal desde que tiene conciencia de una significación" (1981, 249). La propuesta de ambas autoras es que el/la lector/a descifre ese mensaje donde se resalta lo femenino, más allá de la necesidad de resolver un misterio. Tanto Rivera Garza como Cardoso logran que lo lúdico esté en descifrar el mensaje de la mirada femenina para resemantizar, resignificar o deconstruir el lenguaje, incluso a través de un género literario que tradicionalmente se ha considerado masculino: la novela policiaca. Con esto logran no sólo configurar al ser femenino, sino también cambiar el horizonte de expectativas para dicho género. Ambas autoras también resaltan el cuerpo. Para Cardoso, el cuerpo femenino representa el mismo instrumento o causa de la pérdida de juicio masculino. En su novela, la subjetividad masculina percibe su cuerpo como de dominio y posesión mientras que para el personaje femenino su propio cuerpo es vehículo de rebeldía y venganza de la madre traicionada. Para Rivera Garza, el cuerpo masculino mutilado, rayoneado con versos de Alejandra Pizarnik en esmalte para uñas rojo, es la forma de apropiarse del lenguaje. En ambas autoras existe un juego con la estructura, el género, los símbolos a los que proponen una resignificación para destacar la perspectiva femenina que se refleja en la apropiación del lenguaje.

OBRAS CITADAS

Cardoso, Dulce Maria. 2005. *Campo de sangre*. Trad. Adriana Toledo de Almeida. Buenos Aires: Adriana Hidalgo Editora. (Ed. portuguesa: *Campo de Sangue*. Porto: Asa, 2002).

Kristeva, Julia. 1981. El sujeto en cuestión: el lenguaje poético. In *La identidad: seminario interdisciplinario*. Ed. Lévi-Strauss, Claude, Jean-Marie Benoist y Beatriz Dorriots. Trad. Beatriz Dorriots. Barcelona: Petrel, 534-555.

—. 1988. *El lenguaje, ese desconocido: introducción a la lingüística*. Trad. María Antoranz. Madrid: Editorial Fundamentos.

NAVARRO, Desiderio. 2007. *A pe(n)sar de todo: para leer en contexto*. La Habana, Cuba: Editorial Letras Cubanas.

RIVERA GARZA, Cristina. 2008. *La muerte me da*. Barcelona: Tusquets.

TRANSGÉNERO Y POSTCOLONIALIDAD EN *SIRENA SELENA VESTIDA DE PENA*

Silvia Hueso Fibla[*]

> *El hecho de que el imaginario cultural latinoamericano todavía lea el cuerpo gay como travestido (un hombre que actúa "como una mujer") muestra la necesidad de teorizar el paradigma del travestismo para entender la homosexualidad en este contexto social y cultural.*
>
> Ben Sifuentes-Jáuregui, *Transvestism, Masculinity, and Latin American Literature* (mi traducción)

En la concepción tradicional latinoamericana de la homosexualidad, dada la fuerza del modelo binario de género, la opción identitaria masculina no heterosexual se relaciona directamente con el afeminamiento y la pasividad[1]. "El modelo latino", argumenta Diana Palaversich, "está caracterizado por lo que se percibe como una relación desigual entre el macho (activo, viril, sin estigma) y el marica o loca (pasivo, afeminado, estigmatizado)" (2002, 103)[2].

El travestismo, como *performance* de género que evidencia la construcción cultural de lo que se considera masculino y femenino, es una categoría que hace trabajar los textos literarios no sólo en su relación

---

[*] Université de Picardie Jules Verne.
[1] Sancho Ordóñez opina al respecto que "en este ejercicio de construcción de jerarquías de las prácticas sexuales, se identifica linealmente práctica sexual, identidad sexual e identidad de género, es decir una ecuación reduccionista que equivale a: 'locas fuertes' igual a pasivas, penetradas y '*gays* hombrados' igual a activos y penetradores. En esta parte, pongo al descubierto la maleabilidad de estas dicotomías asimilacionistas de la matriz heterosexual que han sido utilizadas por mucho *gays* para identificar la práctica sexual como un equivalente a rol, es decir, activo igual a masculino y pasivo igual a femenino" (Sancho 2011, 105).
[2] Excepto indicación contraria, todas las traducciones son de la autora del ensayo.

con lo *queer*, sino también como imagen de la construcción cultural de América Latina y de los sujetos transnacionales que aparecen en ellos.

El fascinante movimiento dialéctico que plantea el travestismo se basa en una puesta en cuestión de las categorías yo/otro, en tanto en cuanto, como afirma Sifuentes-Jáuregui, opera por la desnaturalización del género, produciendo una "realidad" por sí mismo que muestra la "realidad" de la construcción del otro como mera falsedad (2002, 4). Según la perspectiva de Andrea Ostrov:

> [E]l travesti es en sí mismo una subversión, un cuestionamiento de la fijación de la identidad concebida como coherente y unívoca, en la medida en que propone una visualización —extrema, paródica— de un nomadismo identitario, de una identidad considerada como devenir constante. Mediante el despliegue de brillos, telas, gestos, poses, pelucas, maquillajes, etcétera, que pone en escena en su construcción de género, el travesti desenmascara la construcción cultural del género, negando por consiguiente toda posibilidad de identidad natural, *a priori* o esencial. (Ostrov 2003, 105-106)

Ostrov retoma la teoría de la performatividad genérica butleriana para analizar la figura de la loca mala en la obra de Pedro Lemebel. Lo que nos interesa de la reflexión de Ostrov es la idea de la subversión identitaria en la construcción de la loca que tiene en cuenta ciertos modelos de hiperfeminidad de los *films* clásicos de Hollywood, esas superhembras de las que habla Roberto Echavarren, que "pagan con carne el ensamblaje artificial de un cuerpo de mujer o supermujer. Son las vestales de un fuego casi extinguido, perfeccionistas en un arte que, como el cultivo de una pura esencia, ya está siendo olvidado por las mujeres mismas" (2003, 52).

Todo ese posado y gestualidad se llevan a la máxima potencia del divismo en la novela de Mayra Santos-Febres *Sirena Selena vestida de pena*, en la que numerosos personajes son *drag queens* que dan vida al *showbusiness* nocturno en un inicial borrado de sus rasgos masculinos para devolver las hojas a la margarita de la feminidad en un capado sucesivo de atributos culturalmente asignados a esa esfera: "[L]a transformación de su cuerpo en lujo puro" (2008, 52) creada por la "maestra de ilusiones" (2008, 27) pasa por el deshoje en forma de exfoliación, depilación integral, amarre fuerte del pene (descomunal) de Sirena, aplicación de la base *pancake* para borrar imperfecciones de la piel y encima, las hojas del maquillaje (sombras y realces que disimulan el mentón y pronuncian los pómulos), las pestañas postizas, el relleno del *brassier* y, finalmente, vestido, tacos altos y bisutería.

A la magia del aspecto físico, se añade la *performance* de la pose[3] que, en Sirena, nunca pierde de vista el remedo de la figura de la bolerista, entre tímida y traviesa, para llevarse al magnate hotelero Hugo Graubel a su terreno. La obra pone en evidencia que no sólo la idea de masculinidad y feminidad es culturalmente construida, sino que el juego de seducción y la clase también lo son: Sirena crea en torno suyo un halo de misterio a partir de estudiados gestos, miradas lánguidas y silencios conscientes que atrapan a Graubel en su tela de araña. Este halo recorre la leyenda de la joven: "[D]ecían que aún los machos más machorros se derretían en su pose y que él, luego, suavecito, los viraba, los humedecía con saliva ceremoniosa, les metía su carne por los goznes calientes y en espera" (Santos-Febres 2008, 42). Por cierto, el *incipit* de la obra puede ser leído como una oración a la diosa de la seducción Sirena, cuya leyenda se ha extendido tras su desaparición.

Solange, esposa del magnate es, en cambio, consciente de una posición social que ha conseguido gracias a su marido y considera que "el dinero del marido es ingrediente importante, pero lo que en verdad revela la clase es la minuciosa, estudiada, y constante puesta en escena de la elegancia" (2008, 159). Así pues, la anfitriona de Sirena prepara cada detalle de la fiesta de su marido y de su propio vestuario con una estudiada minuciosidad que sólo tiene la finalidad de escenificar una elegancia que ella ha conseguido a lo largo de años de meditación. Por ese motivo, no está dispuesta a que una "miserable con aires de diva" (2008, 127) le arrebate su puesto al lado de Graubel.

Una última consideración a este respecto: la obra de Santos-Febres revela que la *performance* de género hace emanar un determinado comportamiento dependiendo del hábito que lleva el monje. Una draga

---

3 De hecho, Martha Divine comenta que "si te ves como un profesional, eres un profesional. Todo está en la imagen, coreografía y escenificación" (Santos-Febres 2008, 13). Sylvia Molloy, por otro lado, defiende en "La política de la pose" que ésta configura un gesto desestabilizador por la ambigüedad que aporta en el sentido de ser/no ser aquello que se posa. La fuerza identificatoria de la pose aporta una visibilidad que, a fines del siglo XIX en América Latina, se comprende como "amenaza ideológica" (1994, 134) para una todavía precaria identidad continental. En el ámbito homosexual, el afeminamiento de la pose simula lo que es, recalca una carencia que sería el falo lacaniano; por este motivo la pose finisecular se encierra en un clóset representacional y crítico que Molloy destaca.

amiga de Valentina Frenesí relata en *flashback* el *shock* que sufrió cuando su cirujano plástico le dijo el precio de la operación que ella deseaba hacerse; "suerte que me había vestido de hombre y fíjate, eso ayudó porque si hubiera ido de mujer allí mismito caía fulminada en un ataque de llanto" (2008, 46), comenta, mostrando que no hay un comportamiento esencial aplicable a hombres y mujeres, todo son actos performativos que determinan estructuras prefijadas, siguiendo a Judith Butler.

En *Arte andrógino*, Roberto Echavarren cuestionaba la noción de la simulación *gay* al considerar que "comienza a resultar obsoleta por pérdida del modelo simulado, de la noción misma de identidad sexual" (2003, 57). En Echavarren, tanto el travesti como el supermacho son "un icono de lo que ya no hay, una creacion neoclásica y conservadora" (2003, 54). Pero lo que sucede en el *gender bending* y en la teoría de la performatividad, tal y como la revisa la propia Judith Butler, es que va más allá de si los estereotipos que se reproducen, las identificaciones que se realizan son normativos o rompen la norma heterosexual, pues lo que se produce son "expropiaciones que muestran el estatus no necesario de sus significados asumidos" (2010b, 296). Por otro lado, la idea de la fiesta de Carnaval supone una cuaresma anterior y una vuelta a la "normalidad" posterior que olvidan la cuestión de la repetición que supone la performatividad butleriana: no existe una identidad para cada día del año, el género no es una camisa de quita y pon, sino que supone "una repetición y un ritual que consigue su efecto a través de su naturalización en el contexto del cuerpo, entendido, hasta cierto punto, como una duración temporal sostenida culturalmente" (Butler 2010a, 17).

Siguiendo el razonamiento de Butler, en *Deshacer el género*, toda suposición de verdad/falsedad o real/irreal al hablar de género (*i.e.* la propia idea de simulación) resulta una "forma de opresión" (2010b, 307): considerar que existe o no existe un modelo previo que la práctica del *gender bending* copia o simula supone adscribir esa existencia a un modelo normativo que precisamente está siendo superado porque la copia, lo irreal, lo falso, entra en el terreno de lo inhumano y no hay espacio para la supervivencia. Una perspectiva política de las cuestiones que defiende Butler radica en la posibilidad de supervivencia que confiera a las personas cuya validez humana ha sido borrada o cuestionada.

Más allá de planteamientos sobre la subversión o el conservadurismo que implica seguir tal o cual modelo de masculinidad o feminidad (que aboca indefectiblemente a la ambigüedad), las reflexiones más recientes de Judith Butler en torno al tema apuntan a la creación de un léxico en el campo legal, crítico y psicoanalítico que legitime la complejidad del género; a la ampliación de las normas que sostienen una vida viable para todos, lo cual apunta a la posibilidad de supervivencia de toda persona en una sociedad democrática.

TRANSGÉNERO E IDENTIDAD NACIONAL

Para reflexionar acerca de la relación entre el travestismo y la formación de identidades nacionales en América Latina, partimos de que ambas figuraciones, como comenta Sifuentes-Jáuregui, implican la elección de ciertos rasgos frente a otros para construir la identidad o el efecto genérico deseado. El crítico retoma la problemática noción de "tercer género" de Marjorie Garber[4], la cual realiza una sagaz lectura del "tercer mundo" en paralelo al tercer género: si la travesti no es masculina ni femenina, sino un tercer género que opera por resistencia frente al binarismo ideológico establecido por los dos primeros términos, el "tercer mundo" opera por resistencia a ese primer mundo que establece una relación de dependencia económica sobre él.

"Tercer mundo" y "tercer género" operan tensionalmente ofreciendo resistencia a los presupuestos económicos e ideológicos impuestos respectivamente por el Primer Mundo y el pensamiento heterosexual. La argumentación de Sifuentes-Jáuregui concluye con la consideración de que:

> [L]a figuración de la identidad nacional latinoamericana y del travestismo son análogas. Un ejemplo de figuración del sujeto nacional implica la selección de fragmentos deseables para componer la "identidad". Del mismo

---

4 En *Vested Interests*, Garber argumenta que "el 'tercero' es el que cuestiona el pensamiento binario e introduce una crisis —crisis sintomatizada *tanto por* la sobrestimación *como por* la subestimación del travestismo (*cross-dressing*). Pero lo que es crucial aquí [...] es que el 'tercer término' *no* es un *término*. Mucho menos un *sexo*, tampoco es una instancia sexual borrosa como la que recubre términos como 'andrógino' o 'hermafrodita' [...]. El 'tercero' es un modo de articulación, un modo de describir un espacio de posibilidad. Tres pone en cuestión la idea de uno: 'identidad, autosuficiencia, autoconocimiento'" (1992, 11). Para autoras como Beatriz Preciado, las multitudes *queer* no tienen que ver con un "tercer sexo", sino con una "multiplicidad de cuerpos que se alzan contra los regímenes que les construyen como "normales" o "anormales" (2003). El concepto de Garber, por tanto, será operativo para la reflexión de Sifuentes-Jáuregui, pero no resulta demasido adecuado en el contexto más amplio de la teoría queer.

modo, el travestismo implicaría recoger y escoger objetos deseables para crear un efecto de género [...]. Ambos gestos de formación de la identidad nacional y del travestismo ocurren simultáneamente, creando interesantes efectos. Esta relación análoga se refiere a la formación identitaria. (2002, 10)

En tanto en cuanto, "el travestismo no es sólo convertirse en lo otro, sino desfigurarse a sí mismo" (Sifuentes-Jáuregui 2002, 86), la formación de identidades nacionales en América Latina ha pasado por una mezcla de elementos culturales (incluidas las lenguas nacionales) que configuran al sujeto latinoamericano como un híbrido ambiguo ya no identificado con el pasado indígena ni, definitivamente, con la imposición colonizadora, despertándose a una modernidad en cuyos parámetros primermundistas no encaja. La clave de la relación entre ambos procesos radica en que el travestismo se lee como una figura de la modernidad que subvierte la "identidad fundacional falogocéntrica" (Díaz 2003, 30) de las naciones latinoamericanas.

Construir una identidad nacional también pasa por asimilar performativamente los gestos de "un imaginario cultural donde se negocia lo difícil de asimilar" (Arroyo 2003, 42). El travestismo cultural latinoamericano consiste precisamente en la asimilación de una pose consciente de migraciones, cruces económicos y exclusiones de raza, sexo, género y clase en el seno de una relación de poder colonial.

La validez de esta argumentación sólo puede ser abordada desde una perspectiva postcolonial: radica en la existencia de sujetos transnacionales que reflejan las dinámicas de hibridez, imposición cultural, formación de identidades nacionales basadas en exclusiones impuestas desde el mundo colonizador y tensiones económico-políticas que parten de estos parámetros.

En la novela de Santos-Febres, la existencia de dobles especulares en las islas permite hablar de "sujetos transcaribeños" (Arroyo 2003, 41) que hacen de ciertas problemáticas, como la prostitución homosexual y el turismo sexual, un asunto panisleño y, si pensamos en la obra de Pedro Lemebel y otros muchos escritores que tratan el tema, panamericano. El Caribe, en la obra de Santos-Febres, se problematiza desde los prejuicios económicos y raciales entre los habitantes de Puerto Rico, República Dominicana y Haití, prejuicios que parecen superados por la economía global del turismo que comparten los tres países y la migración que gobierna los intercambios mútuos. Si bien la migración interna marca el espejo doble familiar de Junior/Sirena y Leocadio, el salto de Sirena y Martha desde Puerto Rico a República Dominicana y sus deseos de embarcar hacia Nueva York se leen paralelamente a los deseos de Migueles de partir a Puerto Rico para encontrar un trabajo digno:

> Tan pronto junte lo del pasaje me enyolo para Puerto Rico. Allí sí que hay cuartos, bacán [...]. Esos boricuas son unos flojos. No les gusta doblar el lomo. Me contó [mi primo] las navidades pasadas que el jefe era un boricua que cobraba carísimo a los abogados y doctores que lo contrataban. Se buscaba tres o cuatro dominicanos, los hacía trabajar de sol a sol, les pagaba una miseria y se iba en su carrote a visitar amigas y empinar el codo. (Santos-Febres 2008, 145)

Migueles proyecta sus deseos en Puerto Rico como antesala de Nueva York, porque los boricuas:

> [E]stán acostumbrados a ser gringos. ¿Tú no sabes que Puerto Rico es parte de los Estados Unidos? Allá no hay la corrupción ni la pobreza que hay aquí [...] a la gente la mantiene el gobierno para que no se subleven [...]. Además, nunca falta una boricua que se case con uno por dinero. (Santos-Febres 2008, 146)

En cambio, los puertorriqueños desean partir a Nueva York, mientras que los haitianos "no cuentan [...]. Los haitianos hieden. Viven como perros realengos" (Santos-Febres 2008, 146) y se embarcan al país vecino o la isla vecina para soportar todo el prejuicio racial de la gente de su mismo color. Estas "islas sancochadas por el hambre y las ganas de vivir de acuerdo a otra realidad" (Santos-Febres 2008, 195-196) se dibujan como islas travestis que tienen el espejo de los EEUU frente a sí pero se sumen en la desgracia de no llegar a reflejar el fantasma blanco primermundista que guardan en su cabeza. Fantasma negado desde la propia realidad de la fantasmagoría, que se corporeiza en un puño firme contra el desarrollo político y económico de las islas.

La misma autora, analizando su novela, argumenta:

> Utilizo al personaje de Sirena [...], un travestí, de dos maneras, una metafórica y otra social. El concepto de travestismo me ayuda a pensar en cómo está organizada la sociedad en el Caribe y en América Latina: sus ciudades

son travestís que se visten de Primer Mundo, adoptan los usos y las maneras que no les corresponden a fin de "escapar" de su realidad y acercarse a lo que cada día se ve más lejos: el progreso y la civilización. (Barradas 2003, 57-58)

Efraín Barradas utiliza el argumento de la autora para dibujar su lectura alegórica de la novela que pone en paralelo el travestismo con el turismo (sexual): el personaje de la draga cubana, por una parte, Martha y Sirena por otra y, finalmente, Migueles y Leocadio constituirían las tres fases que el turismo sexual ha desarrollado en las Antillas (el pasado de Cuba, el presente de Puerto Rico y, para terminar, el futuro de la República Dominicana). El turismo, en ese sentido, "impone un travestismo; nos obliga a transformarnos, para consumo del turista, en lo que no somos o no queremos ser permanentemente [...], es un travestismo comercial y obligatorio para cualquier país que dependa de él" (Barradas 2003, 59).

NOMADISMO DE GÉNERO

En *Nomadic Subjects*, Rosi Braidotti comenta:

El nómada es mi propia figuración de una comprensión posicionada, posmoderna y culturalmente diferenciada del sujeto en general y del sujeto feminista en particular. Este sujeto también puede ser descrito como posmoderno/industrial/colonial, dependiendo de su localización. En la medida en que los ejes de diferenciación como la clase, raza, etnia, género, edad, y otros intersectan e interactúan unos con otros en la constitución de la subjetividad, la noción de nómada se refiere a la aparición simultánea de varios de ellos a la vez. (1994, 4)

Retomamos la noción de Braidotti para aplicarla a la idea de género: un transitar por los "mil sexos" de Deleuze y Guattari, teniendo en cuenta los ejes de edad, clase y raza, para devenir un nómada genérico como "ficción política" que borra las fronteras de las categorías compartimentadas creando puentes entre ellas; "es la subversión de las convenciones establecidas lo que define el ser nómade, no el acto literal de viajar" (Braidotti 1994, 5).

Observamos un vaivén en el nivel lingüístico que corresponde con este nomadismo y apunta a la escritura travestí de que ya habló Sarduy en 1969 ("Escritura/travestismo"): los planos intertextuales ya no remiten a una realidad exterior reflejada en la obra, sino a la propia materialidad de la escritura y su autoreferencialidad, equivalente a la intersexualidad de personajes como Sirena. La exterioridad textual es una máscara que no oculta nada en su interior, como la identidad performativa a que estamos haciendo referencia; las variaciones genéricas disonantes que subvierten el binarismo de género lingüístico a que obligan las reglas gramaticales son un correlato textual del antiesencialismo identitario y literario. Como aporta Andrea Ostrov:

> [E]l género tiene, evidentemente, marcas lingüísticas que, de acuerdo con la corrección y propiedad del lenguaje, obedecen a leyes estrictas de concordancia. Sin embargo, los ejemplos citados [de Lemebel] ponen en crisis la categoría de género gramatical al hacer estallar esa concordancia, evidenciando de este modo la coerción, la normativización y la normalización de las identidades sexuales que se ejerce desde la estructura misma del lenguaje. (2003, 119)

La propia materialidad de la escritura aporta indicios del nomadismo genérico de los personajes del corpus, ya que la falta de concordancia entre adjetivos y sustantivos, entre pronombres personales masculinos y femeninos chirría con la gramática pero casa con el nomadismo genérico: la ambigüedad sexual del personaje de Sirena se comprueba en la variación de género gramatical utilizado para referirse a ella. En el *incipit* de la novela de Santos-Febres se significa en femenino (en caso de que sea ella misma, como considera José Delgado Costa [2003] que sucede), pero también en masculino ("como cuando era chiquito" [2008, 7]); a medida que avanza la novela Sirena se va adaptando al femenino en la medida en que adopta su pose bolerista para conquistar al auditorio en general y a Graubel en particular.

En boca de los demás personajes, la variación entre Sirenito, Sirena, Junior y Selena marca la ausencia de una esencia genérica en el personaje y ese nomadismo identitario que los desconcierta. El narrador de la novela de Santos-Febres alude al personaje tanto en masculino como en femenino, hablando del "chamaquito", "jovencito" (2008, 3, 5), pero acompañando estos adjetivos de su nombre femenino: Selena Sirena. Así pues, cuando Sirena está en *drag*, siempre se significa en femenino, pero cuando no lo está, sigue siendo el muchachito asexuado de quince años que atormenta a Hugo Graubel. El magnate retuerce esa ambigüedad al bautizarla con el aborrecido "Sirenito", que pasa del masculino muchachito al femenino *drag*, para volver al masculino en el acto sexual donde Hugo es pasivo. En la obra de Santos las ambigüedades esencialistas son bastante desestabilizantes.

CONCLUSIÓN

Las problemáticas del nomadismo identitario y de las políticas *queer* en América Latina, donde las luchas por los derechos LGTBQ están adquiriendo más y más fuerza en el nuevo milenio e intersectan con las problemáticas del machismo, racismo y clasismo, se manifiestan en la novela dando cuenta de las particularidades que adquiere el discurso *queer* en el continente. Sirena y Martha Divine son personajes que plantean, desde su propio cuerpo, los trascenderes de la identidad genérica y, desde las circunstancias que atraviesan en las ficciones que protagonizan, abren una puerta a la reflexión sobre los conceptos de ciudadanía y derecho que atraviesan "las multitudes *queer*" (Preciado 2003) en América Latina. De este modo, vuelven pertinente una visión política de las propias ficciones al reclamar una igualdad *de facto* que pase por la no patologización del transgénero, la no discriminación del individuo en el mundo laboral por su propia vivencia de la sexualidad (sea cual fuere), un estado de derecho que no se ponga una venda en los ojos ante una mayoría social que atenta contra la propia supervivencia de determinadas personas (Butler 2010b) y, en definitiva, una apertura hacia el respeto por la libertad del individuo de hacer con su cuerpo, su deseo y su sexualidad lo que le plazca.

OBRAS CITADAS

ARROYO, Jossiana. 2003. Sirena canta boleros: travestismo y sujetos transcaribeños en *Sirena Selena vestida de pena*. *Centro Journal* XV (2): 38-51.

BARRADAS, Efraín. 2003. Para travestirte mejor: Pedro Lemebel y las lecturas políticas desde los márgenes. *Revista Iberoamericana* IX (33): 69-82.

BRAIDOTTI, Rosi. 1994. *Nomadic Subjects. Embodiment and Sexual Difference in Contemporary Feminist Theory*. Nueva York: Columbia University Press.

BUTLER, Judith. 2010a [1990]. *El género en disputa. El feminismo y la subversión de la identidad*. Trad. María Antonia Muñoz. Barcelona: Paidós.

—. 2010b [2004]. *Deshacer el género*. Trad. Patricia Soley-Beltrán. Barcelona: Paidós.

DELGADO COSTA, José. 2003. Fredi Veláscues le mete mano a Sirena Selena Vestida de pena. *Centro Journal* XV (2): 24-37.

DÍAZ, Luis Felipe. 2003. La narrativa de Mayra Santos-Febres y el travestismo cultural. *Centro Journal* XV (2): 24-37.

ECHAVARREN, Roberto. 2003 [1998]. *Arte andrógino. Estilo versus moda en un siglo corto*. Valencia: Ex Cultura.

GARBER, Marjorie. 1992. *Vested Interests. Cross Dressing & Cultural Anxiety*. Londres: Routledge.

MOLLOY, Sylvia. 1994. La política de la pose. In *Las culturas de fin de siglo en América Latina*. Comp. Josefina Ludmer. Rosatio: Beatriz Viterbo, 128-138.

OSTROV, Andrea. 2003. Las crónicas de Pedro Lemebel: un mapa de las diferencias. In *La fugitiva contemporaneidad. Narrativa latinoamericana (1990-2000)*. Ed. Celina Manzoni. Buenos Aires: Corregidor, 97-119.

PALAVERSICH, Diana. 2002. The Wounded Body of Proletarian Homosexuality in Pedro Lemebel's Loco afán. *Latin American Perspectives. Gender, Sexuality and Same Sex Desire in Latin America* 123 (29/2): 99-118.

PRECIADO, Beatriz. 2003. Multitudes Queer. *Multitudes* 12, http://www.multitudes.net/Multitudes-queer,1465/ (consultado el 15 de marzo de 2014).

SANCHO ORDÓÑEZ, Fernando. 2011. "Locas" y "fuertes": cuerpos precarios en el Guayaquil del siglo XXI. *Íconos. Revista de ciencias sociales* 39: 97-110.

SANTOS-FEBRES, Mayra. 2005. Caribe y travestismo. In *Sobre piel y papel*. San Juan de Puerto Rico: Ed. Callejón, 129-139.

—. 2008 [2000]. *Sirena Selena vestida de pena*. Ed. Debra A. Castillo. Doral: Stockcero.

SARDUY, Severo. 1999 [1969]. Escritura/travestismo. In *Obra completa*. Coord. Gustavo Guerrero y François Wahl. Madrid: Galaxia Gutenberg, 1147-1153.

SIFUENTES-JÁUREGUI, Ben. 2002. *Transvestism, Masculinity, and Latin American Literature. Genders Share Flesh*. Nueva York: Palgrave.

II
SUJEITOS À MARGEM E IDENTIDADES TRANSFRONTEIRIÇAS

II
SUJETOS AL MARGEN E IDENTIDADES TRANSFRONTERIZAS

TRANSFORMACIONES DEL *MALANDREO* CARCELARIO EN EL CINE VENEZOLANO: DE CLEMENTE DE LA CERDA A LUIDIG OCHOA

Andrea Carolina López López[*]

El presente ensayo compara el arquetipo del malandro venezolano en las representaciones de Ramón Antonio Brizuela, protagonista de la saga cinematográfica *Soy un delincuente* (1976) y *El reincidente* (1977) de Clemente de la Cerda, con los *pranes* Saliba y Cara'e Muerto exhibidos en la serie web animada *Cárcel o infierno* (2012-2013) de Luidig Ochoa. El objeto de esta comparación es demostrar que ha habido una significativa mutación respecto al inicial carácter transgresor del malandro contra el Estado. Para ello, se procederá a identificar qué aspectos han cambiado y cuáles se mantienen vigentes en la representación del malandro venezolano respecto a su ambiente, iniciación en el mundo del delito, sistema ético, formas de socialización y lenguaje; así como también se examinará su recepción en el público general e instancias gubernamentales. Veremos que si bien el malandro escenificado en las películas de Clemente de la Cerda se rebelaba ante un Estado excluyente en favor de los desposeídos, en las animaciones de Luidig Ochoa su rebeldía y antagonismo desaparecen confundiéndose con el Estado, en una visión en la que ambos se reparten el poder profundizando y expandiendo la violencia.

ORIGEN Y ETIMOLOGÍA DEL MALANDRO

El término *malandro* proviene del latín *malus* (malo, equivocado) y del provenzal *landrin* (perezoso). En la Francia de los siglos XV y XVI, el término *malandre* refiere una especie de sarna que ataca las yuntas

---

[*] Universidad Nacional Autónoma de México.

internas de las rodillas de los animales de caballería. Esta sarna produce un *mal andar* de los animales, de allí que se hable de los malandros como personas que se conducen por la vida de mala manera (Perissé 2010).

En Brasil, la palabra aparece en las letras de samba de la primera mitad del siglo XX y tiene una connotación menos agresiva. De singular y extravagante vestir, el malandro carioca sobrevive gracias a su gracioso gesto y lenguaje, su irreverencia y sensualidad. Habitante de los guetos, el *malandrín* brasileño posee astucia para engañar y manipular, no cree en el trabajo ni en la honestidad, vive de pequeños golpes y disfruta a placer el día a día. Bohemio, cree más en la suerte que en el esfuerzo individual. Es sensible, galante y se define como un amante envidiable (Perissé 2010). En la década de los setenta, el crítico brasileño Antonio Candido acuñó el término en su "Dialéctica del malandrinaje". Según Candido, el *malandrín* vendría a ser el equivalente latinoamericano del *pícaro* de la novela del Siglo de Oro español: narra sus aventuras en primera persona, tiene un origen humilde, habita los bajos fondos urbanos, confronta un choque áspero con la realidad que orienta su conducta a la implementación de la mentira, la simulación y el robo. Aunque inicialmente el *pícaro* es ingenuo, la circunstancias de la vida lo van transformando en un ser hábil que busca una sobrevivencia en la cual priva la suerte; tiene una condición itinerante que le permite desnudar los aspectos más sórdidos de la sociedad y, como en la novela del Siglo de Oro, las historias del malandrinaje en Brasil satirizan los discursos épicos del poder hegemónico y monárquico (Candido 1977, 9-36).

En el caso venezolano, el malandro se define como el delincuente violento de origen popular quien, nacido y criado en la periferia de las grandes ciudades, crece en un ambiente de aguda corrupción estatal, padece el colapso del sistema judicial, vive hacinado por la sobrepoblación urbana y carcelaria, y consume diversos tipos de drogas (Moreno *et al.* 2008). El estudio del Centro de Estudios Populares ha establecido tres tipos de malandros que oscilan entre las edades de diecisiete y sesenta y cinco años, abarcando así tres categorías: el *malandro viejo*, el *intermedio* y el *nuevo* (Moreno *et al.* 2008). Como el propósito de esta investigación obedece al examen de imaginarios audiovisuales que datan de la década del setenta y del nuevo milenio en Venezuela, sólo compararé los dos tipos extremos: el *malandro viejo* y el *nuevo*.

EL MALANDRO VIEJO Y EL NUEVO: DE RAMÓN ANTONIO BRIZUELA EN SOY UN DELINCUENTE Y EL REINCIDENTE, AL PRAN DE CÁRCEL O INFIERNO

Las películas de Clemente de la Cerda tienen su origen en una novela testimonial estilísticamente apegada a la novela picaresca que fue escrita a mediados de la década de los setentas por el periodista Gustavo Graterol Santander bajo seudónimo de Ramón Antonio Brizuela. En el libro, este joven ficticio —huérfano de padre, hijo de una vendedora de empanadas y hermano de una prostituta— cuenta en primera persona sus hazañas delictivas. La versión cinematográfica *Soy un delincuente* recrea la primera parte de este libro que corresponde a la infancia y adolescencia de Ramón Antonio, mientras que *El reincidente* se ocupa de la segunda y expone sus experiencias ya adulto.

Contrariamente a los filmes de De la Cerda, la serie *web* animada *Cárcel o infierno* (2012-2013) no se nutre de un texto literario escrito por un periodista bajo un seudónimo, sino que surge de los dibujos de Luidig Ochoa, un joven de 34 años que estuvo recluido en la cárcel de Tocorón en el Estado Aragua. De modo que en esta miniserie no estamos ya frente a la visión de una persona de clase media educada, como es el caso del periodista Santander o el cineasta Clemente de la Cerda, sino ante las vivencias de quien, en sus ocho años de reclusión, fue guardaespaldas de un líder delictivo. Como *Cárcel o infierno* se desarrolla mayormente en el espacio penitenciario, sus personajes ya no son denominados como malandros o *azotes de barrio*, sino que se les da el título de *pranes* y *luceros*. El origen de la palabra *pran* es difuso. De acuerdo al artículo "El pram es un gerente delictivo", publicado por el diario *Qué pasa*, el término surge en Puerto Rico a inicios de los noventa (2012)[1]. Según el periodista del diario *Últimas Noticias*, Airam Fernández (2012), en Venezuela el *pran* aparece en el nuevo milenio y responde a las siglas de: Preso, rematado —esto es, recluso condenado con sentencia firme por un tribunal de justicia—, asesino nato. Así que si bien en las películas de De la Cerda, la itinerancia del malandro abarca diversos barrios periféricos, zonas de clase media y algunos retenes para menores y adultos; en *Cárcel o infierno* la trayectoria de los *pranes* y sus *luceros*

---

[1] Para el periodista puertorriqueño Adaúlfo Estornis, el término significa: preso, reincidente, asesino natural. La denominación fue usada por un delincuente luego de que se le leyera su sentencia y fuera condenado a 25 años por el asesinato de un empleado bancario en la ciudad de San Juan, en 1992.

se reduce a los traslados entre diversas áreas de un mismo penal o de una cárcel a otra. De este modo, se produce una reducción de la diversidad espacial y social que era propia del *malandro viejo* y que aludía a una mirada totalizadora de la ciudad.

El espacio penitenciario habitado por Ramón Antonio es también drásticamente distinto al de los *pranes* Cara'e Muerto y Saliba en *Cárcel o infierno*. En la saga de los setenta no se retratan las cárceles por fuera, sólo se muestra el interior constituido por pequeñas celdas hacinadas de niños y adultos, despojadas de baños, muebles, objetos y animales. Se muestran también aulas de clase, bibliotecas y patio. En la serie de Luidig el penal de Tocorón es ilustrado en su parte externa como una edificación grande, abaleada en todas sus paredes y rodeada de basura. No hay aulas, ni bibliotecas. El patio es un lugar desierto. El hacinamiento también se expande a los pasillos. Hay sangre, moscas, cucarachas y otros insectos por doquier. No obstante, las celdas de los *pranes* —llamadas *buguis*— se presentan como confortables habitaciones dotadas de cama matrimonial, televisores de plasma, equipos de sonido, computadoras laptop, afiches de mujeres semidesnudas y cortinas, además de refrigeradores y cocina. Los *pranes* entonces, a diferencia de Ramón Antonio, poseen privilegios sociales que los distinguen del resto.

En cuanto a la administración de la violencia, tanto en *Soy un delincuente* como en *El reincidente*, son los policías los que aparecen como sus principales ejecutores. Ellos son quienes constantemente maltratan a los presos mediante golpizas, aislamiento, tortura psicológica y encierro de niños con adultos haciéndolos susceptibles de violaciones. En *Soy un delincuente* se presenta una escena en la que Ramón Antonio hace uso de un *chuzo* —cuchillo de fabricación casera— para defender a un niño de las malas intenciones de los adultos. En el caso de *Cárcel o infierno* en cambio, la violencia es administrada mayormente por los *pranes* y sus *luceros* quienes no ostentan ya armas de fabricación casera sino armamento militar y mucha tecnología: escopetas, subametralladoras, fusiles de asalto, munición, granadas de mano, celulares de última generación y laptops. En caso de motines y masacres internas, la violencia es ejercida por efectivos de la Guardia Nacional Bolivariana (GNB). Y en este rasgo radica quizá la mutación más importante entre el arquetipo del *malandro viejo* y el *nuevo*: mientras Brizuela se enfrenta constantemente al Estado encarnado en los policías, Cara'e Muerto y Saliba son aliados de los militares e incluso les dan órdenes. Un ejemplo claro de esta realidad plasmada en la serie, lo constituye una escena del primer episodio cuando el *pran* Saliba, semidesnudo, pistola en mano y luciendo cadenas de oro al pecho, habla por un celular al Comandante Francisco Venavides del Destacamento 51 de la GNB: "Háblame tú, acuérdate de lo que cuadramos. Dale pues, manda esa mielda en visita hermano que las necesito. Sí, con las que tú sabes güevón, coño ya más de la mitad te he pagado, envía ese fusil que lo necesito"[2]. La autoridad de los pranes es tal que mientras para Ramón Antonio Brizuela el bien más preciado es la libertad, a Cara'e Muerto y Saliba no les interesa salir porque en la cárcel son seres privilegiados. Al formar parte del poder que la rige, su seguridad está garantizada. De manera que si la saga de De la Cerda versaba acerca de los robos de Brizuela —sus enfrentamientos con la autoridad y sus constantes entradas y fugas del penal—, en *Cárcel o infierno,* al ser borrado el antagonismo con el Estado, la trama se centra en las pugnas internas entre los mismos *pranes* que buscan hacerse del control absoluto de la cárcel y sus negocios.

Otro aspecto relevante en la mutación del malandro es su socialización. Iniciado en el delito y el sexo a muy temprana edad gracias a *mayores* como "La Catira" —la señora de su barrio que lo enseña a mentir y a llorar para ganarse la lástima de sus víctimas—, y "El Viejo" —personaje que le encarga varios robos, lo reprende cuando algo sale mal y lo instruye para estudiar y planificar bien el delito—; Brizuela consolida un sistema de valores basado en la mitificación del malandro como héroe de bandidaje social: Roba a los ricos para darle a los pobres y no delinque dentro de su comunidad. Al ayudar a sus vecinos, se gana su protección y cuando impone su poder, lo hace mediante la persuasión, regalos y prebendas. En su relación con la banda, Brizuela es un líder democrático y horizontal: Reparte el botín a partes iguales y somete a votación los regalos destinados a sus seres queridos. Sus compañeros votan unánimemente a favor de los obsequios, actitud que refuerza la horizontalidad de los delincuentes. Otro rasgo fundamental de Ramón Antonio es que su propósito nunca es matar. El robo tiene lugar en locales deshabitados o cerrados y el asesinato sólo aparece como una medida extrema de sobrevivencia. Esta ética, que mitifica al delincuente, se diluye en el *azote* que ya no roba a los ricos para darle a los pobres. Si roba, lo hace para acumular objetos materiales tales como un par de zapatos o un celular y siempre matando o hiriendo a sus víctimas. Su accionar no

---

2   Ver también capítulos 5 y 6.

conoce distinciones, roba y mata a vecinos o desconocidos sean éstos pobres o ricos. Mata por matar y dispara a la cara. Para él, el asesinato es una hazaña gloriosa y su énfasis está en la capacidad de asesinar y asesinar mucho, ya que el número de asesinatos en relación con el tiempo es muy importante: cuantos más muertos tenga encima y más joven sea, más *cartelúo* (valioso) es. No busca imponerse ante sus vecinos por la persuasión y el respeto, sino por el miedo (Moreno *et al.* 2008, 268-287).

En la cárcel, el *pran* es un gerente delictivo que junto a sus *luceros* —sus segundos al mando— controla el *carro*; esto es, un sistema criminal que se expande, alcanzando el dominio de varios pabellones de la penitenciaría, influenciando decisiones tribunalicias y procedimientos policiales, organizando asesinatos por encargo (sicariatos), llevando a cabo extorsiones, secuestros, trata de personas, prostitución e incluso, sustituyendo directores de penales. Cuando los *pranes* son poco poderosos reparten con sus *luceros* las ganancias de sus negocios dentro y fuera de la cárcel, pero una vez que se hacen del control absoluto del penal no comparten con sus subalternos. En este sentido, la relación horizontal y democrática que el *malandro viejo* ejercía con sus compañeros de banda, queda desplazada por una relación vertical, de corte autoritario, en la cual el *pran* es el único jefe y los *luceros* sus subordinados.

Si en las películas de Clemente de la Cerda, las ganancias de Brizuela estaban destinadas a ayudar a los desposeídos y personas queridas, en *Cárcel o infierno*, el *pran* no obsequia nada a nadie. Como único gerente delictivo, cada recluso tiene el deber de pagarle semanalmente el *obligaíto*, esto es, una renta por espacio ocupado, alimentos y vicios; así como por servicios o privilegios prestados tales como un televisor, un *bugui* o un baño a precios diez veces más altos que los cotizados en la calle (Tablante y Tarre 2013, 233). Mientras en las películas de De la Cerda es común ver a Brizuela drogándose junto a sus amigos, en *Cárcel o infierno* no se observa a los *pranes* y a sus *luceros* consumir drogas, sólo se expone a las *brujas* o *bataneros* (consumidores de droga) fumando *crack*. Por otra parte, si bien hay *pranes* que destinan parte de sus dividendos a actividades de esparcimiento para los presos, la mayoría de los fondos están destinados a alimentar una enorme red criminal que involucra a jueces, fiscales, ministros, funcionarios, militares, policías y un sin fin de personas vinculadas al mundo de la corrupción y del delito.

El *pran*, como ya vimos, acude a la violencia extrema para ejercer su poder, por lo que tampoco duda en matar a otros *pranes*, a sus *luce-*

ros y a los *causas* (amigos) de éstos mediante una especie de golpe de Estado llamado *voltear el carro*. Una vez en el poder, el *pran* impone una serie de leyes internas que al ser quebrantadas se pagan con la vida. Dependiendo de la falta, la muerte de los infractores se da mediante la descarga de decenas de balas, ráfagas de metralleta o la desmembración del cuerpo vivo. A este último procedimiento punitivo se le llama *Darle Pakistán*. Dentro de los gobiernos de Cara'e Muerto y Saliba en *Cárcel o infierno* se retratan las siguientes faltas: no estar en la celda cuando el *pran* guarda sus armas, desplazarse sin consentimiento del *pran*, tener amigos policías en la calle, tropezarse y no pedir disculpas, tener armas a la vista o andar sin camisa durante los días de visita, mirar a la novia de otro preso, dejarse agarrar el trasero por un compañero o dejarse robar por las *brujas* o *bataneros*. Toda esta normativa alude entonces, a la constitución de un orden carcelario absolutamente controlado por el *pran*.

Otros aspectos que han cambiado en el arquetipo del malandro venezolano, tienen que ver con el lenguaje y la apariencia. En cuanto a lo primero, observamos que la expresión *el mío* reemplaza a la de *pana* de *Soy un delincuente* y *El reincidente* en su acepción de amigos o compañeros de celda. *El mío* denota la falta de autonomía de los individuos: Un amigo no es un Él, es una pertenencia. La palabra *causa* también sustituye a *el mío*. No obstante *causa* también refiere el dinero que los reclusos deben pagar semanalmente al *pran* para mantenerse en la cárcel (el *obligaíto*) y, tal como ocurre con otras faltas, quien no la paga, muere. Es decir, el sentido de amistad está entrecruzado con un sentido de obediencia y de obligatoriedad económica para con el jefe.

En cuanto a la apariencia, Brizuela empieza siendo un niño harapiento y termina vistiendo trajes finos, buenas corbatas y atuendos que lo asemejan a un empresario, a un "señor de bien" como cualquier otro. Los *pranes* de *Cárcel o infierno* en cambio, no esconden quiénes son: visten ropa deportiva de marca, ostentan *brillos* (cadenas de oro, relojes con diamantes) y llevan gorras que tapen parcialmente su mirada. Generalmente exhiben sus cicatrices. Como si de insignias militares se tratara, las huellas de sus combates les proporcionan estatus.

En lo religioso, Ramón Antonio es devoto del culto sincrético y popular de la Reina María Lionza, mientras que si bien no se menciona directamente el tema en *Cárcel o infierno*, allí son recurrentes los afiches de Cristo, indicándonos que la influencia de una religión más institucionalizada como la evangélica es importante dentro del penal. Por otra parte, uno de los rasgos que sí se mantiene inmutable en el malandro es el de su relación con las mujeres. Tanto en la saga de *Soy un delincuente* como en la de *Cárcel o infierno*, los malandros provienen de familias monoparentales, es decir, sin padres, en las que las féminas son ángeles o demonios. Al primer grupo corresponden las madres, siempre retratadas como seres envejecidos por las penurias de la miseria y la angustia de la muerte inminente de sus hijos. En el segundo grupo entran las amantes, siempre hermosas, protuberantes, cariñosas sean niñas o adultas, e infinitamente cómplices y benefactoras de sus crímenes. Vemos así una continuidad en los imaginarios machistas asociados al malandro a lo largo de los años.

RECEPCIÓN Y APOYOS A SOY UN DELINCUENTE, EL REINCIDENTE Y CÁRCEL O INFIERNO EN EL PÚBLICO E INSTANCIAS GUBERNAMENTALES

Tanto en las películas de De la Cerda como en la serie de Ochoa, la respuesta del público ha sido masiva. La identificación con personajes multirraciales que se expresan en un castellano poco elegante, impregnado de acentos regionales, ha causado sensación. *Soy un delincuente* llegó a recaudar más de un millón de dólares en taquilla, hecho sin precedentes en un país en el que se creía que una película nacional no podría competir con producciones extranjeras (De la Cerda 1976, C-16). También influyó el hecho de que en la década de los setentas existían los llamados cines de barrio y las clases populares podían acudir reiteradas veces a las salas. Actualmente, aunque el Estado venezolano no se ha ocupado de distribuir originales en DVD, los vendedores informales registran ganancias de las copias piratas.

Aunque *Soy un delincuente* y *El reincidente* marcaron un hito en cuanto a su conexión con el público, fueron muy mal recibidas por un sector intelectual asociado a la crítica culta que las denigró al acusarlas de poseer una estética fea (Antillano 1976). A pesar de que *Soy un delincuente* se hizo merecedora de un premio municipal, el gobierno de Carlos Andrés Pérez se negó a financiar otra película de De la Cerda bajo la excusa de que sus discursos eran apologéticos del delito; una situación que obligó al cineasta a filmar *El reincidente* con financiamiento privado. *Cárcel o infierno* ha tenido un éxito popular similar: más de dos millones de espectadores, apoyo de artistas y amigos para doblar las voces, préstamo de estudios para sonorizarla y composiciones musicales de diversas bandas subterráneas que han encontrado en la serie una gran oportunidad para promocionarse; además de anunciantes que prestan servicios de tatuajes, efectos especiales, organización de eventos y fabricantes de ropa y gorras. Sin embargo, a diferencia de los filmes de De la Cerda, al apoyo popular se ha sumado el del Estado venezolano que incluso ha contratado a Ochoa para que produzca propagandas de los canales públicos VTV, Ávila Tv y del Ministerio de Comunicación e Información MINCI (Aristiguieta 2012) y, más recientemente, para la realización de un comercial en apoyo a la candidatura del canciller Elías Jaua a la gobernación de Miranda[3].

La apropiación estatal marcó un antes y un después en la serie de Luidig Ochoa. En la presentación de los primeros tres capítulos, por ejemplo, se exhibe al penal y los malandros acompañados de una voz en *off* que expresa las interminables muertes violentas acaecidas en el país, junto a la voz del presidente Hugo Chávez diciendo que quienes aseguraban que la violencia en Venezuela se había incrementado en los últimos nueve años, decían una mentira del tamaño de la catedral. La aparición de su voz provocó una visita de la policía política a la casa de Ochoa, conminándolo a cambiar su discurso (Aristiguieta 2012). A partir de allí, la voz sobre los crímenes y del Presidente fue reemplazada por más capas de dibujos, llamadas y el tema musical de la serie, neutralizando así la crítica directa al Jefe de Estado.

CONCLUSIONES

El viejo malandro venezolano, representado en las películas de De la Cerda como héroe de bandidaje social y líder de los desposeídos en oposición al Estado, ha perdido su carácter transgresivo y periférico afín a la picaresca para ser absorbido por las fuerzas gubernamentales. Al formar parte del mismo entramado de la hegemonía, tal y como lo muestran las alianzas entre *pranes* y efectivos militares representadas en la serie de Luidig Ochoa, el malandro tradicional ha sido reemplazado por el *pran*, un personaje autocrático que ejerce su poder verticalmente, explota a sus subalternos, se impone mediante la violencia y no tiene

---

3   Ver el clip "Miranda es otro beta": http://www.youtube.com/watch?v=9uaCl08FYjM.

necesidad de disimular su condición ya que forma parte del actual estatus quo venezolano representado en la serie.

Esta fusión entre Estado y *pran* trasciende los discursos audiovisuales aquí estudiados hallando correspondencia con la realidad. El *pran* Wilmer Brizuela, alias "Wilmito", que paga condena por homicidio y secuestro y de quien un artículo del diario *El Universal*, fechado el 7 de octubre del 2012, asegura que controla actualmente el crimen organizado del Oriente del país; generó polémicas al estar inscrito en el partido del gobierno PSUV. Su participación en ruedas de prensa junto a las autoridades de justicia, reseñadas en el mismo artículo, también ha levantado suspicacias. Otro caso es el del *pran* Edwin Soto, alias "El Mocho Edwin" de Sabaneta, Estado Zulia, quien impidió la intervención de la Guardia Nacional Bolivariana en una reyerta que dejó 16 reos fallecidos y varios mutilados por su propia mano. Ante la orden de su traslado, decenas de mujeres le dieron su apoyo gritando la misma consigna que se creó originalmente para el presidente Hugo Chávez: "Uh Ah, El Mocho no se va". Según las periodistas Ana Karolina Mendoza y Luisana González del diario marabino *La Verdad*, la vasta popularidad y poder de Edwin Soto se tradujo en el hecho de que el Ministerio de Asuntos Penitenciarios le diera el privilegio de viajar junto a sus *luceros* en un avión militar hasta el Estado Aragua donde habría pedido ser recluido en la cárcel de Tocorón (2013). El resto de los reos, en cambio, no tuvo la misma prerrogativa y fue trasladado en autobuses hacia diferentes penitenciarías escogidas por ese Ministerio.

Es también importante destacar que en este nuevo *malandraje*, en el que el Estado y los *pranes* se (con)funden, parece entreverse el hecho de que la violencia ya no está contenida en el espacio penitenciario o en los barrios periféricos. El incremento de homicidios en el país alcanzó en 2012 la cifra de 21.692 víctimas, lo que significa 73 muertes por cada 100 mil habitantes, de los cuales 591 perdieron la vida dentro de las cárceles (Guerrero 2013). Según el periodista Jon Lee Anderson, en su publicación en *Prodavinci* del 21 de enero del 2013, algunos evangélicos que han sido presidiarios han trasladado el *pranato* como forma de gobierno a los más de 150 edificios invadidos en la ciudad de Caracas. La complicidad de los militares en la venta y tráfico de armas y drogas, nos señala que si bien hace cuarenta años policías y transgresores eran enemigos, hoy en día *pranes* y militares son aliados y forman parte del mismo entramado estatal.

OBRAS CITADAS

ANDERSON, Jon Lee. 2013. El Poder y la Torre. *Prodavinci*, 21 de enero. Disponible en: http://prodavinci.com/2013/01/28/ciudad/el-poder-y-la-torre-por-jon-lee-anderson (consultado en junio 2013).

ANÓNIMO. 2012. El pram es un gerente delictivo. *Qué pasa.com.ve*, 18 de junio. Disponible en: www.quepasa.com.ve/index.php/columnistas/vidas-bizarras/7686-el-lpramr-es-un-gerente-delictivo (consultado el 25 de junio de 2013).

—. 2012. Quién es Wilmito. *El Universal*, 7 de octubre. Disponible en: www.eluniversal.com/sucesos/121007/quien-es-wilmito (consultado el 8 de octubre de 2013).

—. 2013. Polémica en Twitter por militancia de Wilmito en el PSUV. *Diario Contraste*, 8 de julio. Disponible en: http://diariocontraste.com/es/polemica-en-twitter-por-militancia-de-wilmito-en-el-psuv (consultado el 15 de agosto de 2013).

ANTILLANO, Pablo. 1976. Soy un delincuente a la verdad por el error. *El Nacional*, 11 de julio.

ARISTIGUIETA, Armando. 2012. Entrevista+Video//Infierno: Luidig cuenta su historia. Panorama, 5 de octubre.

BRIZUELA, Ramón Antonio. 1977. *Soy un delincuente*. Caracas: Editorial Fuentes.

CANDIDO, Antonio. 1977. Dialéctica del malandrinaje. In *Memorias de un sargento de milicias*, de Manuel Antonio de Almeida. Trad. Elvio Romero. Caracas: Biblioteca Ayacucho, ix-xxxvii. (Ed. original: Dialética da malandragem. *Revista do Instituto de Estudos Brasileiros* 8 [1970]: 67-89.)

CLAREMBAUX, Patricia. 2011. *A ese infierno no vuelvo*. Caracas: Ediciones Punto Cero.

DE LA CERDA, Clemente. 1976. Destruimos una opinión generalizada, al venezolano sí le interesa su cine. *El Nacional*, 10 de julio.

FERNÁNDEZ, Airam. 2012. Diccionario: Así hablan en las cárceles venezolanas. *Últimas Noticias*, 27 de octubre. Disponible en: www.ultimasnoticias.com.ve/noticias/actualidad/investigacion/diccionario-asi-hablan-en-las-carceles-venezolanas.aspx (consultado el 11 de noviembre de 2012).

GUERRERO, Sandra. 2013. OVP asegura que en Uribana hubo 63 fallecidos. *El Nacional*, 1 de febrero. Disponible en: www.el-nacional.com/sucesos/OVP-asegura-Uribana-fallecidos (consultado el 5 de febrero de 2013).

MENDOZA, Ana Karolina y Luisana GONZÁLEZ. 2013. Sale el "Mocho" Edwin y entran los militares. *La Verdad*, 21 de septiembre. Disponible en: www.laverdad.com/sucesos/36627-sale-el-mocho-edwin-y-entran-los-militares.html (consultado el 8 de septiembre de 2013).

Moreno, Alejandro, Alexander Campos, Mirla Pérez y William Rodríguez. 2008. *Tiros en la cara, el delincuente violento de origen popular*. Caracas: IESA.

Perissé, Gabriel. 2010. *Palabras e origens*, 13 de diciembre, http://palavraseorigens.blogspot.mx/2010/12/etimologia-do-malandro.html (consultado el 30 de diciembre de 2013).

Tablante, Carlos y Marcos Tarre. 2013. *Estado delincuente: Cómo actúa la delincuencia organizada en Venezuela*. Caracas: Editorial Melvin.

FILMOGRAFÍA

Cárcel o infierno, realización de Luidig Ochoa (Luidig Ochoa, 2012-2013).

El reincidente, realización de Clemente de la Cerda (Proyecto 13/Blanco y Travieso/Tiuna Films, 1977).

Soy un delincuente, realización de Clemente de la Cerda (Proyecto 13, 1976).

NARRATIVAS DE LA DIÁSPORA VENEZOLANA EN EL SIGLO XXI

Víctor Carreño[*]

Caracterizar las diversas aristas de una comunidad diaspórica es difícil, tanto por sus causas y sus efectos como por su constante movilidad. Si toda diáspora nace de una crisis (social, política o económica), la venezolana se remonta a las contradicciones de un "Estado mágico" petrolero, como lo llama Fernando Coronil, agente modernizador y mito de riqueza colectiva a la vez. Cuando este Estado entra en crisis en el siglo XX, en la década de los 80, las estadísticas registran la primera salida de venezolanos en un movimiento que, siguiendo a Iván de la Vega, podemos llamar "diáspora intelectual" (2005, 54) que continuará hasta hoy. Muchos científicos y tecnólogos, así como becarios del programa estatal Fundación Gran Mariscal de Ayacucho, deciden no regresar al país ante las pocas oportunidades para desarrollar una carrera debido al deterioro económico de Venezuela[1]. Las estadísticas confirman el aumento de la emigración venezolana en el siglo XXI[2], pero la situación se ha vuelto más compleja. Carlos Subero, quien investiga la

---

[*] Universidad del Zulia (Venezuela).
[1] Antonio López Ortega y José Luis Palacios han representado estos imaginarios en su narrativa.
[2] En 2010, la cifra de venezolanos en el censo de Estados Unidos llegó a 215.023 después de haber registrado 91.507 en 2000. Fernando Gualdoni, en un artículo de *El país* del 24 de julio de 2007, dice que en España el número de venezolanos en 2007 es de 52.916, mientras que fueron 9.482 en 1999. A las cifras oficiales hay que añadir un número de personas no autorizadas. *El Universal* en un artículo del 21 de agosto de 2010 refiere las siguientes cifras de Iván de la Vega, donde se suman los autorizados y el estimado de los que no lo están: "El profesor de la USB precisó que en la actualidad hay unos 260.000 venezolanos en Estados Unidos, 30.000 en Canadá, 10.000 en Australia, y aproximadamente 200.000 en la Unión Europea, aunque en este caso hay una subestimación porque muchos venezolanos hijos de inmigrantes cuentan con la nacionalidad de esos países". Recientemente Iván de la Vega ha aportado nuevas cifras: "Hoy, la diáspora de profesionales venezolanos se dispersa en 65 países y, según cálculos de De la Vega –no existen cifras oficiales–, sobrepasa el millón de personas" (Oropeza 2014).

emigración de venezolanos a Norteamérica en el siglo XXI, dice: "La inseguridad personal, razones económicas y la vorágine política venezolana son las causas de esta emigración hacia Norteamérica" (2012, 18). Las mismas causas pueden extenderse a la diáspora venezolana en general. Y si ésta, en una época temprana, se compuso fundamentalmente de una clase científica y profesional, hoy es social y culturalmente heterogénea. Las narrativas de la diáspora venezolana en la literatura, el cine o las artes visuales son una muestra de ello. Hablo en plural para subrayar su diversidad.

El mito del Estado petrolero como generador de riqueza colectiva y agente de modernización del país data del siglo XX, pero con la emergencia de la era chavista en el siglo XXI cobra un sentido muy distinto. Si antes procuraba disimular las divisiones sociales, ahora, en medio de un país empobrecido y polarizado, el "mito ya no es unificador sino justiciero" (Coronil 2002, xiv). Pero, como afirma también Coronil, el chavismo "asusta o seduce, dependiendo de dónde uno esté parado y lo que quiera para el país" (2002, xiv). Ha sido un movimiento político generador de un apoyo masivo,[3] pero la exclusión política surgida durante los quince años de la autodenominada Revolución Bolivariana ha sido considerable también[4]. Venezuela vive así en una tensa y oscilante "zona gris", donde aunque se mantienen ciertas instituciones de la democracia, como las elecciones y los espacios de discusión, el deterioro se observa, pues el "sistema de un poder dominante" tiende a excluir a sus adversarios, limitando la participación política sin tampoco llegar a ser una dictadura (Myers y McCoy 2003).

Tanto dentro como fuera de Venezuela, los discursos en torno a la identidad nacional en estos años son polémicos y encontrados. En un marco polarizado, donde el presidente Hugo Chávez usaba públicamente términos como "escuálidos" y "vende patrias" para sus opositores, donde al ser renombrada la nación República Bolivariana de Venezuela

---

3 Según el Consejo Nacional Electoral, el chavismo ganó en las elecciones presidenciales de 2013 por estrecho margen (con 50,61 % votos, 49,12 % votos para la oposición). Aunque dicha situación podría sugerir la necesidad de un diálogo entre ambas mitades, el oficialismo se ha radicalizado aún más.

4 Un ejemplo es la llamada Lista Tascón que reúne las firmas de quienes solicitaron la revocación de mandato presidencial a Hugo Chávez. La lista fue usada para despedir o impedir que personas adversas al chavismo trabajen en organismos públicos o con contratistas del Estado. Debido a ella, "Muchos, buenos profesionales han tenido que emigrar", admite Hender Urdaneta en un artículo del 11 de junio de 2008, publicado en el medio oficialista *Aporrea*.

y llamarse los chavistas a sí mismos como "bolivarianos", los opositores o no chavistas son potencialmente antibolivarianos o antivenezolanos. Este discurso conduce a una redefinición de la identidad nacional en quienes no son seguidores del chavismo. La narrativa de los que se van del país tiene un arco emocional ambiguo: no aceptan ser desvinculados de un pasado cultural nacional, pero quieren también concebirse dentro de un devenir; no quieren tomarse demasiado "en serio" sus orígenes, pero tampoco pueden renunciar a cierta nostalgia. Esta es una inquietud que si bien no es exclusiva de los escritores y artistas residenciados fuera del país, tiene una particular articulación en ellos, aunque sus planteamientos no siempre coincidan.

IDENTIDADES AMBIVALENTES EN LAS NARRATIVAS DE LA NACIÓN

Llegamos así a uno de los puntos más polémicos y sensibles en la Venezuela contemporánea, donde la intensa polarización ha separado a amigos y familias, donde en la vida cotidiana la gente prefiere replegarse al silencio antes de enfrentar las asperezas que surgen al manifestarse las diferencias políticas. Puesto que tanto quienes viven dentro del país como en la diáspora reclaman una identidad nacional, aun teniendo más de una nacionalidad, necesitamos dar con aproximaciones teóricas que den cuenta de la complejidad de las identidades nacionales, un problema que se agudizó luego del fin de la llamada Guerra Fría con su mundo bipolar y la emergencia de un orden multipolar. En la era de la mundialización, la nación y los nacionalismos no han desaparecido, éstos y las identidades han pasado por una redefinición de sus características e intereses. Como advierte Étienne Balibar, la crisis de la modernidad enseña, contra lo que ésta creyó durante mucho tiempo: que los diferentes grupos que componen la nación nunca se fijan de un modo definitivo (2005, 65). De allí la necesidad de hablar de la "ambivalencia y ambigüedad intrínseca de las identidades" (Balibar 2005, 74). No existe un "punto de apoyo exterior para definir el nacionalismo", dice Balibar, podemos realizar una "crítica inmanente" (Balibar 2005, 74), pero esto no nos liberará de una posición "parcial" o de "tomar partido" (Balibar 2005, 62). Practicar esa crítica puede, sin embargo, intentar abrir los ojos frente a los excesos de los nacionalismos de diferente signo y sus mesianismos universalistas, sin pretender tampoco "superar" o "eliminar" la nación —otra forma de mesianismo—, algo que resultaría mucho más fácil que pensar la convivencia dentro de ella. De un modo tentativo, siguiendo a Balibar, diremos que el "nacionalismo es a la vez la expresión de ciertas estructuras sociales y, de manera relativamente autónoma, un *esquema* específico de constitución ideológica, de construcción comunitaria, de producción y de reconocimiento conflictivo de identidades colectivas" (2005, 64). Dicha definición es social y comunitariamente dinámica, acá la identidad nacional, o el nacionalismo en un sentido amplio, va más allá de la ecuación entre nación y delimitación geográfica. Pero su inestabilidad sigue siendo problemática, el "plurietnismo" y el "multiculturalismo" se reconfiguran constantemente, "es difícil fundar *en verdad* una sociedad nacional sobre el "mestizaje" (pese al caso de México)" (Balibar 2005, 68). La situación no es menos compleja en una Venezuela cuya Constitución aprobada por referéndum en 1999 la declara "multiétnica y pluricultural" y esto se basa en una realidad. Pero cuando el oficialismo renombra la nación como República Bolivariana de Venezuela, marca desde el principio la dirección desde donde se concibe la cultura y lo nacional.

Toda identidad nacional, piensa Balibar, se establece sobre una "jerarquía de referencias comunitarias", pero puesto que, dentro de "grupos sociales diferenciados", uno tiende a ejercer una hegemonía, hacen falta *mediaciones* entre ellos, cada uno "compromete su honra en pro de algún factor político propio" (2005, 73). Si bien estos "acuerdos" no eliminan los conflictos, las negociaciones pueden aportar equilibrios inestables frente a la alternativa destructiva que supone renunciar a ellos.

Al hablar de la identidad nacional, Balibar separa lo que llama la *etnicidad ficticia* (no hay una "pura") y el *patriotismo*, pues aunque reconozca junto a Benedict Anderson que estos son inseparables en la "comunidad imaginada" que es la nación, pueden ser exacerbados por separado. La primera son las marcas perceptibles ("visibles", "audibles"), los rasgos de comportamiento "típicos" y, el *patriotismo* es el "destino" en común que "tiene por contrapartida el deber por parte de cada individuo de "transmitir" de generación en generación un símbolo propio" (Balibar 2005, 72). Ambos son susceptibles de ser usados para excluir a los otros. En la intensa polarización que divide a Venezuela en dos mitades, los discursos sobre la etnicidad y el patriotismo han sido exasperados, generando intolerancia. Si bien éstos han tenido presencia tanto en los medios públicos como en los medios privados, conviene hacer una diferenciación. El discurso divisionista, apuntalado por una "terminología bélica", se inició en el chavismo "desde su condición de supuesta "tropa guiada por un militar"[5], aunque luego permeó a la oposición (Barrera 2006, 882-883). El chavismo, aunque pudo actuar desde la presidencia o el discurso oficial como mediador, ha sido más bien catalizador de la división[6].

La polarización es expresión de una división social y simbólica. En un país social, cultural y étnicamente heterogéneo, es sumamente difícil hablar de esta realidad sin caer en reduccionismos o en la misma retórica de la polarización. Si toda diáspora tiene una connotación política, la venezolana no escapa de ello. Pero desbrozar el terreno quizá permita lecturas de un espectro más amplio. Por eso el objetivo de este trabajo es caracterizar los imaginarios de las narrativas diaspóricas a partir de las representaciones de la ambivalencia y ambigüedad de sus identidades en algunas obras de Miguel Gomes, Juan Carlos Méndez Guédez y Gustavo Valle. Todos ellos salieron para realizar estudios de posgrado y luego se quedaron en el exterior. El primero al final de los ochenta y los otros dos en los noventa, poco después[7]. Sus obras han sido ampliamente reconocidas por la crítica.

Los tres textos considerados aquí constituyen una muestra muy reducida. Pero son como bisagras referenciales dentro de la obra de cada uno y nos pueden ayudar a postular ciertas tendencias en las narrativas de la diáspora venezolana. Partiendo de la situación ambivalente y conflictiva de la percepción de la identidad nacional, es posible describir algunos elementos característicos. Para Balibar, la identidad nacional es producto de un proceso histórico y social sólo en la medida en que aquélla se reconoce como tal en sus destinatarios existentes (2005, 62). La "identificación se recibe de los otros y siempre depende, una vez más,

---

[5] Hugo Chávez dirigió un fallido golpe de Estado contra un presidente democráticamente electo en 1992. Preso y luego beneficiado por un sobreseimiento en 1994, solo en 1997 aceptó participar en las elecciones presidenciales de 1998.

[6] Luis Duno-Gottberg ha investigado el racismo de los medios privados (opositores) durante el periodo 2002-2004, pero aunque limita su investigación a este campo, reconoce que también en el chavismo ha habido un discurso que alienta la xenofobia, mostrando como ejemplo el periodo 2001-2003 (2011, 293) y un artículo de Mario Silva donde se refiere de un modo discriminatorio a sectores de oposición, de origen inmigrante, como "blancos" y "con herencia europea" (2011, 297). Más que xenofobia, este discurso resulta racista (alude a los europeos "blancos") y sigue vivo en el chavismo.

[7] Gomes emigró en 1989 a Estados Unidos, Méndez Guédez a España en 1996. Valle vivió en España entre 1997 y 2003, luego en Venezuela. Desde 2005 vive en Argentina.

de los otros: ¿quiénes son?; ¿cómo dan una 'respuesta'?"; acá intervienen "*instituciones* históricas", a través de estas se puede "construir" la identidad (Balibar 2005, 70-71). Si bien Balibar declara no interesarse por los "grandes relatos" o "símbolos colectivos", la literatura y las artes, en tanto instituciones socialmente reconocidas, también son creadoras de identidades, permiten una identificación entre ellas y sus destinatarios.

NARRATIVAS EXTRATERRITORIALES

Frente a las presiones del discurso oficial, las ficciones de la diáspora aluden de un modo crítico o irónico a la concepción de la identidad nacional dominante en Venezuela, que tácita o explícitamente excluye a los que se fueron por no aceptar la situación actual del país. Escogeré un cuento que es ilustrativo y permite establecer comparaciones con otros textos. En "Um fantasma português, com certeza" (2003), de Miguel Gomes, se ficcionaliza una genealogía centrada en un padre recientemente muerto (un portugués exiliado en Venezuela durante la dictadura de Antonio de Oliveira Salazar), cuya aparición sobrenatural hace que dialogue con su hijo luso-venezolano y su propia memoria familiar. El relato capta el giro traumático de moverse de un país de inmigrantes a otro de emigrantes. En una historia muy movida y confusa, se menciona la violencia social y política[8]. También un panfleto anónimo, aparecido en el 2000, contra los inmigrantes europeos. El hijo es quien narra:

> En el metro empezaban también a circular hojas que atribuían todas las desgracias a los inmigrantes europeos de los años 1950 y 1960, que con sus compañías de autobuses, restaurantes, Cafés, panaderías habían pervertido, arruinado y sumido en la angustia al *valeroso pueblo bolivariano*. (Gomes 2003, 116)

[8] Se alude a manifestaciones que condujeron a un fallido golpe de Estado de 2002 contra Chávez, realizado por sectores de oposición, después de un día con casi veinte muertos entre chavistas y opositores (Gomes 2003, 115). Este evento ha sido uno de los más problemáticos y ha signado las frágiles bases de la institucionalidad durante la Revolución Bolivariana. Si los partidos opositores condenaron luego el golpe y respaldaron una salida democrática, otros lo resemantizaron como un "vacío de poder". Mientras el chavismo, de vuelta en el gobierno, se radicalizaría más tarde. En la nueva hegemonía chavista, se oscila dentro y fuera de la Constitución. El 10 de enero de 2013, Chávez no tomó posesión de la presidencia para un nuevo mandato, como lo pedía la Constitución, por estar enfermo de cáncer. Se realizó una "juramentación" del "pueblo" en su lugar.

Este hito sobresale frente a un país en el que ya no se reconoce. Al final nos enteramos de que el protagonista, antes profesor en Venezuela, ahora librero en Madeira, escribe en ratos de ocio. El contraste con el pasquín importa: éste proyectaba una imagen prejuiciada de los oficios del inmigrante europeo[9]. La cotidianidad desarraigada del padre se describe también en su complejidad: "[U]n hombre sin nación desafía las clasificaciones y por eso suscita tanto el pavor como el asco. A lo mejor mi padre presintió que la lejanía de Portugal y la cercanía de otras tierras lo situarían en un espacio indefinible" (Gomes 2003, 114). No faltan alusiones autobiográficas en este reconocimiento e identificación con el padre:

> Repaso estas páginas y advierto que me expreso como si no me hubiera movido de Caracas. Creo que en cualquier rincón del mundo anotaría mis pensamientos y divagaciones de la misma manera. Pero no me engaño: esa ciudad nunca me perteneció; tampoco me pertenecen otras. Acaso por eso todavía escribo, y en un idioma ajeno. (Gomes 2003, 118)

Las vidas diaspóricas se mueven en la inestable "copresencia de 'aquí' y de 'allá'" (Clifford 1999, 324). Esta identidad parcial y equívoca genera extrañamiento al escribir. El fantasma portugués le ha dictado la historia a su hijo, en un español que ya no es defectuoso como antes, lo que subraya la ambivalencia: ¿qué idioma no está atravesado de ecos extranjeros?, ¿desde qué lugar escribe cuando escribe el extranjero? "La ecuación entre un eje lingüístico único —un arraigo profundo a la tierra natal— y la autoridad poética es puesta en tela de juicio" por los escritores "extraterritoriales" (Steiner 2002, 20). Pero si la fidelidad a la tierra y la lengua natal son cuestionadas por estos escritores, el nomadismo y el desarraigo son nociones relativas. Por eso, cuando el protagonista recibe una carta de su tío que lo invita a emigrar a Madeira, ofreciéndole en herencia su librería, le habla del ambiente ahora multicultural de la isla, pues sabe atraerá al sobrino: "La prosperidad recién estrenada de la isla

---

[9] Otra diferenciación es entre el exilio (el del padre) y la inmigración (la comunidad portuguesa). Para este trabajo, consideraré exilio la salida del país para evitar pena o castigo de la ley por motivos políticos. Aunque toda mudanza de un país a otro sea un acto político, la presión para irse del migrante es social y económica. Pueden darse ambas situaciones en un mismo país. Alguien puede incluso estar en una zona borrosa entre una amenaza real y otra de presión social y económica para dejar el país. La particularidad de cada caso aconseja prestar atención a los matices, difícil en una Venezuela polarizada.

y del resto de Portugal atraía a los africanos de siempre, pero también a asiáticos, brasileños, *venezuelanos*" (Gomes 2003, 117)[10].

Hay varios modos de experimentar la extraterritorialidad y la de Gomes es la de un latinoamericano que se mueve con matiz, ironía y humor. Su cuento analizado es el último del libro *De fantasmas y destierros*, no solo es cierre sino también umbral entre los "dos ciclos" narrativos del autor, uno de "vivencias de soledad y desarraigo", y otro de historias cómicas y paradójicas en torno a editoriales (Gomes 2008, 22), pero ambos ciclos se acercan, la *saudade* del desarraigo saluda a la ironía de las editoriales y de la escritura y viceversa.

OTRAS GEOGRAFÍAS EN LAS FICCIONES DE LA DIÁSPORA

Miguel Gomes, Juan Carlos Méndez Guédez y Gustavo Valle viven en geografías muy distintas, sin embargo, si nos detenemos ahora en estos dos últimos podemos constatar ciertos paralelismos en sus imaginarios extraterritoriales. La cuentística de Gomes está escrita en español, pero con intermitentes frases o palabras de portugués, catalán e inglés, así como está cruzada de varios contextos culturales (venezolanos, ibéricos, estadounidenses), en un constante diálogo con los orígenes y sus nuevos arraigos. Sin embargo, en otros autores se encuentran también dinámicas similares.

Juan Carlos Méndez Guédez, en *Una tarde con campanas* (2004) — una novela de formación escrita desde el punto de vista de un niño—, narra las vicisitudes de una familia venezolana de pocos recursos económicos que llega a España, asentándose en Madrid, dejando atrás un país latinoamericano donde gobiernan los militares y cuyo nombre no se menciona[11]. Con mucha sutileza, a través de la mirada y el lenguaje del niño, Méndez Guédez representa los contrastes, los choques culturales de José Luis, cuya imaginación acude siempre en auxilio para explicar

---

10 Sensible a las mezclas, Gomes ha acudido a memorias de infancia en Madeira para comprender el "culto bolivariano" a través del sebastianismo, mostrando cómo este se ha mestizado en Iberoamérica (2004, 10-18).

11 En un momento se dice de Venezuela: "ahora estaban mandando los militares" (Méndez 2004, 46). Al no mencionarse cómo llegaron al poder (¿por un golpe de Estado?), aunque sí el temor a su retórica nacionalista y populista, se subraya una incertidumbre en el país y en la condición de la familia de José Luis al salir de Venezuela: ¿son migrantes o exiliados? Esta ambigüedad se refuerza al no mencionar el nombre del país de origen, pudiendo ser otro país sudamericano donde gobierne un autoritarismo militar.

en clave metafórica o sobrenatural lo que no entiende, dividido entre un país que acaba de dejar y otro en el que su familia ahora es "ilegal". Las nuevas palabras que adquiere el niño, aún contra la presión de un padre autoritario reacio a las mezclas culturales y, un habla diferente, hacen que el pasado y el presente se yuxtapongan, sin necesidad de explicación: "Mariana me dijo que chévere cambur es tope guay, pero no supe qué decirle. No sé por qué hay que explicarlo todo" (Méndez 2004, 39). Entre la vigilia y el sueño, se irán mezclando en José Luis ecos del español peninsular y del venezolano (hasta del gallego en un breve pasaje), así como ecos míticos de la cultura europea, latinoamericana y venezolana, que se van permeando de los adultos a la imaginación del niño en capítulos oníricos titulados "Primera noche", "Segunda noche", "Tercera noche". Es un viaje de iniciación que a veces semeja una pesadilla, donde José Luis, acompañado de su compañera Mariana, intenta traducir las claves simbólicas e inconscientes de mundos culturales diferentes para no sucumbir en la prueba de su nueva vida en España. Por esta selva de símbolos el lector pasa sin necesidad de identificar esas metáforas para seguir la trama. El niño va absorbiendo las diferencias culturales según la imaginación y la experiencia se lo permiten. La llegada a la adolescencia le da un sentido más lúcido y también erótico de la realidad, pero entonces ya será otro, otra historia comenzará para él lejos de sus padres, acompañando a sus hermanos Augusto y Somaira, esta vez a Salamanca. La polaridad de José Luis entre los personajes femeninos, maternales, y su padre, temido y admirado, refleja una polaridad de la masculinidad en la narrativa de Méndez Guédez que trasciende la crítica del militarismo venezolano como único referente cultural autoritario. Pero lo femenino también es ambivalente, la mujer puede ser emancipada o dominante, racional o irracional. Las oraciones a María Lionza en los sueños de José Luis parecen aprendidas de Somaira. Este culto sincrético, como observa Ana Teresa Torres siguiendo a Michaelle Ascencio, forma parte de una religiosidad popular venezolana "asimiladora y cambiante" (2009, 64), donde también Simón Bolívar tiene cabida. El mundo de Méndez Guédez es ambiguo y oscilante, más allá de las oposiciones que asoman en la superficie.

Bajo tierra (2009), de Gustavo Valle, es una novela de aventuras con ecos de Julio Verne pero también es continuación de la pasión de Valle por la escritura de crónicas en torno a viajes y ciudades. De allí sus personajes vagabundos y su prosa caminada, que parece escribirse sobre la marcha. El libro se desarrolla en una Caracas subterránea, metáfora de varios relieves para narrar dos historias: una es la búsqueda del padre, la otra, menos obvia, es una búsqueda de los orígenes culturales. El marco temporal va del terremoto de Caracas de 1967 al deslave de 1999. Como en un árbol genealógico ambiguo, Valle entreteje varias historias inconclusas. Sebastián, el protagonista, nació el día del terremoto. Su padre, un inmigrante boliviano en Venezuela, desaparecerá luego en la perforación de un túnel del Metro en 1979, sin dejar rastro. Novela de un descenso, en ese viaje Gloria será la compañera que al final perderá, como esa Beatriz que solo figurará de estímulo al Dante. Pero en este drama también hay ironía: cuando Gloria y Sebastián declaran sus orígenes, creen que el otro bromea. Los ancestros de ella son suecos y cree que él es de Argelia, Marruecos, de la India o "cholo": "En fin, eres una mezcla" (Valle 2010, 42). En una Venezuela donde se insiste mucho en las diferencias raciales, Valle, sin negarlas, recuerda su profundo mestizaje al que hay que sumar la inmigración. Pero la búsqueda de los orígenes también genera angustia, pues remite a idiomas, historias y referentes culturales disímiles, a veces intraducibles. El mismo guía es un indígena venido del Delta del Orinoco, condenado a la mendicidad en la ciudad y a quien Sebastián sigue sin entender del todo. En un tiempo donde los discursos nacionalistas se proyectan como intérpretes de los ancestros y los héroes fundadores, Valle resalta la dificultad para traducir a los otros, la desconfianza hacia los guías omniscientes de la historia. En este descenso a los orígenes aparecen sueños, imágenes del inconsciente, cartas extraviadas de varios países sin relación entre sí. Este es el mundo subterráneo donde Sebastián creerá encontrar a su padre, pero solo percibirá delirios, voces de múltiples lugares antes de que las aguas subterráneas irrumpan y dispersen sus entrañas en la superficie en un caos trágico.

Con una catástrofe natural empieza y con otra termina, entre ambas, padre e hijo, Gloria, Sebastián y los hombres del Delta quedan separados sin encontrarse. ¿La historia del país es también una de desencuentros? La pregunta persiste, sin cristalizar del todo en una alegoría política. El narrador procura mantenerse a distancia de la dinámica de los discursos y su toma de posición frente al deslave:

> Muchos culpaban al gobierno por la falta de una acción oportuna, pues la celebración de unos sufragios había demorado las acciones más urgentes.

Otros medios, en un ejercicio de distancia casi gélida, se ocuparon de explicar lo ocurrido desde una perspectiva más o menos científica. (Valle 2010, 210)

"Muchos", "otros" declaran su posición, pero el narrador no. Prefiere consultar a un profesor, a un archivo, pero nada se aclara. La novela termina con una visión indefinida, con Sebastián en silencio tomando una cerveza en un restaurant chino, muy vivos aún los recuerdos de su viaje subterráneo: "[Y] fue como asomarme otra vez al borde de un vacío" (Valle 2010, 223).

NARRATIVAS DE LA DIÁSPORA VENEZOLANA: AMBIVALENTES IDENTIDADES Y TENDENCIAS

En una entrevista del 28 de marzo de 2011 realizada por Michelle Roche, Gustavo Guerrero afirma: "Estamos viendo los comienzos de una escritura diaspórica venezolana". Guerrero puntualiza que ese comienzo se debe a escritores que emigraron en los noventa y su obra se ha proyectado en la siguiente década desde los centros editoriales literarios en castellano que están en España, México y Argentina. Estos escritores, añade Guerrero, permiten también que la literatura venezolana se proyecte desde afuera, en tanto son portadores de una tradición. Y esa proyección, añado, trae consigo el diálogo con otras literaturas y culturas donde ahora viven esos escritores y donde encuentran nuevos lectores. Los matices son importantes para captar la heterogeneidad de esta comunidad diaspórica. Miguel Gomes vive en Estados Unidos que no es uno de esos centros editoriales literarios en castellano. Israel Centeno también vive allí, aunque a partir de 2010. Entre quienes se han ido en el siglo XXI, Eduardo Sánchez Rugeles ha elegido España, pero Liliana Lara vive en Israel. Más allá de aquella comunidad inicial de los noventa compuesta mayormente por científicos y estudiantes, la diáspora venezolana se ha ido diversificando en intereses y extendiendo a diferentes países.

Si Gustavo Valle, Liliana Lara y Eduardo Sánchez Rugeles tienden en sus primeros libros de ficción a acudir fuertemente a la memoria reciente del país en las situaciones de su narrativa, Miguel Gomes, Juan Carlos Méndez Guédez y Juan Carlos Chirinos tienden a situar sus narraciones fuera de Venezuela o, entre ésta y otros países. No se trata sólo de ambientaciones geográficas. Para estos últimos, Portugal, Estados Unidos o España son culturas que aportan material a sus imaginarios. La ambivalencia de las identidades se acentúa tanto en lo cultural, como en lo social y lo político.

Esta ambivalencia halla eco en otros lenguajes artísticos y culturales. Baste mencionar algunos ejemplos de algunos de los que han vivido o viven fueran del país. Si *Oriana* (1985) y *Mecánicas celestes* (1996), de Fina Torres, son películas en torno a mujeres que emigran de una sociedad patriarcal; inquietudes similares asoman en *Cheila, una casa pa' maíta* (Eduardo Barberena, 2009). En este filme, el deseo de ser un transexual de hombre a mujer hace insoportable vivir en un país arraigadamente patriarcal y homofóbico, sin importar las inclinaciones políticas. La "casa" es alegórica en estas narrativas. En el cuento "Albóndiga en salsa" de Salvador Fleján, el contexto afrocaribeño de Caracas es punto de partida para el viaje a Colombia de un músico salsero que se siente "como en casa" y con buen "trabajo" (2006, 16-17). Ante el deterioro económico, los venezolanos, a diferencia de ayer, ahora emigran a Colombia. También los músicos —y su música misma— han sido afectados.

Los artistas visuales Alexander Apóstol en *What I'm Looking For* (2002) y Esperanza Mayobre en *Symphony of Nothing* (2009) recrean una arquitectura que exhibe las contradicciones de la modernidad entre países centrales y países periféricos. Mayobre yuxtapone críticamente ranchos y rascacielos de Manhattan en una misma instalación. En los *fotomurales* de Apóstol, jóvenes latinoamericanos buscan por *chat* a un europeo soñado, proyectando los clichés surgidos de una modernidad deteriorada que idealiza a una modernidad metropolitana.

Por razones de espacio no puedo mencionar a más escritores y artistas[12]. Pero en este breve recorrido la ambivalencia de las identidades da

---

12 En un libro reciente compilado por Silda Cordoliani (2013), se recogen testimonios de quince autores venezolanos que viven fuera del país, y aun se nos advierte que esta lista es incompleta (8): Gustavo Guerrero, Miguel Gomes, Juan Carlos Méndez Guédez, Camilo Pino, Juan Carlos Chirinos, Armando Luigi Castañeda, Dinapiera Di Donato, Doménico Chiappe, Liliana Lara, Verónica Jaffé, Corina Michelena, Gustavo Valle, Gregory Zambrano, Israel Centeno, Blanca Strepponi. Susana Benko menciona más de cincuenta artistas visuales venezolanos en el exterior, advirtiendo también que su lista no incluye a todos, en su artículo "Arte de exportación", publicado en *El Universal* el 28 de abril de 2008. En una publicación del 29 de abril de 2008 del blog *Blogacine*, Carlos Caridad Montero coloca un enlace de la edición aniversaria de *El Universal* de ese año con una lista aproximada de los cineastas venezolanos en el exterior. Aunque sólo una investigación futura podrá dar cuenta de gran parte de ellos, de momento observamos que algunos (sobre todo los escritores) están interesados en aludir (directa o indirectamente) a imaginarios venezolanos, mientras otros tienen otras inquietudes.

un panorama de las narrativas de la diáspora, de sus diversas tendencias e intercambios culturales. No ignoran el laberinto del inmigrante, sus contactos y oportunidades, así como las injusticias y choques culturales, pero tampoco se refugian en la queja o idealización de una nación dejada atrás. Más allá de los esquemas de la polarización, invitan a una crítica más profunda de la sociedad venezolana, de las trampas de la identidad nacional y sus excesos de lado y lado desde posiciones políticas y propuestas no siempre coincidentes. Estas visiones, lejos de producir una imagen consoladora y autosuficiente de la nación, recuerdan que las culturas son herencias errantes con las que se mantiene un diálogo conflictivo y nunca definitivo.

OBRAS CITADAS

ANÓNIMO. 2010. Más de 800 mil jóvenes han abandonado el país en 10 años. *El Universal*, 21 de agosto. Disponible en: http://www.eluniversal.com/2010/08/21/pol_ava_mas-de-800-mil-joven_21A4365897 (consultado en 2010).

BALIBAR, Étienne. 2005. Las identidades ambiguas. In *Violencias, identidades y civilidad. Para una cultura política global*. Trad. Luciano Padilla. Barcelona: Gedisa, 61-76.

BARRERA LINARES, Luis. 2006. Palabras en guerra: enfrentamientos discursivos de principios de siglo. In *Nación y literatura. Itinerarios de la palabra escrita en la cultura venezolana*. Coord. Carlos Pacheco, Luis Barrera Linares y Beatriz González Stephan. Caracas: Equinoccio.

BENKO, Susana. 2008. Arte de exportación. *El Universal*, 28 de abril. Disponible en: http://www.eluniversal.com/2008/04/28/99a12_esp_arte-de-exportacion_28A1539655 (consultado en diciembre de 2013).

CENSO DE ESTADOS UNIDOS. 2010. The Hispanic Population 2010, http://www.census.gov/prod/cen2010/briefs/c2010br-04.pdf (consultado en enero de 2014).

CLIFFORD, James. 1999. *Itinerarios transculturales*. Trad. Mireya Reilly. Barcelona: Gedisa.

CONSEJO NACIONAL ELECTORAL. 2013. Divulgación Elecciones Presidenciales 2013, 14 de abril, http://www.cne.gob.ve/resultado_presidencial_2013/r/1/reg_000000.html (consultado en diciembre de 2013).

CORDOLIANI, Silva, comp. 2013. *Pasaje de ida.15 escritores venezolanos en el exterior*. Caracas: Editorial Alfa.

CORONIL, Fernando. 2002. *El Estado mágico. Naturaleza dinero y modernidad en Venezuela*. Caracas: Nueva Sociedad.

DE LA VEGA, Iván. 2005. *Mundos en movimiento: movilidad y migración de científicos y tecnólogos venezolanos*. [Caracas]: Fundación Polar.

DUNO-GOTTBERG, Luis. 2011. The Color of Mobs: Racial Politics, Etnopopulism, and Representation in the Chávez Era. In *Venezuela's Bolivarian Democracy. Participation, Politics and Culture under Chávez*. Ed. David Smilde y Daniel Hellinger. Durham y Londres: Duke University Press.

FLEJÁN, Salvador. 2006. *Intriga en el car wash*. Caracas: Mondadori.

GOMES, Miguel. 2003. Um fantasma português, com certeza. In *De fantasmas y destierros*. Medellín: Fondo Editorial Universidad EAFIT, 111-120.

—. 2004. La nostalgia del héroe. *Yesca y Pedernal* 8: 3-22.

—. 2008. Prefacio. In *Viudos, sirenas y libertinos*. Caracas: Equinoccio, 21-22.

GUALDONI, Fernando. 2007. Los balseros del aire. *El País*, 24 de julio. Disponible en: http://elpais.com/diario/2007/07/24/internacional/1185228004_850215.html (consultado en febrero de 2008).

GUERRERO, Gustavo. 2011. Estamos viendo los comienzos de una escritura diaspórica venezolana. *USBNoticias*, 28 de marzo. Disponible en: http://usbnoticias.info/post/4802 (consultado en mayo 2011).

MÉNDEZ GUÉDEZ, Juan Carlos. 2004. *Una tarde con campanas*. Madrid: Alianza.

MONTERO, Carlos Caridad. 2010. Venezolanos en el cine del mundo. *Blogacine*, 29 de abril. Disponible en: www.blogacine.com/2008/04/29/venezolanos-en-el-cine-del-mundo (consultado en abril de 2010).

MYERS, David J. y Jennifer L. MCCOY. 2003. Venezuela in the Gray Zone: From Feckless Pluralism to Dominant Power System. *Politeia* 30 (30), www2.scielo.org.ve (consultado en agosto de 2013).

OROPEZA, Valentina. 2014. La diáspora científica reflexiona sobre Venezuela. *El Nacional*, 12 de enero. Disponible en: www.el-nacional.com/siete_dias/diaspora-cientifica-reflexiona-Venezuela_0_335366621.html (consultado en enero de 2014).

STEINER, George. 2002. *Extraterritorial*. Trad. Edgardo Russo. Buenos Aires: Siruela.

SUBERO, Carlos. 2012. *La triste alegría de emigrar. Venezolanos que se fueron a Norteamérica*. Caracas: Editorial Melvin.

TORRES, Ana Teresa. 2009. *La herencia de la tribu. Del mito de la Independencia a la Revolución Bolivariana*. Caracas: Alfa.

Tribunal Supremo de Justicia. 2000. *Constitución de la República Bolivariana de Venezuela*, http://www.tsj.gov.ve/legislacion/constitucion1999.htm (consultado en diciembre 2013).

Urdaneta, Hender. 2008. De nuevo La lista de Tascón. *Aporrea*, 11 de junio. Disponible en: http://www.aporrea.org/actualidad/a58679.html (consultado en junio de 2008).

Valle, Gustavo. 2010. *Bajo tierra*. Buenos Aires: Norma.

AL OTRO LADO DE HERIBERTO YÉPEZ. PERCEPCIONES DESDE Y SOBRE LA FRONTERA MÉXICO-ESTADOS UNIDOS

Silvia Ruzzi[*]

> *Hay una especie de principio de la incertidumbre de las fronteras: se puede afirmar su existencia, pero apenas se intenta trazar su ubicación, la frontera desaparece. Por otro lado, cuando se acepta su inexistencia, la frontera reemerge como problema. De tal modo que se puede afirmar que existe una frontera, pero no afirmar simultáneamente dónde está ubicada. O se puede ubicar una supuesta frontera, pero no afirmar que se trata realmente de un límite.*
>
> Heriberto Yépez, La frontera como falla

La frontera México-Estados Unidos es una región de 3200 kilómetros de largo y no más de 32 de ancho, donde coinciden el desarrollo y el subdesarrollo. Se extiende sobre una zona peligrosa por su naturaleza, con la presencia del río Bravo/Grande y de los desiertos y montañas entre los estados de California, Arizona y Coahuila/Texas. Los estados en el sur de Estados Unidos, llamados también *Southwest* o *Sun Belt* (cinturón del Sol), conformados por Texas, Nuevo México, Arizona y California, colindan con los estados norteños de México: Baja California, Sonora, Chihuahua, Cohauila, Nuevo León y Tamaulipas. Ambas naciones comparten un espacio de naturaleza heterogénea no sólo desde el punto de vista físico, sino también económico y cultural.

Como bien señala Fernando Aínsa, es inevitable notar la ambigüedad de la línea fronteriza ya que, principalmente, fija límites con el objetivo de proteger los valores de un lado hacia el otro y, en consecuencia, es motivo

---

[*] Freie Universität Berlin.

para la creación de engañosos mitos, falsos estereotipos y de una injusta ignorancia mutua entre los dos lados de la misma (2006, 23). Aunque el objetivo de la frontera defensiva es delimitar, proteger y ser infranqueable, parece casi contradictorio señalar la atracción que ejerce sobre las personas. De hecho, se suele considerar la frontera como reto u oportunidad.

En el imaginario humano, la superación de una frontera, sea simbólica o real, es metafóricamente potente puesto que, en la mayoría de los casos, no se conoce lo que está al otro lado. Por eso atrae y, a veces, engaña. Llega a ser así un espacio que se debe cruzar y atravesar, ya que detrás está la promesa de algo deseable y mejor. Su límite expresa intrínsecamente su transgresión.

Las áreas fronterizas, en general, representan un espacio de interacción entre culturas y, aunque se identifican como lugares transnacionales[1], no implican la pérdida de hegemonía por parte de la cultura autóctona subordinada y tampoco la debilidad del Estado-nación. Son espacios en los que se entabla una interacción "entre culturas desiguales en conflicto permanente, con efectos de transculturación adaptativa que por lo general no afectan a los núcleos duros de las mismas" (Giménez 2009, 24). Por lo tanto, lejos de ser el lugar de la desterritorialización[2], constituyen el lugar de la multiterritorialidad[3].

Se destaca así que la esencia de las franjas fronterizas no viene dada por la hibridación de las culturas, como la ha explicado Néstor García Canclini en su libro *Culturas híbridas: Estrategias para entrar y salir de la modernidad*. Según el crítico argentino, por hibridismo se entiende "los procesos socioculturales en los que estructuras o prácticas discretas, que existían en forma separada, se combinan para generar nuevas estructuras, objetos y prácticas" (García Canclini 2001, 14). Con ello se produce

---

1 La transnacionalización se refiere a la tendencia de las culturas nacionales a atravesar las fronteras geográficas y políticas entre naciones, de manera que el territorio cultural no coincide con el político-nacional.

2 El término desterritorialización vino usado originalmente por los filósofos franceses Deleuze y Guattari. Según ellos, los seres humanos están compuestos internamente por territorialidades distintas, expuestas a ser desterritorializadas, lo que significa que se abren, huyen o destruyen. De ahí que este concepto asocia desplazamiento y transformación a la pérdida de territorio. En sus palabras, desterritorialización es el movimiento o proceso por el cual "one leaves the territory. It is the operation of the line of flight" (Deleuze y Guattari 1987, 508).

3 Por multiterritorialidad o "lugares multilocalizados" se entiende la consecuencia espacial de la heterogeneidad de relaciones e interacciones sociales, capaces de coexistir como un tejido complejo de actividades humanas dentro un territorio. De ahí que sea posible experimentar diferentes territorios al mismo tiempo, reconstruyendo constantemente el nuestro (Haesbaert 2004, 16-17).

la pérdida de los paradigmas tradicionales a consecuencia de la creación de espacios culturales y sociales nuevos, fruto del proceso migratorio. En este sentido, el concepto de lo híbrido establece la superación de las categorías culturales que mezcla, por lo que la frontera desaparece para dar paso a una síntesis cultural que celebra la integración de elementos.

Se considera que la coexistencia de culturas pertenecientes a raíces distintas no implica, necesariamente, la aculturación[4], la asimilación de una cultura por parte de otra o la alteración de las identidades étnicas y culturales. La copresencia de culturas diferentes no implica su hibridación, y la interacción entre ellas no conlleva necesariamente la asunción de nuevos valores.

Por lo tanto, la franja fronteriza, en vez de ser sinónimo de fusión y de cultura híbrida, representa un espacio heterogéneo donde "se hacen más videntes las asimetrías, desigualdades y repulsión entre culturas" (Yépez 2010, 27). Una de las críticas que se hacen al modelo interpretativo de Canclini es que representa una lectura simplista de la frontera y de su literatura. Ésta, en vez de ser una representación simbólica del proceso de hibridación, se define como "un diálogo a muchas voces, un principio argumentativo, un lenguaje de correspondencias" del entorno fronterizo (Trujillo 2012, 94).

Según Yépez, la metáfora de la hibridación con respecto a la frontera es "ingenua, neoliberal, hegeliana" (2005c, 8), ya que la cultura fronteriza forma parte del proceso de mexicanidades. Del mismo modo, la mezcla representa un proceso involuntario para desdibujar las contradicciones entre las culturas en tensión. En consecuencia, la cultura que se consolidó "reúne ingredientes hegemónicos de estas culturas, por lo que la hibridación no es más que una confirmación de los elementos más reaccionarios de los sistemas culturales y, por ende, una estrategia cultural conservadora, más que innovadora" (Yépez 2010, 27).

El carácter poroso de la frontera parece olvidar por qué se la sigue llamando así: límite, barrera, diferencia, separación y discontinuidad. El discurso de la hibridación reduce la otredad, mientras que la frontera la exalta. De ahí que la supuesta fusión entre los dos lados esconde la alteridad y elude las contradicciones fronterizas.

---

4 La aculturación ha sido definida por los antropólogos Redfield, Linton y Herskovits como aquellos fenómenos que resultan de un contacto directo entre grupos de individuos de culturas diferentes, hecho que conlleva cambios en los modelos culturales iniciales de uno o de ambos grupos (Redfield, Linton y Herskovits 1936, 149-150).

Para el autor, la frontera representa un vórtice en que convergen las entidades culturales de ambos lados y, al mismo tiempo, simboliza el mirador desde el que se aprecia la totalidad: lo mexicano y lo estadounidense reunidos. Sin embargo, la frontera elude sus metáforas y engloba "un lugar compuesto de muchos lugares alógenos, disparejos, opuestos. Hervidero de laberintos adjuntos. E incompatibles" (Yépez 2005c, 14). En vez de representar un punto de convergencia armónica, supone un simulacro de la hibridez cultural.

Él mismo postula la comprensión de la frontera como falla, lo que implica contradicción y rompe con la idea de la hibridación. En su artículo "La frontera como falla" plantea la frontera como fricción y fisura, lo que conlleva el quiebre y la discontinuidad entre dos sistemas o entre las partes mismas del sistema. Para él, referirse a la frontera en términos bipolares significa quedarse sólo con las apariencias. La falla es un espacio de crisis, en el que el encuentro entre dos o más sistemas distintos se concentra y genera fuerzas antisistémicas (Yépez 2007, 53).

De hecho, la falla se define por "su fisión, la escisión del nucleo, por el excentramiento, por la fragmentación que sucede al ocurrir el choque o contradicción. Y la consecuente liberación explosiva de energía. La falla fisiona" (Yépez 2007, 52). Al aplicarse esta teoría a los lugares fronterizos, se comprende que, al momento del encuentro con el otro, en vez de producirse una fusión de la que salga una entidad sola, se obtiene una fricción de la que se libra lo plural. Lo que ocurre a lo largo de la frontera es la descomposición de sistemas o la proliferación de contrastes.

Por lo tanto, no se entiende la relación cultural entre los dos lados como hibridación de culturas, sino como *fisión de culturas*. La fusión elude las contradicciones del vivir fronterizo y la hibridación anula las diferencias. En cambio, la fisión exalta las polaridades: mientras que la hibridación tiende a construir *Estados Unidos*, la fision se concreta en *Estados Contradictorios* (Yépez 2005c, 20).

Heriberto Yépez, narrador, poeta, ensayista y filósofo originario de Tijuana, es uno de los escritores más activos y proteicos entre los de su generación. Junto con la crítica literaria, la escritura en blogs y la filosofía, la reflexión sobre la frontera México-Estados Unidos es uno de los elementos fundamentales de sus meditaciones.

Su novela, *Al otro lado*, cuenta la historia de Tiburón, un drogadicto cuya única pasión es el phoco, sustancia derivada de residuos de cocaína, raticida y polvillo. La ficticia Ciudad de Paso, lugar donde se desarrolla la novela, es un espacio donde "todo terminó por hacerse narco" (Yépez 2008, 230). Se trata de una realidad hecha y deshecha por el phoco.

El escritor lleva al extremo el concepto de ciudad antropomorfizada, "encarnada en el cuerpo de sus habitantes, ya que el mismo suelo está hecho de poco [...] [a]l consumir esta droga sucia, los ciudadanos engullen su ciudad y a la vez son devorados por ella" (Palaversich 2012, 106).

Ciudad de Paso representa a todas las ciudades que colindan con la frontera. El término *de paso* encarna dislocación de un lugar y traslación a otro. Representa también la puerta de entrada y de salida de una zona tan inquietante como intrincada. La ciudad irrumpe como un espacio de violencia y corrupción, donde la miseria y las traiciones se revelan como las realidades más comunes. Ciudad de Paso simboliza así uno de los lugares en los que Tiburón se ve obligado a entrar y salir, pues, como su vida está en continua transición, los pasajes de un lado al otro sientan la base de su proceso formativo[5]. El autor, a través de las travesías y los recorridos del protagonista, describe tanto los mecanismos que regulan el mundo de la droga y de la migración como la indigencia en la que se encuentran muchos de los habitantes del lugar.

La complejidad de la novela no reside en su estructura literaria, ya que la trama es lineal y precisa, sino en la proyección de los pensamientos del protagonista, se encuentre bajo los efectos del phoco o en situaciones normales. Se trata de un factor que dificulta la diferenciación entre lo que, efectivamente, está ocurriendo en la historia y lo que es fruto de la imaginación distorsionada del personaje. Además, resulta complejo identificar la esencia de este *otro* lado, pues, como señala Marc Augé en *Los no lugares*, el adjetivo *otro* puede utilizarse con respecto a una alteridad étnica, cultural, social, política, económica y, por último, íntima. La alteridad íntima "está presente en el corazón de todos los sistemas de pensamiento, y su representación, universal, responde al hecho de que la individualidad absoluta es impensable" (Augé 2000, 26). De ahí que la presencia de una otredad

---

[5] Quizás no sea fortuito destacar que Ciudad de Paso representa un mundo-nivel en *Kingdom Hearts*, juego de roles editado en 2002 originalmente japonés, y después reproducido por *Disney* y *Square Enix*, en el cual se combinan personajes y escenarios de algunas películas de dibujos animados de *Disney* con otros de la saga de *Final Fantasy*. Ciudad de Paso, cuyo nombre en inglés es *Traverse Town*, es, en el juego, un lugar adonde van los personajes que han perdido su mundo, un escenario muy inestable, un mundo situado en el *Realm of In-Between* y donde empiezan las aventuras.

interna a la persona sea complementaria y constitutiva de toda individualidad[6]. Esta otredad íntima es el inconsciente del cuerpo, el "co-cuerpo del que no estamos separados y, al mismo tiempo, el co-cuerpo del cual estamos sensiblemente divididos" (Yépez 2009, 149). Se trata de lo desconocido del individuo protegido por unos límites. De ahí que el *yo* congregue en sí mismo la contradicción: ser esto o lo otro. El cuerpo inconsciente se encuentra más allá de la frontera del *yo*. A partir de esta concepción, a través de la construcción de un sujeto múltiple, se crea otra manera de experimentar el mundo. Asimismo, si se considera que el protagonista "vive en el mundo del phoco, que es prácticamente idéntico al mundo de Ciudad de Paso" (Yépez 2008, 39), el límite entre realidad y sueño y entre las varias personalidades del individuo es de difícil demarcación" (Magris 1999, 53)[7].

Al reflexionar sobre la consistencia del *otro* lado, una de las hipótesis que se plantean es que el *otro* lado representa cualquier lugar diferente de la agobiante realidad que atormenta al protagonista. Otra suposición es la que considera el *otro* lado como un sinónimo de Estados Unidos. El título de la obra simboliza así una frontera que puede ser tanto la que divide Estados Unidos y México, como la imaginaria que se interpone entre la agobiante situación en la que se encuentra inmerso un sujeto y el sueño de una realidad diferente. En este segundo caso, la frontera llega a representar el límite que divide la realidad del sueño. De ahí que la vida fronteriza simbolice el limbo.

Con el transcurso de la lectura, se evidencia que ese *otro* lado trasciende el espacio geográfico. Se trata de una situación en la que cualquier persona se puede encontrar a lo largo de su vida. Esta condición vital lleva a los individuos a un estado intermedio, oscilando entre estar y no; de este lado pero también del otro. Para Tiburón, el vivir en el limbo representa vagar por un laberinto sin salida en el que deambulan, en movimientos circulares, la droga, los drogadictos y los migrantes. El

---

6 Ya en una de sus novelas anteriores, *41 clósets*, editada en 2005, Yépez se detiene en la reflexión sobre los múltiples "yoes" presentes en el individuo. El protagonista de la novela, de hecho, observa: "Si solamente fuese uno, todo mi ser entero saldría del clóset. Pero soy varios" (Yépez 2005b, 18).

7 A una conclusión similar llega también Claudio Magris, que define la frontera como el medio por el cual una persona difiere de los demás y, al mismo tiempo, divide su personalidad: "Le linee di frontiera sono anche linee che attraversano e tagliano un corpo, lo segnano come cicatrici o come rughe, dividono qualcuno non solo dal suo vicino ma anche da se stesso" (Magris 1999, 53).

otro lado es un lugar que constantemente se desplaza, "la mera esencia del deseo que por definición es inalcanzable" (Palaverisch 2012, 108).

Un pasaje indispensable para aclarar la esencia del otro lado es el que retrata a Tiburón, dormido, mientras sueña con estar llamando incesantemente a una puerta con la esperanza de ir al otro lado. Finalmente,

> le abrió un hombre que [...] lo dejó entrar y [...] mientras Tiburón entraba, él salía, como cambiando de turno o dejándole definitivamente su puesto. [...] Tiburón estaba jubiloso por haber entrado al otro lado de la puerta, pero unos segundos después, al mirar a su alrededor, se daba cuenta de que antes, cuando pedía que le abrieran la puerta, ya estaba adentro. Y ahora estaba afuera. (Yépez 2008, 94)

Estas pocas líneas dejan entrever una de las concepciones que el autor tiene del otro lado y, del mismo modo, de la frontera, pues ésta se ha vuelto circular, laberíntica, en continuo movimiento y los conceptos de *adentro* y *afuera* han perdido sus significados originales, irse de un lado al otro es una cuestión de turnos.

Según Claudio Magris en *Utopia e disincanto*, "[l]a frontera es doble, ambigua; a veces es un puente para encontrar al otro, otras veces es una barrera para alejarlo. A menudo es la obsesión de situar a alguien o algo del otro lado [...] para comprender que cada uno se encuentra, bien de este lado, bien del otro; que cada uno [...] es el Otro"[8] (1999, 52; mi traducción). Los dos escritores comparten la visión de que la frontera simboliza un medio para determinar la posición de cualquier sujeto: de un lado o de otro. Además, son conscientes de la imposibilidad de ubicar exactamente su posición, ya que ésta se desplaza continuamente. Debido a esto, cualquier sujeto se puede encontrar en un momento de un lado y, al siguiente, del otro. De ahí que el hombre llegue a representarse tanto a sí mismo como al *otro*. Tal y como señala Yépez, el límite que cada persona se marca a sí misma "no está afuera [...] está adentro, es una especie de raya que divide los dos lados de nosotros mismos, los dos hemisferios cerebrales, nuestras dos almas" (2005a, 182).

---

8 "La frontiera è duplice, ambigua; talora è un ponte per incontrare l'altro, talora una barriera per respingerlo. Spesso è l'ossessione di situare qualcuno o qualcosa dall'altra parte [...]; per comprendere che ognuno si trova ora di qua ora di là – che ognuno, [...] è l'Altro –" (Magris1999, 52).

No sorprende, entonces, que Tiburón decida escapar de su lugar fronterizo, espacio de nadie y de todos al mismo tiempo, huyendo al otro lado. Lado que, quizás gracias a la droga del viajero fallido, el phoco, se puede alcanzar.

El protagonista, sometido a la marginalidad social, es víctima de las circunstancias de una ciudad y de un entorno impregnado de agresividad, pobreza y discriminación. Está condenado a vivir en un pequeño cuarto oscuro como un animal, cuyas necesidades se limitan a la supervivencia: sexo, droga y ocio. Sus peripecias giran en torno a las contradicciones familiares, los conflictos eróticos-sentimentales y los intentos de cruzar la frontera para, finalmente, llegar a la tierra prometida: Sunny City.

A pesar de que algunos críticos afirman que Sunny City hace alusión a San Diego y Ciudad de Paso a Tijuana, se considera que los dos lugares son los estereotipos de dos ciudades fronterizas gemelas o, de forma más genérica, dos mundos contrarios divididos por una frontera que no necesariamente debe ser física. El traspaso de un mundo al otro se vuelve posible a través de la superación de diferentes niveles, como en un juego. Y es Ciudad de Paso uno de los mundo-niveles que Tiburón está obligado a saltar para llegar al otro lado.

En el intento de cruzar al otro lado, Tiburón emprende el camino hacia este territorio hostil que es la tierra de nadie, el espacio que no pertenece ni a un lado ni al otro, "lugar agreste, hecho de puro terrón. Ni una sola yerba. Nada. [...] Esta sí que era tierra mendiga" (Yépez 2008, 270).

Siguiendo su andadura, se encuentra con una estructura en la que se elabora phoco. En su interior hay centenares de ilegales trabajando en la construcción de una muralla. "Conforme los ilegales van llegando a este punto de La Pasadera [...] trabajan en levantar un pedazo del muro, y conforme trabajan van muriendo y conforme van muriendo su polvo se hace muro y el muro se vuelve, entonces, imparable, infinito" (Yépez 2008, 292). Al intentar saltar el muro, Tiburón choca contra otra muralla; al querer rodearla, topa contra otra más. Era como si todo fuera un enorme laberinto: "El laberinto que tienes que atravesar si quieres llegar al otro lado" (Yépez 2008, 294).

Recorrer este laberinto le ayuda a darse cuenta de que, en realidad, también Ciudad de Paso y la frontera son, en cierta manera, un laberinto, y que su vida ha estado siempre inmersa en un caos infinito. Poco a poco la estructura amurallada desaparece para dar paso a otro lugar que no se parece a Sunny City, sino a una típica ciudad caótica del Sur de la frontera: Ciudad de Paso. Deseoso de hallar una salida a esta tortura, ve al final de la carretera un muro y se dirige hacia él para destruirlo. Consigue romperlo y llegar al otro lado. Otro lado al que no se le permite llegar, porque dos agentes lo reaniman y lo llevan al centro de detención temporal para ilegales.

La novela termina con Tiburón despertándose en la pensión de su hermano, ahora rodeada por policías que quieren apoderarse del edificio. Su respuesta al problema viene dada por fumar phoco hasta transformar en algo grandioso lo que está a su alrededor y hacer del polvo, antes sucio, una nueva fuente de energía. Ayudado por el phoco, consigue dar el salto y cruzar al tan deseado otro lado. Al final, será el mismo Tiburón el que se convierta en humo, que el viento se lleva por la ventana y eleva al cielo de la ciudad.

Juan Villoro, en su artículo "La frontera de los ilegales", reflexiona sobre la mudabilidad del paisaje fronterizo, "un espacio donde todo apunta a lo transitorio y la costumbre es algo que se improvisa de hora en hora" (1995, 71). El tránsito momentáneo que se da en un lugar de paso, como puede ser el caso de una ciudad fronteriza en la que muchos migrantes ven un simple trampolín para un destino final distinto, es fruto del cruce de mercancías y del vaivén de los fugitivos, como los denomina Tiburón[9].

Muchos de los migrantes, ante la imposibilidad de traspasar al otro lado y las dificultades que esto conlleva, se ven obligados a quedarse en las ciudades fronterizas, viviendo en condiciones miserables. Para el gobierno mexicano, simplemente son invisibles. Los migrantes son náufragos y están de más. Obligados a quedarse en un lado constituyen los rechazados por el otro o, peor aún, "los expulsados de todos lados" (Yépez 2008, 93).

Ciudad de Paso, como otras localidades fronterizas, se sitúa "en un territorio indeciso entre algo y la nada" (Armada 2006, 173), y es el carácter liminar de la ciudad en sí misma lo que conduce al protagonista al fracaso. Vivir en una zona fronteriza, en una lucha continua entre la voluntad de abandonarla por el otro lado y la de quedarse, provoca un conflicto entre el miedo y el deseo de irse más allá.

9 "¿Migrantes? ¡Ja! ¡Por favor!, pensaba Tiburón. Hay que llamarles por su nombre: *fu-gi-ti--vos*. Migrantes es un eufemismo. Lo que todos en este país estamos haciendo no es migrar. Lo que estamos haciendo es huir" (Yépez 2008, 24).

Frente a cualquier límite, el hombre se enfrenta al mismo tiempo al deseo de cruzarlo y al miedo por violarlo. El desconocimiento de lo que se encuentra al otro lado empuja a la persona a quedarse y a esperar ya que, detrás de esta barrera, comienza el *nowhere*, la tierra de nadie y de la incertidumbre. Este espacio se convierte en el lugar en el que la prórroga y la desolación, tanto de la ciudad como del personaje mismo, se manifiestan.

Uno de los logros de *Al otro lado* viene dado por su capacidad de adentrarse en espacios liminares, lugares alejados de la existencia y de la conciencia humana. La obra explora el espacio fronterizo, pero no exclusivamente aquella tierra que colinda con la frontera méxico-estadounidense, sino el espacio liminar que existe entre los sueños y la pesadilla, el amor y el odio, la realidad y la imaginación y lo material y lo etéreo. La frontera que se describe presenta diferentes facetas, pues es "circular, laberíntica, porosa, altamente inestable, donde un lado es otro. [...] La frontera es un sitio caótico [...] un lugar que se desplaza" (Ríos 2009, 52).

Lugar inestable y en constante desplazamiento, se multiplica para crear nuevos espacios. Ésta es una de las nociones de frontera que se maneja en la novela. Según su autor, la idea principal de la obra era mostrar una frontera capaz de trasladarse:

> Nadie discute que la frontera lleve tiempo desplazándose. Lo que se disputa es hacia qué dirección la frontera se desplaza. Según la opinión popular, en la Unión americana la frontera se está corriendo hacia el Norte, como si el escurrimiento humano del Sur estuviera asfixiándolos y los condenara a que su espacio vital algún día se les reduzca a unos poco kilómetros al Sur del Polo Norte [...]. De este lado, por su parte, están convencidos de que lo que ocurre es lo contrario: la frontera se está desplazando hacia el Sur. Lo cual, sin embargo, no molesta a la mayoría. Lo opuesto: se dice que la tierra está feliz de volverse americana. (Yépez 2008, 117-118)

Por lo examinado, la trama de *Al otro lado* ocurre tanto en la frontera geográfica entre México y Estados Unidos como en la frontera mental y personal. La comprensión textual del concepto de frontera revela una realidad física y tangible vinculada a su entorno y a las contradicciones sociales y económicas del vivir fronterizo. En cambio, la interpretación metafórica del término muestra tanto la barrera psicológica que un sujeto quiere transgredir o interponer ante los demás como la alteridad implícita de cada individuo.

A esto se añade que la imagen que se crea alrededor del concepto es ambivalente, pues la visión de la frontera varía en función de la ubicación del observador y los significados que se le confieren. Para Tiburón ésta es, en primer lugar, una *frontera-límite* territorial; es decir una barrera que separa. En segundo lugar, una *frontera-espacio* que se extiende hacia el sur y que no representa el foco de la hibridación entre culturas. Además de extenderse geográficamente, se desplaza al ámbito de la vida diaria. Se vuelve íntima, personal, virtual, pero no menos real. Ese límite ambivalente en su representación significa también el *beyond*, el más allá de la condición intersticial que simboliza la frontera[10].

El protagonista de *Al otro lado* se siente desorientado existencialmente a causa de la droga y de sus propias angustias. Al *descentrarse*, ha reflejado una dimensión nueva de la cotidianidad y señala las contradicciones de su propia existencia. Su persona no franquea sólo la frontera, sino también los límites de lo aceptado y de lo lógico establecidos por la sociedad. La construcción de mundos alternativos con la ayuda del phoco le permite crear una fuente de evasión en la que se refugia para no afrontar la realidad exterior. A través de las experiencias alucinógenas, Tiburón trata de dar sentido a su existencia. Sin embargo, el abuso de phoco lo lleva a la irracionalidad y a convertirse en un habitante del borde, que vive en la periferia de la razón.

El concepto de frontera metafórica se identifica con la *disolución* de su personalidad, ya que él mismo corre el riesgo de perder sus propios límites y por lo tanto de convertirse en una pluralidad de "yo". Se trata de un sujeto que vive en los bordes, que llega a los límites mentales y que salta la barrera de la conciencia.

OBRAS CITADAS

Aínsa, Fernando. 2006. *Del topos al logos: propuestas de geopoética*. Madrid: Iberoamericana.

Armada, Alfonso. 2006. *El rumor de la frontera*. Barcelona: Ediciones Península.

---

10 Hay que señalar que si bien la frontera puede desplazarse, desdibujarse y trazarse nuevamente, no desaparece. Además de ser constitutiva de la vida social, en sentido político ésta en vez de esfumarse se solidifica. Hoy en día, "las alambradas se han vuelto muros, fosos, trincheras, desiertos, campos minados" (Trujillo 2012, 83).

Augé, Marc. 2000. *Los no lugares. Espacios del anonimato. Una antropología de la sobremodernidad.* Trad. Margarita N. Mizraji. Barcelona: Editorial Gedisa.

Deleuze, Gilles y Félix Guattari. 1987. *A Thousand Plateaus. Capitalism and Schizophrenia.* Trad. Brian Massumi. Minneapolis: University of Minnesota Press.

García Canclini, Néstor. 2001. *Culturas híbridas: Estrategias para entrar y salir de la modernidad.* Buenos Aires: Editorial Paidós.

Giménez, Gilberto. 2009. Cultura, identidad y memoria: materiales para una sociología de los procesos culturales en las franjas fronterizas. *Frontera Norte* 21: 7-32.

Haesbaert, Rogério. 2004. O *Mito da Desterritorialização: do fim dos territórios à multiterritorialidade.* Rio de Janeiro: Bertrand.

Magris, Claudio. 1999. *Utopia e disincanto.* Milano: Garzanti.

Palaversich, Diana. 2012. Ciudades invisibles. Tijuana en la obra de Federico Campbell, Luis Humberto Crosthwaite, Francisco Morales y Heriberto Yépez. *Iberoamericana* 46: 99-110.

Redfield, Robert, Ralph Linton y Melville Herskovits. 1936. Memorandum for the Study of Acculturation. *American Anthropologist* 38: 149-152.

Ríos, Carlos. 2009. Frontera ubicua. La literatura es de índole chamánica. Una conversación con Heriberto Yépez. *Literal. Latin American Voices* 17: 52-54.

Trujillo Muñoz, Gabriel. 2012. Baja California: literatura y frontera. *Iberoamericana* 46: 83-98.

Villoro, Juan. 1995. La frontera de los ilegales. *Anales de Literatura Hispanoamericana* 24: 67-74.

Yépez, Heriberto. 2005a. *A.B.U.R.T.O.* México D. F.: Editorial Sudamericana.

—. 2005b. *41 clósets.* Tijuana: DDO Producciones.

—. 2005c. *Made in Tijuana.* Mexicali: Instituto de Cultura de Baja California.

—. 2007. La frontera como falla. *Metapolítica* 11 (52): 49-53.

—. 2008. *Al otro lado.* México D. F.: Edición Planeta.

—. 2009. Hegel, pantopía y cuerpo inconsciente. In *Figuras. Estética y fenomenología en Hegel.* Comp. Carlos Oliva. Mexico: Universidad Nacional Autónoma de México, 123-159.

—. 2010. Lo post-transfronterizo. *Literal: Latin American Voices* 21: 26-28.

III
REPRESENTAÇÃO E MEMÓRIA

III
REPRESENTACIÓN Y MEMORIA

ENTRE MURALES Y AZULEJOS: FICCIONES HISTÓRICAS DE MÉXICO Y PORTUGAL

Armando Trinidad Aguilar de León*

El presente trabajo[1] tiene como objetivo contrastar dos manifestaciones artísticas de fuerte carga nacional: la azulejería portuguesa y el muralismo mexicano. Es evidente que una investigación sobre estas expresiones plásticas transciende el formato puntual y conciso de un breve artículo; por lo tanto, presentaré, aquí, tres momentos que corresponden a la exploración preliminar de un trabajo de largo aliento que se encuentra en definición. Los puntos que organizan este ensayo son: I. De variadas ficciones (marco conceptual); II. Desarrollo de la ficción histórica y su penetración social; y III. Ficciones épicas, identidad nacional y Estado. El primer punto presenta una reflexión preliminar sobre el alcance que tienen actualmente los conceptos fundamentales del análisis: historia, narración y ficción; el segundo punto, que aborda la ficción épica en azulejos y murales, señala los antecedentes de ambas manifestaciones y observa la integración y desarrollo de la materia histórica en la primera y la producción intensiva de la segunda; el último punto señala el papel de la clase dirigente en la ficcionalización de episodios históricos proyectados en las manifestaciones plásticas titulares en este artículo.

Entrando en materia, tenemos que azulejos y murales son soporte de dos expresiones identitarias que no tienen relación aparente: cada una surge y se desarrolla aislada de la otra, en sus propias coordenadas sociohistóricas —el reino de Portugal y el México posrevolucionario—. Sin embargo, si las enfocamos desde la tematología[2], podremos apreciar

---
* Universidade Nova de Lisboa/Universidad Nacional Autónoma de México.
1 Agradezco a las personas cuyos aportes me permitieron conformar un *corpus* de fotografías de azulejos y murales que fue de gran utilidad para este estudio: en México, Héctor Gómez, Maribel Paradinha y Leticia González; en Portugal, Roger Phillips.
2 La tematología se interesa en el estudio de temas y motivos "de especial frecuencia [...] y relevancia [...] cultural que conectan textos a través de las fronteras lingüísticas" (Naupert

que comparten campos temáticos y funciones sociales que permiten su comparación. Entre esos temas y funciones compartidos destaca la ficción histórica, por el hecho de que azulejos y murales recuperan episodios del pasado nacional y refuerzan, en cada lado del Atlántico, el sentimiento de identidad en favor del fortalecimiento del Estado. Ésta es, precisamente, la premisa central del presente análisis.

I. DE VARIADAS FICCIONES (MARCO CONCEPTUAL)

Ahora, si hablamos de ficción histórica, es necesario tomar en cuenta las implicaciones actuales de estos términos. En su revisión y cuestionamiento de los fundamentos de la cultura, el pensamiento postmoderno ha puesto, por una parte, especial atención en el concepto de discurso histórico como resultado de una narración; por otra parte, ha revalorizado los alcances de la narración como medio de expresión ficcional. Se establece, así, "la interdependencia entre el género histórico y el de ficción" (Vergara 2010, 69-70). Esta implicación se extiende a la literatura y a la pintura, en cuanto artes que también mantienen vínculos con la narración.

Para ilustrar esta cadena de implicaciones, recurro a la escena inicial de *História do Cerco de Lisboa*, en la que dos personajes discuten la esencia literaria de la historia; este es el fragmento: "[E]m minha discreta opinião, senhor doutor, tudo quanto não for vida, é literatura, A história também, A história sobretudo, sem querer ofender" (Saramago 1989, 15-16). Tenemos, en definitiva, que, para críticos y autores posmodernos, la reconstrucción de la historia entra en terrenos literarios y ficcionales. En la escena referida, Saramago amplía el dominio de la literatura; un personaje pregunta: "E a pintura, [...] a pintura [*responde el otro*] não é mais do que literatura feita com pincéis" (1989, 15-16). En estas contigüidades conceptuales, la pintura viene a ser incluida en el espectro del discurso narrativo y, por ende, ficcional; António-Pedro Vasconcelos sentencia: "[A]ntes da emergência [dos] génios literários [...], a grande ficção [passou] pela pintura" (2012, 22).

2001, 76). El tema, concepto rector de la tematología, se considera "como *tertium comparationis* capaz de crear un intertexto para una interpretación de textos formalmente dispares, pertenecientes a géneros diferentes y de extracción dia o sincrónica" (Naupert 1998, 180). La tematología no se circunscribe al campo literario, también estudia las relaciones "entre los diferentes tipos de expresión artística" (Naupert 1998, 180), como el arte azulejar y el arte muralista, en nuestro caso.

Con esto, se cierra el circuito que conecta a los conceptos de base de este artículo. Desde esta perspectiva, las representaciones históricas en la azulejería y en el muralismo pueden ser apreciadas como fragmentos de una ficción épica que conforma la narración —entiéndase también la historia— de cada nación.

Después de esto, una doble pregunta se impone: ¿cómo y por qué azulejos y murales se convierten en soporte de esta ficción? Para resolver estas incógnitas, propongo un somero recorrido por las producciones azulejar y muralista.

II. DESARROLLO DE LA FICCIÓN HISTÓRICA Y SU PENETRACIÓN SOCIAL

a) Antecedentes: ausencia de narraciones (cerámica andalusí); proliferación de ficciones (pintura prehispánica)

Si bien es cierto que el uso de muros como soporte de expresiones artísticas remonta a las civilizaciones de la Antigüedad[3], también es cierto que la azulejería portuguesa y el muralismo mexicano encuentran sus antecedentes en culturas que les son relativamente próximas: la árabe y las prehispánicas.

En la península ibérica, los azulejos fueron introducidos por los musulmanes durante la Edad Media. Imponentes palacios, como el de la Alhambra, tienen recubrimientos de cerámica en los que la multiplicación de motivos geométricos y florales crea efectos caleidoscópicos. Es notable en el arte andalusí la ausencia de representaciones figurativas; por cuestiones de credo, "los musulmanes elaboraron tradiciones en las que se insistía en la idea de que quien crea imágenes incurre en la soberbia sacrílega de parangonarse con el Creador" (Klein 2009, 7). Ello explica que en los azulejos hispanoárabes no haya una tendencia a la representación de personajes, lo que anula por completo toda narración pictórica. En su lugar, se buscaba reflejar la dualidad islámica de unidad-multiplicidad; esto justifica que los azulejos en su conjunto formen una compleja trama con un sólo motivo multiplicado.

---

3 De hecho, se señala a la civilización sumeria como la primera en haber recurrido a la decoración mural con ladrillos vidriados; la Puerta de Ishtar (Babilonia, VII-VI a.C.) es el ejemplo representativo. Otras civilizaciones, como la egipcia o la minoica, dejaron grandes frescos que dan cuenta de la importancia de los murales en esas sociedades teocráticas.

Por el contrario, en las teocracias mesoamericanas, las representaciones de formas humanas y animales eran un recurso común. Los grandes centros de poder podían estar adornados íntegramente con pinturas figurativas que desplegaban el pensamiento mítico rector de tales sociedades. Doris Heyden comenta el caso de Teotihuacan (centro que alcanzó su esplendor entre los años 450-650):

> [P]odemos llamar a Teotihuacan "la ciudad pintada". No solamente estaban decoradas las paredes de los templos y las casas por dentro y por fuera, sino [...] las calles mismas [...]. Como centro de grandes peregrinaciones, era importante que Teotihuacan tuviera estas pinturas didácticas a la vista de las grandes masas (y también en los lugares reservados para los sacerdotes-gobernantes). (1978, 19-22)

Luego, los murales teotihuacanos —como los de otras culturas prehispánicas— fueron difusores de ficciones mitológicas y ayudaron al mantenimiento del orden político-social.

En síntesis, la ausencia de representaciones figurativas en los azulejos hispanoárabes o la proliferación de narraciones en los murales prehispánicos están determinadas por la ideología dominante. Es el pensamiento religioso que impregna a esas sociedades y que se manifiesta en las expresiones artísticas impulsadas por la clase dirigente el que caracteriza la primera producción azulejar y la primera producción muralística. Se desprenden de ellas la azulejería portuguesa y el muralismo mexicano. Veremos a continuación cómo estos últimos integran paulatinamente ficciones históricas que vienen a cumplir funciones sociales específicas: ya no se buscará enaltecer el pensamiento religioso como en los casos anteriores, más bien se exaltará aquellos episodios épicos determinantes en la conformación de la nación.

b) Diversificación temática de la azulejería

A principios del siglo XVI, la decoración con cerámica vidriada recibió un fuerte impulso en el reino de Portugal cuando D. Manuel I ordenó su aplicación en el Palácio da Vila, en Sintra[4]. A partir de entonces, los

---

4 La mayoría de los azulejos utilizados en el Palácio da Vila recuperó el estilo islámico; con todo, un conjunto de piezas introdujo una variante significativa: el diseño de la esfera armilar, emblema personal de D. Manuel I (*vide* Gama 2011, 1). De esta forma, en el conjunto azulejar

azulejos pasaron a ser un elemento recurrente en grandes complejos arquitectónicos; su rápida adaptación al gusto del reino cristiano propició la diversificación de diseños, por lo que tempranamente aparecieron representaciones figurativas. Esta gran innovación (*vide* Quignard 1992, 123-126) dejó en los azulejos la fuerte impronta de la clase dirigente que se proyectó así misma, de forma idealizada, en una amplia gama de ficciones cortesanas.

Pero no sólo se plasmaron los entretenimientos de la alta sociedad; también se registraron las victorias militares por las que se reafirmó el Reino portugués. Una prueba contundente se encuentra en la "Sala das Batalhas" (siglo XVII) del Palácio de Fronteira, en cuyos paneles se representan ocho enfrentamientos[5] de la Guerra de Restauración (1640-1668)[6]. En dicho conjunto azulejar, la ficción épica se sostiene sobre un doble discurso plástico y literario, cada panel contiene una inscripción que procede a una calificación propia de la epopeya, por ejemplo: "terrível e furioso combate", "vigorosa ardente e fortada batalha", "último e generoso combate de cavalaria", etc. La grandilocuencia verbal está a la altura de la narración pictórica. El caso específico del panel de la Batalla de Montes Claros[7] es el "que [...] melhor esquematiza uma batalha em campo aberto" (Almeida [s.d.]). La "Sala das Batalhas" es, pues, un referente indispensable en la temática de las ficciones históricas.

En los siglos siguientes, se continuará la transposición en cerámica de los grandes eventos nacionales. Obra tras obra, las representaciones épicas cobran mayor profundidad plástica, mayor definición en los combates y mayor destaque del héroe nacional. La tendencia historicista, que continúa a lo largo del siglo XIX, encuentra en el siglo XX su mayor proyección en las obras de Jorge Colaço (1868-1942); su representación del Milagro de Ourique[8] expone un motivo recurrente en la literatura épica: la ayuda de la divinidad. Así como los antiguos héroes

---

    del Palácio se hace explícito el sello de la monarquía renacentista portuguesa, sello que, por contigüidad semántica, lleva implícita la empresa expansionista del Reino de Portugal.

5 El mismo propietario del palacio, D. João de Macarenhas, participó en algunas de esas batallas; su participación destacada le valió el título de "Primeiro Marquês de Fronteira".

6 La importancia de esta Guerra no es mínima, ya que el triunfo de la milicia portuguesa contra el ejército español permitió a Portugal liberarse del dominio extranjero en el que estuvo durante sesenta años (1580-1640).

7 Ver imagen en http://www.lisbonlux.com/magazine/10-masterpieces-of-tile-art-in-lisbon/.

8 Ver imagen en http://clubehistoriaesvalp.blogspot.pt/2011/07/872-aniversario-da-batalha--de-ourique.html.

de las grandes epopeyas reciben el apoyo divino en la realización de sus proezas militares, el personaje histórico, D. Afonso Henriques recibe en Ourique una señal divina que augura el triunfo de las filas cristianas contra las numerosas huestes moras. Consecuencia de la victoria anunciada, es la fundación del Reino de Portugal por designios divinos. Además del episodio fundacional de la nación, los azulejos proyectan otros muchos eventos históricos de carácter épico.

Este caudal de ficciones pictóricas fue también alimentado por la ideología del "Estado Novo", régimen que buscó la integración de las artes y de las ciencias en una política nacionalista con un doble objetivo, interior y exterior: "[R]eintegrar Portugal na sua grandeza histórica" y exhibir "a grande fachada de uma nacionalidade" (Portela 1987, 25 y 10). Para tales efectos, se realizó todo un despliegue institucional, nacionalista e historicista, cuya tarea fue recuperar e incentivar toda manifestación de fuerte carga identitaria, la azulejería incluida. Hubo, entonces, proyectos urbanísticos y de comunicaciones que dieron como resultado construcciones revestidas de azulejos. Las nuevas ficciones épicas son más discretas, pero no por eso menos elocuentes. En pocas palabras, al correr del tiempo, episodios épicos, fragmentos de la historia nacional, han quedado expuestos a propios y a extraños que se percatan, en mayor o en menor medida, del discurso narrativo azulejar.

c) Producción intensiva del muralismo

Si, desde su incorporación a la arquitectura, el recurso a los azulejos ha sido en Portugal un medio de expresión ininterrumpido, del otro lado del Atlántico, los murales tienen un largo periodo de receso durante la Colonia. Y es que con la Conquista (1521), se produjo una ruptura en la estructura social y en la expresión artística de los pueblos nativos. Las necesidades tanto de instrucción religiosa como de urbanización en el Virreinato de Nueva España propiciaron el auge de la arquitectura; se emprendió, entonces, la llamada "Cruzada monumental" que consistió en la edificación, algunas veces sobre "templos paganos", de capillas, iglesias, monasterios, conventos, cuyos interiores fueron decorados con motivos religiosos en los que predominó, por supuesto, el estilo europeo. Si bien es cierto que del aprovechamiento de muros y bóvedas resultaron obras novohispanas admirables (Pérez Morera 1996), también es cierto que la decoración mural en la Colonia no siempre tuvo el despliegue cromático ni la presencia exterior que tuvo en las civilizaciones prehispánicas.

Para que el arte muralista llegara a tener una presencia social similar a la que tuvo antes de la Conquista, debieron pasar eventos determinantes en la construcción de México como nación moderna. Tras la Guerra de Independencia (1810-1821), la clase dirigente mexicana se mantuvo ocupada en la elaboración de leyes y reformas en un contexto de inestabilidad política. Es después de la Revolución (1910-1917), hacia la segunda década del siglo XX, cuando se yergue un Estado mexicano capaz de desplegar un programa institucional, a cargo de la Secretaría de Educación Pública (SEP), que rescata el arte muralista. Se pretende con ello la creación de una expresión artística que incida en la construcción de la identidad mexicana (Collin 2003). Concebido por las clases política e intelectual, el muralismo es un arte didáctico dirigido a la integración nacional y a la educación en valores de un pueblo heterogéneo, a nivel social y étnico.

Dentro del marco ideológico, los artistas implicados en el proyecto muralista recurren a una diversidad de campos temáticos, entre los que sobresalen el indigenismo, el mundo prehispánico, la lucha de clases y, por supuesto, la ficción de los grandes eventos históricos. En esta línea, tenemos uno de los trabajos representativos de Diego Rivera (1886-1957) que tiene el título revelador de *Epopeya del pueblo mexicano* (1929-1935). Este compendio de la historia de México de 276 m^2 presenta una narración radial[9]. El punto de partida se encuentra al centro, donde se ubica la cultura prehispánica representada por el símbolo nacional: el águila y la serpiente; en la parte inferior, se narra el brutal enfrentamiento entre nativos y conquistadores; en los extremos izquierdo y derecho, se encuentran escenas de la Colonia con referencias a la Inquisición; mientras que en los diferentes arcos, se exponen conflictos armados como la Invasión francesa y la Revolución, o medidas políticas, como la Reforma. Luego, el mural de Rivera condensa los mayores momentos épicos que sostienen en el siglo XX al Estado mexicano.

Es de especial importancia que el episodio de la Conquista se encuentre en la base del mural. En este sangriento encuentro entre dos culturas, los contendientes están ataviados con sus atributos guerreros: el metal y el caballo en el caso de los conquistadores; las "armaduras" antropomorfas, en el caso de los aztecas. Estos detalles evidentes transmiten las diferencias culturales entre los protagonistas de la guerra: la civilización occidental y la civilización prehispánica.

9 Ver imagen en http://www.american-buddha.com/diego.gall.epic.jpg

Este motivo recurrente en el muralismo es presentado por Jorge González Camarena (1908-1980) de la siguiente forma: en lugar de exponer a dos ejércitos en el campo de batalla, enfoca solamente a dos titanes en lid, el caballero y el guerrero águila, que se dan muerte mutua (Mateos-Vega 2008). El título del mural es significativo: *Fusión de dos culturas* (1963[10]). Es, precisamente, este sangriento encuentro entre dos culturas que se funden en sangre, uno de los fundamentos de la identidad mexicana (Del Val 2006).

III. FICCIONES ÉPICAS, IDENTIDAD NACIONAL Y ESTADO

En síntesis, este breve contraste entre las producciones azulejar y muralista permite detectar puntos de intersección: los contenidos históricos en azulejos y murales son proyectados de forma hiperbólica, de acuerdo con el estilo grandilocuente del género épico. La monumentalidad de tales expresiones pictóricas juega un papel importante en la glorificación de personajes y eventos. Unos y otros remiten al germen de la nación: la batalla de Ourique, en el caso portugués, o la Conquista, en el caso mexicano, son los puntos de referencia más lejanos de la identidad nacional. Nótese una similitud en las funciones de la *Sala das Batalhas* y el mural *Epopeya del pueblo mexicano* de Diego Rivera: ambos registran contiendas que determinan el destino de la nación.

Más allá de este contraste puntual, azulejos y murales se encuentran insertos en las sucesivas macroestructuras político-sociales que las dirigen: la monarquía y el "Estado Novo", por una parte; las teocracias mesoamericanas y el estado moderno mexicano, por otra. Con el patrocinio de la clase dirigente, el arte azulejar y el arte muralista toman en el siglo XX una intención didáctica. Los contenidos históricos establecen puentes entre un pasado monárquico o prehispánico idealizado y un presente cívico que identifica en las ficciones épicas vigorosas y estridentes narraciones de nación que pretenden reforzar, en cada lado del Atlántico, el sentimiento de identidad en favor del fortalecimiento del Estado.

---

10 Ver imagen en http://jorgalbrtotranseunte.files.wordpress.com/2009/02/dsc00961.jpg

OBRAS CITADAS

ALMEIDA, Lilian Pestre de. [S.d.]. O grande teatro da guerra da Restauração. Ainda a Sala das Batalhas do Palácio Fronteira: uma leitura estético-simbólica. In *Fundação das Casas de Fronteira e Alorna*, http://www.fronteira-alorna.pt/Textos/LILIANbatalhas02.htm (consultado en marzo de 2013).

DEL VAL, José. 2004. *México, identidad y nación*. Pról. Carlos Zolla. México: UNAM.

COLLIN HARGUINDEGUY, Laura. 2003. Mito e historia en el muralismo. *Scripta Ethnologica* XXV (25): 25-47. Disponible en: http://sic.conaculta.gob.mx/centrodoc_documentos/513.pdf (consultado en marzo de 2013).

GAMA, Angélica Barros. 2011. A iconografia régia manuelina e as muitas faces da política do rei descobridor (1495-1521). In *Anais do XXVI Simpósio Nacional de História*. São Paulo: ANPUH, http://www.snh2011.anpuh.org/resources/anais/14/1308191485_ARQUIVO_ArtigoAngelicaAnpuhNacional.pdf (consultado en marzo de 2013).

HEYDEN, Doris. 1978. Pintura mural y mitología en Teotihuacan. *Anales del Instituto de Investigaciones Estéticas* II (48): 19-22.

KLEIN, Fernando. 2009. Arte e Islam. Mahoma y su representación. *Aposta. Revista de Ciencias sociales* 40: 1-22, http://www.apostadigital.com/revistav3/hemeroteca/fklein2.pdf (consultado en marzo de 2013).

MATEOS-VEGA, Mónica. 2008. Jorge González Camarena, el pintor de la historia de México. *La Jornada* 24 (marzo), http://www.jornada.unam.mx/2008/03/24/index.php?section=cultura&article=a10n1cul (consultado en marzo de 2013).

NAUPERT, Cristina. 2001. Fundamentos teóricos y metodológicos del análisis tematológico. In *La tematología comparatista entre teoría y práctica*. Madrid: Arco Libros, 64-162.

—. 1998. Afinidades (s)electivas. La tematología comparatista en los tiempos del multiculturalismo. *Dicenda. Cuadernos de filología hispánica* 16: 171-183. Disponible en: http://www.ucm.es/BUCM/revistas/fll/02122952/articulos/DICE9898110171A.PDF (consultado en marzo 2013).

PÉREZ MORERA, Jesús. 1996. El árbol genealógico de las órdenes franciscana y dominicana en el Arte virreinal. *Anales del Museo de América* 4: 119-126. Disponible en: http://dialnet.unirioja.es/servlet/articulo?codigo=1012441 (consultado en marzo de 2013).

PORTELA, Artur. 1987. *Salazarismo e Artes Plásticas*. Lisboa: Instituto de Cultura e Língua Portuguesa.

QUIGNARD, Pascal. 1992. *A Fronteira. Azulejos do Palácio Fronteira*. Trad. Pedro Tamen; fot. Nicolas Sapieha e Paulo Cintra. Lisboa: Quetzal Editores.

SARAMAGO, José. 1989. *História do Cerco de Lisboa*. Lisboa: Caminho.
VASCONCELOS, António-Pedro. 2012. *O Futuro da Ficção*. Lisboa: Fundação Francisco Manuel dos Santos.
VERGARA ANDERSON, Luis. 2010. *La producción textual del pasado II. Fundamentos para una lectura crítica de la teoría de la historia de Paul Ricoeur*. México: Universidad Iberoamericana.

LA CONFESIÓN DE LOS PECADOS: MEMORIA Y CULPA COMO PROCESO DE SUMISIÓN EN JUAN RULFO

Gerardo Gómez Michel*

En una sociedad profundamente católica como la mexicana no es cosa simple el sentido que se le da al sacramento del bautismo en tanto ritual que permite la entrada del niño a la comunidad y al orden simbólico que la sustenta[1]. Es decir, el bebé comienza a *ser* en el momento justo precedente en que se acepta que es culpable y por lo mismo necesita ser bautizado. La culpa, como es evidente, no se refiere a la acción del niño, sino a una herencia intangible (el pecado original) que los padres por el simple hecho de la concepción le han transmitido. En realidad, esta culpabilidad "inocente" adquiere su sentido más profundo en relación con el sistema en el que se ha introducido al recién nacido cuando la culpa por los pecados, ahora sí, cometidos por las acciones individuales, necesita mantenerse ligada a un proceso de confesión (aceptación), penitencia (castigo) y redención (reintegración)[2].

---

* Busan University of Foreign Studies. Este trabajo es financiado por una beca de la Fundación Nacional de Investigación del gobierno de Corea del Sur (NRF-2008-362-A00003).

1 Esta inserción en el orden establecido, como es de suponerse, no siempre fue de manera voluntaria ni "deseando" pertenecer a ese orden sino dentro del escenario de violencia fundadora que caracterizó a la Conquista. Robert Ricard refiere cómo algunas de las primeras conversiones seguían al derrumbamiento de los templos y los ídolos prehispánicos: "No así en Cempoala, donde la acción fue más a lo vivo, sin que obstaran los consejos de moderación del padre Olmedo, pues se echaron por tierra los ídolos; se improvisó un altar, como en Ulúa, con la cruz y la Virgen Santísima; se les predicó a los indios y se dijo misa; fueron bautizadas las ocho mujeres que se dieron a los españoles y antes de emprender la marcha hacia Anáhuac, recomendó Cortés al 'cacique gordo' que tuviera cuidado del altar y de la cruz" (1986, 78-79). Forzado o voluntario, el bautismo "sella" el pacto e introduce al sujeto en el nuevo marco al que deberá remitirse y someterse. Las mujeres indígenas que habían sido regaladas a Cortés formalmente quedan bajo la esfera de poder del Imperio y de la Iglesia, no sólo como objetos (esclavas), sino como sujetos al ser convertidas en nuevas cristianas.

2 Comenta Estela Roselló cómo, dentro de las reformas tridentinas, de hecho se mitigaba el alcance "condenatorio" que tenía el pecado original, sin embargo, solo era la introducción al sistema que mantendría ligados a los creyentes al ritual de la confesión-penitencia: "De manera que para Trento, el bautismo era el sacramento de la Nueva Ley que borraba el Pecado

Gabriela Basterra ha indagado profundamente en los orígenes y repercusiones de esta subjetividad culpable en la tragedia clásica griega. En la construcción narrativa trágica, el destino (*fate*) cumple el papel de una fuerza ineludible que rige la vida (y la muerte) de los personajes, quienes aceptan "ciegamente" la culpa y su castigo en aras de mantener el sistema simbólico que les da coherencia:

> Ultimately, the cooperation of tragic subjects with destiny can be explained as an attempt on their part to blind themselves to what I call *the other side* of fate. What they avoid seeing is that the very objective necessity that constitutes them as tragic subjects through a transference of guilt is an empty structure.
> If considered from the perspective of preserving the integrity of the tragic World that makes subjects intelligible, tragic death no longer seems such a high price, since it averts something more terrible. Recognizing the emptiness of objective necessity would undo the characters as tragic subjects, suspend sublime sense, and demand from them a more radical commitment to the course of action they take. It would precipitate them into an unintelligible abyss that seems worse than tragic. (Basterra 2004, 6)

En tiempos de la rebelión cristera —contexto histórico en el que Rulfo sitúa buena parte de su narrativa—, el abismo ininteligible al que se refiere Basterra bien puede corresponder al vacío espiritual que sintieron los creyentes mexicanos cuando se clausuró el culto en todo el país como preludio del levantamiento armado. No sólo se trataba de no poder acudir a las iglesias a oír misa, sino que se les rompía su nexo con el ritual de la confesión de los pecados y la consiguiente redención. Es decir, no había forma de manejar la culpa asumida desde el nacimiento. La culpa entonces dejaba de tener lo que Basterra llama "the allure of tragic guilt", para simplemente ser culpa sin posibilidad de redención. Hay que pensar que, en el orden católico, la culpa por el pecado se corresponde con un fin último: la salvación. En ese sentido, y *sólo* en ese, la culpa católica otorga señas de identidad al creyente. De ahí la

> Original entre los niños y los adultos, imprimiendo en el alma de los mismos la gracia divina necesaria para restablecer la alianza quebrantada por Adán y Eva. El sacramento del bautismo obligaba a quienes lo recibían a profesar la fe en Cristo, pero al mismo tiempo, a observar las nuevas leyes que dicha fe suponía. Trento estableció claramente que aquellos bautizados que quebrantaban la ley de Cristo perdían nuevamente la gracia divina, ofreciendo, como único remedio posible para recuperarla, el sacramento de la penitencia" (2006, 49).

capacidad que tuvo la Iglesia para movilizar a los creyentes durante el conflicto cristero. Había que recomponer el sistema que daba sentido a la comunidad —la posibilidad de recibir los sacramentos, entre ellos el de la penitencia— e identidad a sus miembros.

En relación con el atractivo (*allure*) que tiene la culpa trágica —siguiendo a Lacan y su noción del deseo del Otro—, Basterra expone que precisamente al aceptar ser parte de un orden superior —el destino, Dios o incluso el Estado— el personaje trágico, más que perseguir *su* deseo de ser parte de ese orden que le da sentido, en realidad está buscando cumplir con lo que imagina que el Otro desea de él. "What I am proposing is that one becomes a tragic victim by constructing what one imagines that the Other desires (from oneself) as the dictates of fate" (Basterra 2004, 40). El origen de esta construcción narrativa es la de enfrentar a los personajes con el atractivo de cumplir los deseos de una fuerza intangible y elusiva: el destino, y en ello aceptar la culpa y el castigo como una forma de obtener un lugar en el orden simbólico sustentado por esa misma fuerza. En cambio, en el contexto católico, sobre todo después de las reformas tridentinas, el sujeto culpable no tiene siquiera espacio para *imaginar* lo que el Otro (Dios) desea de uno mismo. El dogma no deja espacio a la imaginación, al contrario, es una forma cerrada sobre lo que se debe hacer —y no hacer— para cumplir con su función dentro del orden establecido.

En este marco de contención social (moral), la función principal del catecismo es la de imprimir en los creyentes una serie de reglas a seguir. Luego de la inherente culpabilidad que se asume con el bautismo, para que el creyente sea confirmado como parte de la comunidad cristiana, debe ahora conscientemente aceptar su lugar en el mundo, esto es, su origen culpable y actuar en consecuencia. La catequización como método evangelizador no es otra cosa que un ejercicio mnemotécnico y al mismo tiempo una promesa de lealtad al sistema. Su forma dialógica, a pesar de las preguntas y respuestas cerradas, al utilizar el artificio verbal de la voz en primera persona compromete al creyente, quien de alguna manera se escucha a sí mismo repitiendo los deseos —y mandamientos— de ese Otro en relación con él[3]. Más allá de la verdadera

---

3 De hecho, la pregunta que abre la serie de 460 preguntas y respuestas del catecismo del padre Ripalda (1616), que se sigue usando casi sin alteración hoy en día, es la de preguntar al creyente su nombre. Esta es la única pregunta "abierta" y, sin embargo, cumple la función de comprometer desde el inicio al sujeto individual en el proceso de instrucción, ya que

conciencia de lo que se está repitiendo, el niño, o el nuevo cristiano, está *formalmente empeñando* su palabra al contestar las respuestas que ha tenido que aprender de memoria.

Dice Nietzsche, en su *Genealogía de la moral*, que una de las cualidades a las que se ha visto obligado a renunciar el hombre social es a la del olvido "positivo". La memoria, en primera instancia, nos hace responsables de nuestros actos, los del pasado y aquellos por realizar en el futuro. Es un compromiso, una promesa con los otros a no cometer errores que puedan perjudicar a la comunidad o al sistema al que pertenecemos o, en el mejor de los casos, a repetir y continuar acciones favorables. Lo anterior, aunado a un sistema de ordenamiento moral, conlleva a la condena por las deudas contraídas con los otros o con la comunidad y al consiguiente castigo. Para Nietzsche la anulación del olvido como herramienta para solventar nuestros "errores" daría como resultado la construcción de la "mala conciencia" y del "sujeto culpable"[4].

Particularmente, la Iglesia católica ha puesto en evidencia la eficacia de este tipo de sistema ordenador. A través del continuo ritual de la confesión de los pecados se le *recuerda* al hombre su origen y naturaleza culpable y, al mismo tiempo, se le embarca en la promesa de buscar la redención. Por una parte, lo mantiene culpable y dentro del sistema ordenador, por la otra, al haber aceptado la responsabilidad y el compromiso, el sujeto creyente mantiene su identidad y pertenencia dentro del sistema.

El mecanismo de coerción de este sistema quizá no podría funcionar como lo ha hecho —y como sigue haciéndolo ya no únicamente a manos de la Iglesia, sino también del Estado incluso en un mundo profundamente secularizado— si no tuviera sus engranajes tan bien afinados con la ilusión de que en realidad el sujeto puede decidir su destino. En la tragedia griega, propone Basterra, se encuentra el origen de la tradición del sujeto moderno que no puede desligarse de una noción de causalidad que finalmente usurpa la verdadera agencia del sujeto. Dentro de ese mecanismo, una pieza importante es la ilusión de que el héroe puede torcer el destino que lo llevará a la muerte. El personaje trágico tiene como primer impulso oponerse al destino, pero esto significa entrar en conflicto con una fuerza superior ordenadora que le da sentido al mundo y por ende lo vuelve a él mismo inteligible dentro de ese mundo:

<blockquote>
esta operación supone que ese "yo" retórico que sigue respondiendo las otras 459 preguntas sea ya el sujeto identificado en la primera.
</blockquote>

4 Véase especialmente el "Tratado Segundo" (Nietzsche 1986, 65-110).

Although after its first impulse towards action the tragic self generally eludes conflict by cooperating with necessity, tragedy is the art of unmediated conflict. And while the tragic self constructs its subjectivity as internalized fate in order to preserve its intelligibility, the play, by displaying the traces of the human hand, points to fate and to itself as constructions. (Basterra 2004, 17-18)

    El héroe finalmente desiste de su intento por cambiar su destino, de ser autónomo, ya que comprende que pondría en peligro la continuidad del sistema y, por consiguiente, la suya propia como sujeto *sólo* realizable en ese orden. Así acepta su destino trágico al mismo tiempo que evidencia lo artificioso de la construcción del mismo, aún así funcional.

    La Iglesia católica solventó la idea de la autonomía del creyente bajo el concepto del libre albedrío. El hombre ha empeñado su palabra y tiene en la memoria los mandatos de Dios. Tiene la responsabilidad de evitar el pecado en las acciones que "libremente" ejecuta. Sin embargo, el pecado se comete y la culpa es aún mayor a la que le corresponde al pecado mismo, porque está abonada con la conciencia de que no debía pecarse y aun así se lo hace. Es decir, es la culpa del pecado en cuestión, más la de la desobediencia a los mandatos divinos. El ciclo del ritual de la confesión comienza de nuevo entonces. No se trata de la omnisciencia de Dios lo que hace al creyente pensar que no puede escapar del ritual, sino la construcción del deseo de Dios y la necesidad por cumplir lo que se espera del devoto. Realmente no es Dios, en este sentido, quien sabe de antemano que se cometerá la falta irremediablemente, sino el hombre que sabe que deberá confesar y recibir el castigo por la falta que cometerá. De esa manera cumple con el papel (trágico) que le corresponde para que siga funcionando el orden establecido en el que se reconoce como sujeto. El libre albedrío, entonces, sólo articula la ilusión de que se puede *evitar* voluntariamente la caída, pero en realidad lo que hace es ofrecer la posibilidad de cometer la falta y con ello reintegrarse al orden aceptando la culpa.

Pero hay que subrayar que además, unido al sentimiento de culpa por el pecado inevitable y la consiguiente confesión del mismo, el *sufrimiento* es una parte clave en el proceso de la redención[5]. Los católicos, al aceptar el sufrimiento como un elemento inherente al proceso de salvación —lo que Nietzsche llama "las nostalgias de la cruz"—, asumen que no hay tal cosa que pueda ser considerada como sufrimiento absurdo. El dolor es parte del plan maestro de Dios para salvar al hombre. Basta recordar que en el momento crítico de su sacrificio —justo en el punto que revelaba el aspecto humanamente doloroso de la crucifixión—, cuando Cristo reclama por el sufrimiento que está experimentando, sigue la consumación del autosacrificio para cumplir con el mandato superior que tendrá como resultado la redención de los pecados del hombre[6].

De hecho, el creyente no sólo debe aceptar el sufrimiento como parte del proceso de salvación, imitando en escala individual el sacrificio de Cristo, ahora por sus pecados particulares, sino que acepta al mismo tiempo una deuda con Dios imposible de pagar. En el contrato —si queremos verlo de esta manera— que se inicia con el bautismo, que no es otra cosa que el valor actualizado del sacrificio de Cristo por el hombre, queda empeñada la palabra del hombre como garantía de la deuda contraída. El sufrimiento sería, entonces, el interés continuamente cobrado durante la vigencia del contrato, es decir, durante la vida terrenal.

Si en la ecuación nos parece que abundan los elementos negativos y desventajosos para el creyente, es decir, saberse culpable incluso por pecados que no cometió, saberse en deuda por un sacrificio que no solicitó, aspirar a un ideal de conducta que de antemano sabe que no logrará cumplir, tener conciencia de que por más que se esfuerce volverá a pecar, que deberá confesar sus culpas y, además, sufrir en el proceso, entonces nos preguntamos cómo puede sostenerse dicho contrato. Para

---

[5] Nietzsche, con su tono lapidario y por demás profundamente antirreligioso, advertía cómo el sufrimiento se había instalado en el espíritu del hombre gracias a la "desconfianza de sí mismo" que provocaba la "mala conciencia"y de cómo, en la justificación religiosa del mundo que presentaba el ideal ascético, el sufrimiento era la única salida para alcanzar la meta de la salvación. "El principal ardid que el sacerdote ascético se permitía para hacer resonar en el alma humana toda suerte de música arrebatadora y extática consistía —lo sabe todo el mundo— en aprovecharse del sentimiento de culpa" (Nietzsche 1986, 162).

[6] Me refiero a la frase que se adjudica a Cristo en la cruz poco antes de morir: "Elí, Elí, lamásabactani"; "Dios mío, Dios mío, ¿por qué me has abandonado?" (Matteo 27:46 y Marcos 15:34).

Freud (1961) simplemente se trata de una ilusión funcional culturalmente hablando; ilusión en el doble sentido de la palabra, como artificio y al mismo tiempo como esperanza. Al validar el artificio del sistema se cumple la esperanza de pertenecer a ese sistema con el que se sostiene el mundo que es inteligible para el sujeto y *en el que el sujeto es inteligible*. Finalmente, no se puede menospreciar el sentido de la promesa que ofrece el marco religioso, y a la que en el fondo no quiere renunciar el creyente: la salvación de su alma[7].

EL ESPEJO DEFORMADO DE LA FE

Rulfo declaró en una entrevista:

> Yo fui criado en un ambiente de fe, pero sé que la fe allí ha sido trastocada a tal grado que aparentemente se niega que estos hombres crean, que tengan fe en algo. Pero en realidad precisamente porque tienen fe en algo, por eso han llegado a ese estado. Me refiero a un estado casi negativo. Su fe ha sido destruida. Ellos creyeron alguna vez en algo; los personajes de *Pedro Páramo*, aunque siguen siendo creyentes, en realidad su fe está deshabitada. No tienen un asidero, una cosa de donde aferrarse. (Rulfo apud Sommers 1992, 520)

Pensando en los orígenes de este ambiente de fe trastocada debemos ineludiblemente remitirnos a la doctrina evangelizadora instrumentada desde tiempos de la Conquista, fortalecida con la implantación del régimen colonial y, especialmente, con la instrumentalización de los catecismos en las lenguas aborígenes que, sorprendentemente, llegaron a dominar muy tempranamente los religiosos de las órdenes mendicantes que llevaron a cabo la conversión (forzada) de los indígenas americanos.

---

[7] Incluso Freud y Nietzsche que piensan que en el desarrollo de la humanidad, la religión —esa "neurosis infantil"— finalmente cederá a la razón científica y a un ateísmo vigoroso aceptan cierta funcionalidad. Para Freud ha sido una de las herramientas más eficaces de la civilización para lograr la vida social. Nietzsche, por su parte, finaliza su *Genealogía de la moral* con las siguientes palabras: "¡[T]odo eso [el ideal ascético] significa, atrevámonos a comprenderlo, *una voluntad de la nada*, una aversión contra la vida, un rechazo de los presupuestos más fundamentales de la vida, pero es, y no deja de ser, una *voluntad!...* Y repitiendo al final lo que dije al principio: el hombre prefiere querer *la nada a no querer...*" (Nietzsche 1986, 186; énfasis en el original).

El hecho de imbuir en la conciencia indígena la obligación y necesidad de la confesión (cristiana) de los pecados fue una preocupación constante en la labor evangelizadora:

> Los franciscanos administraban el sacramento de la penitencia, en uso ya en 1526, de manera particularmente metódica. Cada domingo por la tarde juntaban a los indios que habían de confesarse en la semana [...]. La mañana del día en que iban a confesarse se les decía la lista de las faltas que puede cometer un hombre. (Ricard 1986, 209)

Entonces, de una conciencia original en la que el *pecado* se circunscribía a dos categorías: de la embriaguez y "los desórdenes sexuales" —la fornicación y el adulterio (Ricard 1986, 100)—, éstos últimos con un sentido totalmente distinto a la noción católica del pecado original, se pasó a una conciencia en la que el pecado estaba por todas partes, acechando a cada momento para condenar el alma al fuego del Infierno.

No podemos dudar de la eficacia de los métodos evangelizadores, ya que los resultados incluso rebasaron las expectativas de los religiosos: "El trabajo mayor que daban los indios, según Motolinía, era el de la confesión, pues se presentaban a todas horas del día o de la noche en las iglesias y en los caminos, de modo que todo tiempo era Cuaresma para ellos" (Ricard 1986, 214). Pero ni siquiera esto aseguraba la salvación de los recién cristianizados, ya que, según atestiguan tanto las fuentes agustinas como las franciscanas, "se veía llegar a los indios al tribunal de la penitencia sin muestra alguna de dolor ni arrepentimiento: ¿había de dárseles la absolución?" (Ricard 1986, 210).

Esta pregunta encierra de alguna manera el problema que en general toda la obra de Rulfo articula acerca de esta cuestión: la omnipresencia del pecado en la vida del mexicano, quien por definición es entonces un transgresor de la ley divina y un candidato al Infierno que pareciera haberse instalado en este mundo y, que no perdona ni a los muertos. Porque, incluso muertos, sus personajes siguen en esa espiral sin fin del pecado original. ¿Habían de obtener la absolución? La Iglesia, de tanto dudar del arrepentimiento, acaba por no poder salvarlos y ellos, los pecadores, por no creer en la salvación. Esa conciencia de imposibilidad de salvación es trágica y latente en los personajes rulfianos. Como ejemplo, recordemos al personaje de Dorotea que, al insistir en confesarse, dice casi como un logro: "[A]hora traigo pecados, padre, y de sobra" (Rulfo 1992, 80). A lo que el padre Rentería, fracasado y escéptico, replica perentoriamente: "¿Cuántas veces viniste aquí a pedirme que te mandara al Cielo cuando murieras? ¿Querías ver si allá encontrabas a tu hijo, no, Dorotea? Pues bien, no podrás ir ya al Cielo. Pero que Dios te perdone" (Rulfo 1992, 81). Las palabras del sacerdote, en pleno acto de confesión, son las de una maldición divina que niega cualquier posible resquicio de redención. La maldición que se cierne sobre Comala, ese pueblo ubicado en la "mera boca del Infierno", tiene su raíz justo en lo que la doctrina católica afirma inherente a la existencia del hombre cristiano: la culpa del pecado original. La fórmula de esa "fe deshabitada", como la piensa Rulfo, se resuelve en la condición culpable de ser Comala la amante violada o complaciente del cacique y, al mismo tiempo, el pueblo de Comala es el hijo bastardo de Pedro Páramo.

Cuando están llegando a Comala, le dice Abundio a Juan Preciado, en una especie de confesión descarada y rabiosa: "El caso es que nuestras madres nos malparieron en un petate aunque éramos hijos de Pedro Páramo. Y lo más chistoso es que él nos llevó a bautizar" (Rulfo 1992, 13). A los hijos ilegítimos la Iglesia los "reconoce" como miembros de la congregación para luego imponerles el estigma de ser la prole condenada de ese "rencor vivo" que es el amo de la Media Luna. Es decir, la Iglesia deja suspendido al pueblo de Comala girando en esa espiral del pecado original que no tiene más fin que el autorreconocimiento de su origen culpable y, por lo tanto, de la aceptación del castigo. Ésa es la voz del pueblo que acude a esa farsa de confesión en la que el Padre Rentería escucha el "Yo pecador" fuerte y repetido, "por los siglos de los siglos, amén. Por los siglos de los siglos, amén. Por los siglos de los siglos..." (Rulfo 1992, 81). Así pues, Comala está a merced del pacto entre los dos padres simbólicos, el terrenal y el espiritual, Pedro Páramo y el padre Rentería. La Ley y la Iglesia en el relato ponen en conflicto el marco de referencia que a los habitantes les servía para diferenciar la tensión entre el tiempo histórico terrenal —en el que se sufre y hay que resignarse— y el espacio espiritual de la eternidad —en el que tenían puesta la esperanza del descanso por el sufrimiento que les ha acarreado la obediencia del precepto de servir al amo "como quien sirve a Dios"—. Uno lo había concebido físicamente, el otro le daba la conciencia metafísica y el pueblo acababa constituyéndose como sujeto dentro de los márgenes delimitados por ese pacto. Mientras funcionara el sujeto de Comala tendría asegurada su posición (marginal ciertamente) en el mundo dictado por el orden social y espiritual sustentado por los padres simbólicos. Esto, para Freud, no sería otra cosa que la experiencia religiosa en relación con el complejo de Edipo: la completa sumisión ante la voluntad de Dios, el Padre. El hombre deviene creyente y acepta todo lo que le ha sido enseñado desde la niñez acerca de Dios. Así, luego de acceder a la experiencia religiosa, se lleva a cabo la conversión (Freud 1985, 273). El pacto, entonces, entre Estado e Iglesia proporciona las coordenadas con las que el sujeto encuentra el camino hacia su propia identidad. Fuera de ese mapa simbólico, está el exterior, que es lo mismo que la nada, una ilusión acerca de un mundo desconocido que apenas se puede imaginar a través de un agujero en el tejado de los hermanos incestuosos; un camino que nunca sabemos dónde nos llevará.

El padre Rentería sabe que se ha corrompido aceptando las monedas del cacique como pago por la absolución de Miguel Páramo —asesino de su hermano y violador de su sobrina— y sabe también que, al aceptar, dejaba de lado la posibilidad de mantener la integridad espiritual para salvar al pueblo desesperado de Comala. "Todo esto que sucede es por mi culpa" se repite y se atormenta, pero mantiene intacto el orden dictado desde la Media Luna. Gracias a la doctrina y al silencio del padre Rentería, sigue manteniéndose el orden en que Pedro Páramo es el padre, la ley, el hombre y el amo, y la Iglesia adoctrina la sumisión: *al amo como quien sirve a Dios*[8].

La Iglesia, entonces, mantiene su condición de mediadora entre el pueblo y el poder, lo que es su parte del pacto, pero en *Pedro Páramo* la mediación del padre Rentería está fracturada y su lenguaje vacío de significados, cuanto menos en lo que se refiere a la posibilidad de ofrecer cualquier tipo de refugio espiritual a su grey. Estas condiciones, propias de la religión como sistema cultural, entran en crisis en el relato con la inercia abúlica del padre Rentería ante la corrupción del cacique. De esta manera, el pueblo de Comala se ve de pronto ante el derrumbe de la muralla que lo protegía, que le daba sentido en el mundo, y queda a merced de los signos negativos que lo rodean: el cacique, la explotación, su origen bastardo, sus pecados, el hambre, la desolación y la muerte. Porque, si bien esos signos son negativos, incluso así servían de puntos de referencia para ordenar y aceptar el mundo, para aceptar su posición en

---

8 Pregunta y respuesta del catecismo de Ripalda, en uso desde tiempos de la Colonia y hasta la actualidad en referencia al cuarto mandamiento: "—Y los criados con los amos ¿cómo?— Como quien sirve a Dios en ellos" (http://www.vaticanocatolico.com/PDF/Catecismo_PRipalda.pdf).

el mundo. Al perder autoridad el ritual religioso que les daba sentido, en este caso la confesión de los pecados y la consecuente absolución, estos signos se vuelven doblemente negativos; son ahora un absoluto negativo del que no se puede esperar salvación. El colapso de la Iglesia en Comala, la traición del padre Rentería, su huida del pueblo para evadirse en la rebelión cristera, deja al pueblo habitado ya no de seres humanos, sino de espectros, de "espantos", como los llama la hermana incestuosa. El sustrato sobreviviente de la tradición religiosa, del sistema cultural que sustentaba después del quiebre, es el del pecado; esa es la respuesta que apenas balbucean los habitantes luego del colapso del pueblo.

"Aquí nacimos", dice la gente del pueblo, "la vida nos había juntado, acorralándonos y puesto el uno junto al otro. Estábamos tan solos aquí, que los únicos éramos nosotros. Y de algún modo había que poblar el pueblo" (Rulfo 1992, 843-844), le confiesa así su relación incestuosa al obispo, la hermana acosada por el remordimiento. Para esa anti-Eva, al igual que para los demás habitantes del pueblo, las condiciones de su mundo y su experiencia religiosa los llevan a aceptar el castigo por sus pecados y, al mismo tiempo sobrellevan las condiciones adversas a partir de una fe que les ofrecía cuanto menos una coartada espiritual.

El dolor y el arrepentimiento que le exige la religión al pecador, lo que constituye su culpa, es el hilo conductor del relato rulfiano y al mismo tiempo la representación de la Iglesia novohispana decadente. El universo literario de Rulfo atestigua la tragedia y la derrota. Al respecto, dice Joseph Sommers refiriéndose a *Pedro Páramo*:

> La visión trágica de Rulfo implica la profunda insuficiencia de la Cristiandad [...] los personajes de Rulfo llevan esta carga [el pecado original] a través de la vida sin ninguna perspectiva de alivio, sin sacramentos efectivos que actúen como fuerzas compensatorias y sin esperanza de redención en el otro mundo, puesto que vida y muerte son un *continuum*. El cielo está más allá del alcance de todos. Ni fe religiosa ni solidaridad humana ofrecen ningún antídoto contra un modo de existir en el cual el hombre está condenado a sufrir y a hacer sufrir a los otros. (Rulfo 1992, 841)

Es esta visión del mundo la que de alguna manera determina la construcción de un abismo perpetuo, de condenación *ad infinitum* que Rulfo construye en muchos de sus relatos y, que se sostiene por la culpa que asumen sus personajes a sabiendas de la imposibilidad de salvación.

El pueblo de Comala se debate entre lo que Freud llama la "ilusión" religiosa, la expresión de los deseos y los temores del ser humano: "Thus the benevolent rule of a divine Providence allays our fear of the dangers of life; the establishment of a moral world-order ensures the fulfillment of the demands of justice, which have so often remained unfulfilled in human civilization" (1961, 30).

Hay la conciencia de que la vía religiosa, cuanto menos la católica y el orden moral que impone, ha estado históricamente lejos de otorgar la justicia que en la novela incluso se ha dejado de esperar.

La traición del padre Rentería que se subordina al poder de Pedro Páramo para luego huir, prepara el camino por el que transita el pueblo de la resignación espiritual a la resignación secular. La muerte espiritual por el pecado original —representado sobre todo en la enigmática pareja de hermanos— actúa conjuntamente con la sentencia terrenal del cacique: "Me cruzaré de brazos y Comala se morirá de hambre" (Rulfo 1992, 296). La única manera de entender la pasividad con que la gente del pueblo acepta la condena es pensarla desde la posición religiosa de una fe inquebrantable, pero ya no en la redención sino en la condenación. La Iglesia ha allanado el terreno de ese espacio vacío de esperanza, donde los personajes están ligados a un destino fatal y trágico. El único personaje que logra resistir al orden impuesto es Susana San Juan. Aislada en el espacio vano de la locura, no responde a las señales falsas de la extremaunción de la Iglesia corrompida, ni cede ante la oferta de ser incluida en la esfera de poder que le brinda Pedro Páramo. La cualidad desequilibrante que tiene como sujeto des-articulado de la fe y del poder, desencadena el colapso del orden establecido en Comala. Susana funciona en la novela como un significante vacío de significado o, mejor dicho, con un significado desvirtuado por la locura. Sin embargo, no se trata de que ella haya perdido la capacidad de interpretar el mundo y el orden establecido, sino que ella es el símbolo del derrumbe de los signos que daban coherencia al universo de Comala. Su muerte es la sentencia del colapso:

> Al alba, la gente fue despertada por el repique de las campanas [...]
> —Se ha muerto doña Susana.
> —¿Muerto? ¿Quién?
> —La señora.
> —¿La tuya?

LA CONFESIÓN DE LOS PECADOS:
MEMORIA Y CULPA COMO PROCESO DE SUMISIÓN EN JUAN RULFO

—La de Pedro Páramo.
Comenzó a llegar gente de otros rumbos, atraída por el constante repique [...]. Y así, poco a poco la cosa se convirtió en fiesta. Comala hormigueó de gente, de jolgorio y de ruidos, igual que en los días de la función, en que costaba trabajo dar un paso por el pueblo.
Las campanas dejaron de tocar; pero la fiesta siguió. No hubo modo de hacerles comprender que se trataba de un duelo, de días de duelo. No hubo modo de hacer que se fueran; antes, por el contrario, siguieron llegando más. (Rulfo 1992, 294-295)

Singularmente, la muerte de la mujer de Pedro Páramo atestigua el extravío del pueblo de Comala frente a las dos instituciones que le daban sentido. No es gratuito que haya confusión acerca de la identidad de la muerta, a quien se le relaciona con la figura institucional del amo de la Media Luna que se desdibuja por su extremo caciquismo. Por otra parte, la Iglesia ha perdido la capacidad de mediación en este mundo sin sentido y el repique de las campanas, lenguaje eclesiástico por excelencia, es leído con un sentido totalmente extraviado, como lo fue la vida de Susana en Comala, y como lo es Comala después de la muerte de ella.

Jean Franco ha visto en *Pedro Páramo* el conflicto entre un sistema feudalista y la imposición de un nuevo orden en las relaciones sociales a partir de la introducción del dinero como base de un utilitarismo a ultranza (1992, 876). Las monedas del cacique serían, así, símbolo de un desequilibrio interno a partir de un capitalismo incipiente. Por mi parte, pienso que la novela atestigua el resquebrajamiento del pacto institucional novohispano entre el Estado y la Iglesia. La novela daría cuenta de la emergencia de un nuevo orden político nacional más allá de lo económico que desplaza y desenmascara la anacronía del modelo de identidad instaurado por el mito mexicano novohispano. Se trataba de un modelo en el que al pueblo, para lograr una posición en el sistema social, le tocaba como parte del pacto que mantenía el mundo en movimiento, asumir su origen pecaminoso; llevar a cuestas la culpa de la bastardía y aceptar su castigo en la tierra. Para llegar al Cielo, como piensa Eduviges Dyada, "todo consiste en morir, Dios mediante, cuando uno quiera y no cuando Él lo disponga" (Rulfo 1992, 187).

OBRAS CITADAS

Basterra, Gabriela. 2004. *Seductions of Fate, Tragic Subjetivity, Ethics, Politics*. Nueva York: Palgrave-MacMillan.

Franco, Jean. 1992. El viaje al país de los muertos. In *Juan Rulfo. Toda la obra*. Edición crítica, coord. Claude Fell. Madrid: Colección Archivos, 865-875.

Freud, Sigmund. 1961. *The Future of an Illusion*. Trad. James Strachey. Nueva York: Norton.

—. 1985. *Civilization, Society and Religion: Group Psychology, Civilization and its Discontents and other Works*. Trad. James Strachey. Harmondsworth: Penguin.

Nietzsche, Friedrich. 1986. *La genealogía de la moral*. Introd., trad. y notas de Andrés Sánchez Pascual. Madrid: Alianza Editorial.

Ricard, Robert. 1986. *La conquista espiritual de México*. Trad. Ángel María Garibay. México: Fondo de Cultura Económica.

Roselló, Estela. 2006. *Así en la tierra como en el cielo: Manifestaciones cotidianas de la culpa y el perdón en la Nueva España de los siglos XVI y XVII*. México: COLMEX.

Rulfo, Juan. 1992. *Toda la obra*. Ed. crítica y coord. Claude Fell. Madrid: Colección Archivos.

Sommers, Joseph. 1992 [1974]. A través de la ventana de la sepultura: Juan Rulfo. In *Juan Rulfo. Toda la obra*. Edición crítica, coord. Claude Fell. Madrid: Colección Archivos, 830-841.

A CENSURA AOS FILMES IBERO-AMERICANOS NA GOVERNAÇÃO DE MARCELLO CAETANO

Ana Bela Morais[*]

Através do estudo dos processos de censura aos filmes ibero-americanos em Portugal durante os anos de governação de Marcello Caetano (entre finais de 1968 e Abril de 1974), pretendo investigar os critérios da Comissão de Censura em relação ao modo como eram censurados esses filmes. O presente trabalho apoia-se no estudo dos arquivos do Secretariado Nacional da Informação e Turismo. A informação produzida pela Comissão de Exame e Classificação de Espectáculos, durante o Estado Novo, está concentrada neste espólio que se encontra no Arquivo Nacional da Torre do Tombo (ANTT)[1].

Este estudo é inédito e pode ajudar a perceber não só como era estruturada a censura portuguesa, mas também qual era a relação de Portugal com a produção cinematográfica ibero-americana na fase tardia da ditadura portuguesa. Era a cinematografia de um determinado país mais censurada que a dos outros? Quais os aspectos mais censurados nos filmes hispano-americanos? Estas são algumas das interrogações para as quais pretendo obter possíveis respostas.

Marcello Caetano substituiu Salazar, na Presidência do Conselho de Ministros, em Setembro de 1968. A partir desse momento, muitos acalentaram esperanças de que sucedesse uma maior abertura política em Portugal que conduzisse, pelo menos, à abolição da censura. Nesses primeiros anos, sensivelmente de 1969 a 1971, ainda se acreditou nessa perspectiva de mudança que, posteriormente, veio a revelar-se um logro.

---

[*] Centro de Estudos Comparatistas, Universidade de Lisboa.
[1] Este texto deve ser lido em conexão com um outro que publiquei nas Actas do Congresso Ibercom: 2013. A censura aos filmes espanhóis na governação de Marcello Caetano. In *Libro de Actas do XIII Congreso Internacional IBERCOM. Comunicación, cultura e esferas de poder*. Organização de Margarita Ledo Andión e Maria Immacolata Vassalo de Lopes. Santiago de Compostela: IBERCOM, AssIBERCOM e AGACOM, 3488-3495. Ver também Morais 2011 e 2013.

Ao longo dos anos, e já no tempo de Marcello Caetano, transparecem, nos processos de censura aos filmes, diferentes critérios de avaliação dos mesmos, que se podem compreender pelas mudanças da composição da Comissão de Censura (substituição de vogais e de presidência) e que foram objecto constante de debates nas reuniões; por outro lado, são também relevantes as mudanças ocorridas com a passagem do tempo nas relações com os exibidores e distribuidores, e na própria indústria cinematográfica.

No entanto, o estudo dos processos de censura ao cinema, nos anos do governo marcelista, revela que a actuação dos censores não divergiu muito da que estava vigente durante o regime salazarista. De facto, o círculo de recrutamento dos censores mantinha-se o mesmo. Verifica-se um aumento do número de censores ao longo do Estado Novo, situação que se torna explícita durante os anos 60, quando se verificou um aumento do número das salas de cinema e teatro, ou seja, quando se assiste a uma maior procura de entretenimento por parte da população portuguesa[2].

Uma constante ao longo de todo o Estado Novo foi a preocupação em controlar os filmes realizados por portugueses: a censura aos filmes nacionais era muito mais rigorosa do que a exercida aos filmes estrangeiros. Inclusive, vários filmes eram estreados em Lisboa e no Porto de uma maneira, e passavam depois no interior do país devidamente censurados noutras cenas, consideradas impróprias para o pouco esclarecido público do meio rural. Esta preocupação com o entendimento do que era mostrado e referido nos filmes pode explicar os poucos filmes portugueses, ibero-americanos e espanhóis censurados. De facto, a grande maioria da produção cinematográfica dos referidos países de língua portuguesa ou espanhola era simplesmente proibida. Os números falam por si: em cerca de 450 processos de censura analisados entre finais de 1968 e 1974, foram 12 os processos de filmes ibero-americanos (que é o caso específico que nos interessa), 38 o número de processos de filmes espanhóis e 7 os portugueses. Dentro dos filmes ibero-americanos sujeitos à censura, surgem: 4 mexicanos, 7 brasileiros e um hispano-argentino. Mais uma vez, o facto de haver um maior número de filmes censurados de origem brasileira confirma a preocupação em tentar controlar a mensagem visual e auditiva que passava através das imagens cinematográficas. Os filmes mais censurados foram os norte-

[2] Veja-se o artigo de Jorge Ramos do Ó (1996).

-americanos, com um total de 365 filmes – já nesta altura a indústria cinematográfica americana dominava o mercado português.

Estes dados confirmam a abertura de Portugal à Europa e ao mundo que se processou, de um modo acelerado, nos anos 60. O cinema é um meio privilegiado na divulgação dos hábitos e mentalidades além-fronteira e os censores tentaram fazer o que podiam para controlar a influência estrangeira, sobretudo a norte-americana, que consideravam ser contra os bons e velhos costumes, em suma, contra a ordem tradicional.

Sem dúvida que certos tipos de filmes ou documentários realizados noutros países jamais seriam exibidos em Portugal. Estou a referir-me, por exemplo, aos documentários ou filmes que enveredavam por uma espécie de "didactismo ideológico" de esquerda. Quando vemos um filme de propaganda – como *A Revolução de Maio* (1937), de António Lopes Ribeiro, ou o documentário com as mesmas características mas com a mensagem oposta, *¿Cómo, por qué y para qué se asesina un general?* (1971), de Santiago Álvarez[3], considerado o cinecronista oficial do regime cubano, liderado por Fidel Castro – não pensamos nele enquanto documento de uma época, mas sim como uma "visão oficial" de um determinado momento histórico, com um valor documental, sobretudo no plano da ideologia; em Portugal, jamais seria permitida a exibição de um documentário que sequer indiciasse uma ideologia contrária à preconizada pelo Estado Novo.

Quanto ao conteúdo do que era censurado, uma primeira constatação deve ser enunciada, tendo em conta os relatórios de censura analisados: parece não existir um critério uniforme e concreto que regesse a selecção do que era censurado ou não; tudo parece depender do critério pessoal de cada comissão de censura e de cada censor em particular. De facto, as normas internas do que deveria ou não ser objecto de censura surgem num documento intitulado *Directrizes para Uso da Censura Cinematográfica* e aparecem impressas em papel timbrado do SNI (Secretariado Nacional de Informação) de 1947. Estas directrizes constituem um desenvolvimento das estabelecidas no artigo n.º 133 do Decreto de 6 de Maio de 1927. No entanto, ao longo de todo o Estado Novo, o que se proíbe, censura ou permite ver permanece quase sem alterações. E parece que aquilo que é proibido e censurado corresponde ao que era considerado "óbvio" para os censores, como atentado aos bons costumes, à moral, à autoridade; este princípio pode ajudar a expli-

---

3 Veja-se o estudo de Amir Labaki sobre o cinema de Santiago Álvarez.

car os lacónicos e sucintos pareceres dados nos processos de censura a um elevado número de filmes – como sucede em muitos dos ibero-americanos. No Brasil, a partir de 1967/1968, verificou-se uma reformulação no sistema censório e apareceram cursos para dar formação cinematográfica aos censores; em Portugal tal não se verificou.

As *Directrizes para Uso da Censura Cinematográfica* (S.N.I.) são organizadas em três princípios estruturais que devem orientar a Comissão de Censura; cada um deles é depois detalhado. Os princípios são: I – Aspectos morais; II – Aspectos sociais e políticos e III – Aspectos criminais. O documento é longo, mas, por exemplo, nos aspectos "morais" é referido:

> Devem ser sujeitos a proibição: a) todos os filmes que tenham por intenção excitar ou acordar os baixos instintos do público. b) As situações licenciosas ou obscenas; as cenas de nu integral ou semi-nudez com propósitos sensuais; os bailes que contenham movimentos intencionalmente lascivos.
> Nos aspectos "sociais e políticos", destaca-se:
> Será proibida a exibição de: a) filmes com uma exagerada preocupação social ou em que se sinta qualquer tendência comunizante; b) filmes que foquem *tendenciosamente* o problema das injustiças sociais; c) filmes que explorem as lutas de classes ou as diferenças de casta [...]. (itálico meu)

Por fim, nos aspectos "criminais", lemos: "Ficam sujeitos à acção proibitiva da censura: a) os filmes que criem uma legenda, ou estabeleçam uma auréola, à volta de uma figura de criminoso, assim como quaisquer outros filmes de carácter policial que rodeiem os culpados de certo prestígio romântico". Estes princípios orientadores do que deve ou não ser permitido mostrar são aplicados nos processos de censura aos filmes ibero-americanos que analisei, que são já do período marcelista. Vejamos alguns exemplos.

O filme *Prohibido* (*Proibido*), de origem mexicana, realizado por Raúl de Anda Jr., a 5/9/1972, foi classificado "do Grupo D [maiores de 18 anos], com corte das imagens correspondentes às legendas 9 e 10 [9 – Porquê? Esta noite estarás com o teu marido... 10 – ... e eu não me zango]". A 7/9/1972, o *trailer* foi classificado "do Grupo D, com corte das imagens compreendidas entre as legendas 12 e 13 (cena da cama)".

Esta censura aos aspectos eróticos e amorosos está também presente no processo do filme *O Homem Nu*, de origem brasileira, realizado por Jece Valadão. A 7/1/1971, o comentário no relatório refere: "Inclinamo-nos para a aprovação para maiores de 17 anos, parecendo--nos indispensável somente o corte indicado a fls. 20. Contudo, o filme oferece problemas, visto que apresenta quasi permanentemente um homem nu...". A 15/1/1971, o filme foi classificado "para adultos, maiores de 17 anos, com o corte na página 20 das frases: – 'Sabe que eu estou sem mulher há muito tempo...' e '– Filho... vai ajudar ou não vai?'. Na página 13 deve desaparecer, também, a frase 'Padreco chato'".

Neste último processo pude constatar também a censura a aspectos que punham em causa a religião. O processo do filme *La Boutique*, de origem hispano-argentina, realizado por Luis García Berlanga, é um exemplo claro deste tipo de censura: a 3/3/1969, o filme foi classificado para adultos, com os seguintes cortes: "1) imagem do sacristão (cerca da legenda 629); 2) imagem da bênção (cerca da legenda 680); 3) legenda 1091 ['Que fiz uma promessa e a Virgem ouviu-me...']". Os cortes foram confirmados a 23/4/1970. No entanto, também a censura a este filme tem motivações eróticas. Pude deduzir que as legendas religiosas têm conotações eróticas; porém, é a censura ao próprio título do filme em português que me faz confirmar essas suspeitas. O primeiro título em português era *Amor à Americana*, mas este título foi riscado a caneta azul e a seguir aparece escrito: *A Boutique* – ficou este o título definitivo, confirmado num ofício de 16/10/1971.

Um caso interessante e bem revelador da mentalidade da época é o dos filmes que são permitidos para exibição apenas em certos tipos de salas de cinema, o que confirma a preocupação em mostrar certas cenas apenas a um público considerado culto e apto a compreender o que é mostrado nesses filmes específicos. Este é o caso do filme *António das Mortes*, de origem brasileira, realizado por Glauber Rocha, que foi proibido a 7/5/1971, com esta decisão confirmada a 27/5/1971, tendo sido negado provimento a um recurso apresentado, e depois de novo proibido a 17/6/1971. Porém, em resposta a uma carta apresentada pelo Animatógrafo – Produção de Filmes Ld.ª, a 5/4/1972, é referido que o filme "apenas poderá ser exibido, por decisão superior, no Estúdio do Império, de Lisboa, e no Estúdio de Passos Manuel, no Porto, com a classificação do Grupo D (maiores de 18 anos)". Esta última decisão foi confirmada a 6/5/1972 e depois, a 17/7/1972, o *trailer* do filme foi classificado "do Grupo D, só podendo ser exibido no Estúdio do Império, em Lisboa, e no Estúdio Passos Manuel, do Porto". A 6/9/1972 foi indeferido o pedido de uma carta, a "qual solicitava autorização para apresentar no Cinema Satélite o *trailer* do filme *António das Mortes*".

Já numa Acta da reunião da Comissão de Exame e Classificação de Espectáculos, de 9 de Março de 1971, é feita referência à realização de uma Semana do Cinema Brasileiro. Estas reuniões justificavam-se para discutir os casos mais difíceis para a avaliação dos censores; nelas eram debatidos em primeiro lugar os casos referentes às peças de teatro e, em seguida, os relativos ao cinema. Mais tarde, devido, sobretudo, ao aumento exponencial de peças teatrais e filmes submetidos à censura, foram criadas duas subcomissões: uma para avaliar o teatro, outra para o cinema. Sobre essa Semana do Cinema Brasileiro, o Presidente, António Caetano de Carvalho, salientou: "[A]s instruções recebidas do Governo acerca deste certame são no sentido de que a Comissão poderá ser um pouco mais aberta em relação aos filmes destinados ao mesmo Festival, até porque a autorização será dada apenas para uma sessão". No entanto, o filme *Os Cafagestes*, de Ruy Guerra, causa agitação entre os vogais. Por exemplo, o senhor Dr. Alberto Monteiro classificou as imagens do filme como constituindo "pornografia pura e da pior, não aderindo por isso de forma alguma à sua apresentação, quer para sessões privadas, como as da Semana do Cinema Brasileiro, quer para sessões públicas". O Reverendo Padre Teodoro, por sua vez, manifestou a opinião de que o problema pode ser resolvido, embora reconhecendo que é contraproducente a aprovação destas imagens, pela possibilidade que deixa no futuro de este facto ser invocado pelas empresas para a defesa de outros filmes. Considera que, se a cena é mesmo essencial para a compreensão da história, bastaria deixar um apontamento para se concluir que a rapariga foi vítima de uma partida dos dois rapazes para ficar nua na praia. Com esse corte substancial não o repugnaria a aprovação, se bem que lhe pareça importante alertar para o facto de esta modalidade das semanas do cinema brasileiro, francês, etc., estar a ser uma maneira de introduzir em território nacional filmes que, de outro modo, não seriam permitidos ou sequer chegariam aqui. Entende ser indispensável dedicar muita atenção a este ponto, que denominou como "o cavalo de Tróia" do cinema, não o surpreendendo que, a par dos casos já conhecidos, apareçam, no futuro, as semanas do cinema dinamarquês e sueco (cf. ANTT: Fundo do SNI – *Actas das sessões da Comissão de Censura 1968-1971*/DGSE Livro 29).

Numa outra Acta da reunião da Comissão de Exame e Classificação de Espectáculos, realizada pouco tempo depois, a 23 de Março de 1971, volta a ser debatida a Semana do Cinema Brasileiro. Sobre ela comentou o Presidente António Caetano de Carvalho que este evento foi anunciado previamente na Imprensa, sem conhecimento das autoridades portuguesas e por iniciativa da própria Embaixada. Acrescentou o Presidente que a embaixada brasileira teve, no início, a ambição de apresentar catorze filmes produzidos no seu país, o que em determinado momento criou algumas dificuldades, inclusivamente à Comissão, pois que, enquanto alguns desses filmes não chegaram a entrar em Portugal, outros, segundo a sua opinião, não ofereciam a menor possibilidade de exibição. Assim se chegou à situação em que, se a Comissão reprovasse mais algum dos filmes submetidos a Exame, não haveria filmes para preencher o programa da referida Semana, com consequências desagradáveis, uma vez que, estando os bilhetes já vendidos, haveria que devolver o seu valor aos compradores. Perante esta dificuldade, o Presidente refere que teve de, à última hora, examinar, com o grupo de censores que na altura estava a trabalhar, dois filmes destinados ao festival, bem como deslocar-se à sala da reunião para saber o que se passava em relação ao filme *Fome de Amor*, de Nelson Pereira dos Santos, devido aos problemas que o mesmo suscitava. Termina a referência à Semana do Cinema Brasileiro referindo que, tendo em conta que se tratava de uma promoção da representação do Governo brasileiro em Lisboa e atendendo a que os filmes se destinavam a ser exibidos numa única sessão e, também, ao facto de que os mais problemáticos seriam exibidos no Estúdio (para um número muito mais reduzido de espectadores), foi decidido que, para aqueles filmes, poderia ser usado um critério mais aberto do que o seguido para o circuito comercial normal. Salientou, por fim, que ele mesmo tinha tido consciência de que em relação a dois ou três daqueles filmes a abertura foi tal que chegou mesmo a exceder a bitola que em princípio tinha sido adoptada para a Semana do Cinema Brasileiro (cf. ANTT: Fundo do SNI – *Actas das sessões da Comissão de Censura 1968-1971*/DGSE Livro 29).

Assim, pude concluir que, nos doze processos de filmes ibero-americanos, os temas mais recorrentemente censurados são o amor erótico (quatro processos) e o corpo nu (cinco processos). A censura a aspectos morais e éticos, que poriam em causa os valores defendidos pelo regime, está presente de forma explícita em dois processos – sendo que a censura a estes aspectos está relacionada intimamente com os outros dois temas anteriores. Referências a aspectos políticos e apelos a uma revolução de conotações comunistas foram censurados apenas em dois processos, bem como a censura a aspectos relacionados com a religião. Verifica-se num processo a censura às imagens de um transplante cirúrgico e num outro a legendas que ridicularizam figuras de autoridade (polícias a fugir de bandidos).

Na investigação que estou a desenvolver sobre a censura ao amor e à violência no cinema no final das ditaduras portuguesa e espanhola, posso confirmar que, por mais curioso que possa parecer, a censura aos temas amorosos é muito mais recorrente que a censura à violência, mesmo pensando em temas como a guerra, ou que envolvam política e crimes. Até nos filmes de terror chegam a ser censuradas imagens de corpos nus ou cenas de cama, em vez de cenas que mostram violência explícita. É raro encontrar processos de censura como o do filme *Rosas blancas para mi hermana negra* (*Rosas Brancas para minha Irmã Negra*), de origem mexicana, realizado por Abel Salazar: o filme foi aprovado, a 5/5/1971, "para maiores de 12 anos, com o corte das últimas cinco imagens em que se vê o coração na operação de transplantação. *Trailer* para maiores de 12 anos".

De facto, conclui-se que a Comissão de Censura, vigente ao longo do Estado Novo, constituía um instrumento de controlo político e moral, e pretendia manter o público controlado através do que via e ouvia. Parafraseando Salazar, no seu discurso de inauguração do Secretariado da Propaganda Nacional, a 26 de Outubro de 1933: "[P]oliticamente só existe o que o público sabe que existe" (Salazar 1944, 57).

OBRAS CITADAS

Arquivo Nacional da Torre do Tombo. Fundo do SNI – *Processos da Direcção Geral dos Serviços dos Espectáculos. Processos de Censura: 1968-1974.*

Arquivo Nacional da Torre do Tombo. Fundo do SNI – *Actas das sessões da Comissão de Censura 1968-1971*/DGSE Livro 29.

Labaki, Amir. [S.d.]. *O Olho da Revolução. O Cinema-urgente de Santiago Álvarez.* São Paulo: Editora Iluminuras.

Morais, Ana Bela. 2011. A censura ao corpo nos primeiros anos de governo de Marcello Caetano. In *Avanca / Cinema*. Avanca: Edições Cine-Clube de Avanca, 27-32.

—. 2013. La censura cinematográfica en España y en Portugal: una primera aproximación. In *Escrituras silenciadas. El paisaje como historiografía*. Alcalá de Henares: Universidad de Alcalá Servicio de Publicaciones, 61-66.

Ó, Jorge Ramos do. 1996. Censura. In *Dicionário de História do Estado Novo*, vol. 1 – A-L. Edição de Fernando Rosas e J. M. Brandão de Brito. Lisboa: Círculo de Leitores, 139-141.

Salazar, Oliveira. 1944. *Discursos e notas políticas (1938-1943)*, vol. III. Coimbra: Coimbra Editora.

Secretariado Nacional de Informação. [S.d.]. *Directrizes para Uso da Censura Cinematográfica*. Consultado em Fundo MFR Pasta 009 (organismo detentor: Cinemateca Portuguesa).

VALPARAÍSO Y LISBOA EN EL CINE: ENFOQUES LOCALES, VISIONES FORÁNEAS

Silvia Donoso Hiriart[*]

En *La ciudad en la literatura y el cine. Aspectos de la representación de la ciudad en la producción literaria y cinematográfica en español*, los autores Torres-Pou y Juan-Navarro recuerdan las palabras del antropólogo argentino García Canclini, según las cuales las ciudades han tenido siempre una doble fundación: la geográfica y la que realizamos al recrearlas en nuestras mentes (2009, 7). A partir de esta idea, inmediatamente pienso en la situación de dos ciudades particulares que han sido varias veces recreadas en la imaginación de quienes las habitan y de quienes nunca las han visitado: Valparaíso y Lisboa. Esto sucede especialmente a través del cine.

Valparaíso no vivió un proceso de fundación. Lisboa posee tal antigüedad que no es posible determinar claramente su nacimiento. Por estas razones, ambas ciudades adquirieron paulatinamente un carácter marcado por un toque de improvisación. Como resultado, hoy en día nos hallamos ante dos ciudades sorprendentes en las que el caminante descubre perspectivas súbitas de diversos puntos de la bahía, del río y de los cerros o lomas de la ciudad, o se encuentra repentinamente inmerso en callejones laberínticos y curvilíneos. En Lisboa, lo vetusto de la ciudad y la cantidad de culturas que han coexistido en ella por siglos la han hecho un lugar en donde las callejuelas, los "becos" de sus barrios más pretéritos y populares, emanan una identidad imperecedera.

Los rasgos descritos de ambos puertos, uno del Pacífico y otro del Atlántico, atraen a realizadores cinematográficos ávidos de singularidades que enriquezcan el contenido y la estética de sus filmes. Estos filmes acaban por dar cuenta de dos ciudades que poseen improntas impares y, finalmente, por exhibirlas al mundo. Detengámonos brevemente en ellas.

---

[*] Centro de Estudos Comparatistas, Universidade de Lisboa.

Valparaíso es un característico puerto de Chile. Hasta la apertura del Canal de Panamá en 1914, fue la antigua puerta de entrada al Océano Pacífico para los barcos que venían desde el Atlántico. Al borde de este Atlántico se ubica Lisboa, capital de Portugal, una de las ciudades más antiguas del mundo. Ambas de alguna forma resultan parecidas. Valparaíso es una bahía y Lisboa se halla en la desembocadura de un río. La influencia del océano en los vientos y luces de ellas es poderosa. Ambas ofrecen perspectivas panorámicas de sus geografías; asimismo, ambas poseen particulares medios de transporte mantenidos en el tiempo. Y la gente puebla estos puertos con modos de vida únicos. Son puertos de barrios populares colmados de tradición. La posmodernidad no parece haberlos empapado. Todavía resguardan retazos del pasado. Lisboa aún más que Valparaíso, cuyo centro histórico fue declarado Patrimonio de la Humanidad por la Unesco en 2003 pero que, a pesar de ello, se encuentra sumamente descuidado y atacado por la negligencia de las autoridades y por un concepto burdo de crecimiento. En Lisboa, las atracciones de Belém también fueron declaradas Patrimonio de la Humanidad en 1983.

Martínez Expósito reflexiona sobre la idea de la ciudad:

> Hablamos [...] de pueblos con encanto o ciudades con personalidad, y no dudamos en criticar actuaciones urbanísticas que a nuestro parecer van contra ese carácter más o menos perenne que atribuimos a ciertos lugares. Sí, un carácter perenne que resiste el paso del tiempo y que precisamente por ello se ofrece como la mejor definición de la identidad del lugar por encima de modas y estilos. (2009, 100)

Ese referido carácter más o menos perenne ha mantenido por décadas y siglos en este par de puertos aquella impronta de las "ciudades con personalidad". Pero ambos padecen hoy señales irrefutables de decadencia. Aunque en Lisboa no se echa abajo un icono de la tradición arquitectónica del grosero modo en se hace en Valparaíso, ni se descuidan los tranvías ni los elevadores como sucede en el puerto chileno, la ciudad está asolada por inusitados recortes financieros que la dotan de un encanto frágilmente indemne. Frágil, porque numerosas construcciones se hallan abandonadas. Muchas de de ellas parecen estar esperando un inminente colapso. Pero aun así "Lx" embelesa.

A la capital portuguesa siguen llegando realizadores para constituirla en locación, como acaba de suceder, por ejemplo, con Bille August en *Night Train to Lisbon*. Ejemplos representativos de Lisboa en el cine son: *Dans la ville blanche* (1983) y *Requiem* (1998) de Alain Tanner, y *Sostiene Pereira* (1995) de Roberto Faenza, entre muchos otros. Además, Wim Wenders ya había realizado una película en tierras lusas: *Der Stand der Dinge* (1982), antes del filme que analizaré, *Lisbon Story* (1994).

Valparaíso, por su parte, luego de la dictadura militar chilena no ha vuelto a motivar a buenos cineastas para ir a homenajearla con documentales como el de Joris Ivens ...*A Valparaíso* de 1964, ni ha vuelto a ser el escenario fijo del trabajo de un cineasta, como sucedió con Aldo Francia en los años setentas. El "puerto principal" sí ha sido escenario de filmes chilenos, como por ejemplo *B-Happy* (2003) de Gonzalo Justiniano o *Padre nuestro* (2006) de Rodrigo Sepúlveda, pero sin duda no ha vuelto a encontrarse en una situación de "ciudad-musa". El gran cineasta del puerto de Valparaíso fue, sin duda, Aldo Francia, cuyo último filme, *Ya no basta con rezar*, también se rodó allí en 1972.

Recordemos, entonces, el primer largometraje de este sudamericano, en cuyo título ya vemos un homenaje al puerto principal: *Valparaíso mi amor* (1969). El tono general que presenta este filme evoca rápidamente al Neorrealismo italiano, especialmente por la relación con la calle que posee. Los suburbios del puerto cobran un notorio protagonismo en el devenir de la historia. Su importancia trasciende el mero hecho de mostrarlos porque a Francia le interesa incluir en ellos a actores no profesionales extraídos de esos mismos lugares y con sus propios roles, lo cual no era extraño durante el periodo de la Unidad Popular en el cine chileno. Por ejemplo, Raúl Ruiz hará lo mismo en *Palomita blanca* del año 1973.

Valparaíso mi amor es un nombre bastante amable para un filme que muestra descarnadamente la imposibilidad de un destino digno para los niños marginales del país latinoamericano. Aprovechando las andanzas por las calles del puerto de cuatro hermanos en busca de diferentes formas de llevar un aporte a la casa, Francia saca partido a las bellas imágenes que ofrece este lugar y, a partir de una cotidianidad de pobreza, muestra las tradiciones de Valparaíso asentadas en los cerros. Entre ellas, las de elevar volantines o lanzarse cerro abajo en un carrito artesanal. La historia de los niños y su miseria es fundamental, pero esto no impide que el filme saque provecho del puerto, exprimiendo sus rincones y encantos con fines fílmicos.

La crítica social es transversal a las películas de la Unidad Popular, por lo que no está ausente en *Valparaíso mi amor*. Porque, claro, no se trata de un mero registro de la miseria urbana y de los fascinantes secretos que guardan sus cerros; sino de un filme que se interioriza en el rostro crudo del puerto. Francia hace un reclamo social manifiesto y de destinatario identificable: la burguesía. El cineasta chileno recurrirá a ejemplos para visibilizar la pobreza y su irreversibilidad, así como el total desinterés social en los marginados. De este modo, éstos últimos deben encontrar por sí mismos cualquier medio, honesto o deshonesto, de sobrevivir. En la película no demorará en aparecer el asistencialismo en la casa miserable de la mujer que se ha hecho cargo de los hijos de un prisionero, la cual está embarazada. Así mismo, el peor rostro del periodismo, del sensacionalismo, aparece encarnado en dos profesionales afanosos de obtener sórdidas informaciones sobre la vida de esta familia y sus condiciones deplorables. La dueña de casa parece ser ingenua y no percibir cómo estos periodistas quieren obtener una perspectiva lo más ajustada posible al morbo a partir del hecho de cómo ella se arregla la vida sin el padre sostenedor. El asistencialismo, por su parte, será ejemplificado en la figura de una señora de tono de voz y vestimenta claramente asociadas a la clase alta chilena, quien llega a interrogar a la pobladora, María, con el fin de, supuestamente, ofrecerle apoyo como representante de alguna institución de caridad. En esta escena vemos de modo evidente la verticalidad que establece la elegante señora con la mujer pobre, y cómo se desliza en ella un tenue pero incontestable menosprecio por María y todo lo que compone su casa.

En *Valparaíso mi amor* seremos testigos de cómo en el camino de sobrevivencia de esta familia, las bellas —a pesar de la miseria— imágenes de los niños descendiendo desde los cerros hacia el mercado, irán trocándose paulatinamente por escenarios degradantes, hasta que la situación familiar se convertirá en tragedia. El mensaje del filme será: la miseria engendra, inexorablemente, más miseria. Y el encanto de Valparaíso no puede contrarrestar ese imperativo.

Carlos Ossa Coo dirá sobre el primer largometraje de Aldo Francia que éste alcanza "notoria dignidad en la puesta de imágenes" (1971, 90). Es posible afirmar que el amor de este realizador por Valparaíso es justamente la motivación que le impide caer en una crítica social lacrimógena. La dignidad tanto de aquellas esferas sociales más ocultas como de la vida del puerto será un imperativo para él. Lo morboso está lejos de esta película ya que resultaría una tacha. Precisamente la escena de los periodistas da cuenta de la necesidad de distanciarse del "lloriqueo" y la morbosidad al encomendarnos a la crítica social.

Según Virginia Ruisánchez,

> la principal función de la ciudad en el cine es proporcionar un escenario donde ubicar el drama humano, el drama social engendrado dentro o fuera de ella. Ese drama se alimenta a través de una serie de características como son el anonimato, el aislamiento y la vulnerabilidad. (2007, 75)

Las palabras de esta autora resuenan al apuntar al neorrealismo italiano, a filmes como *Roma, città aperta* (1945) o *Germania anno zero* (1948) de Roberto Rossellini, o *Ladri di biciclette* (1948) de Vittorio de Sica. El anonimato, el aislamiento y la vulnerabilidad son fuertes rasgos de los personajes que componen estas películas. Los dos primeros son reforzados en medio de la ciudad y el gentío, por donde los personajes pasan emanando una existencia anodina. Son sujetos vulnerables en su supervivencia, en su pugna diaria. La angustia los lleva a extremos como el robo o el suicidio.

Gran eco hacen en *Valparaíso mi amor* las condiciones descritas y estas radicales medidas tomadas por aquellos personajes, pues los integrantes que componen la familia protagónica del filme chileno serán conducidos por la precariedad a un abismo succionador. Nos encontramos ante figuras tal vez clichés como el adolescente involucrado en drogas, la muchacha volcada a la prostitución y el niño muerto de una enfermedad por la falta de acceso a tratamientos adecuados. Sin embargo, esto resultará así tan cliché para quien no lo vea más que como parte de una ficción realista. Francia será prolijo en su trabajo, guiado por el propósito de no caer, ya sabemos, en la lágrima fácil y efímera. Al realizador le interesará que sus filmes generen efectos con consecuencias en la realidad concreta. En su ensayo "Cine y revolución" planteará lo siguiente: "Hacer cine para activar a personas ya activadas tiene mucho de masturbación estéril. Es ridículo convencer a los convencidos de lo mismo. Es buscar aplausos con el único fin de ver lisonjeada la vanidad personal" (1973). Francia no está para fortalecer los conceptos de quienes comparten su ideología. Por todas estas razones es que él huye de lo melodramático y también de lo panfletario, sin dejar de refregarle en la cara a la sociedad toda la crudeza de la marginalidad, aunque haciéndolo aparezcan hechos tan manidos como la drogadicción, el narcotráfico y la prostitución, temas inevitablemente convertidos en clichés pero con asiento en la realidad.

Pero en los filmes neorrealistas, ¿se aprecia un amor por la ciudad? Me parece que no. Roma o Berlín no son tratadas por Rossellini con ese toque de ternura evidentemente apreciable tanto en el filme que revisamos de Francia como en el que realizará después. Canciones típicas del puerto compondrán las bandas sonoras de ambos y, en ellos, habrá secuencias que conforman catálisis absolutas en donde lo único que interesa es el devenir de la vida cotidiana en los rincones y panorámicas de Valparaíso. Lo que tiene de neorrealista este filme de 1969 es lo ya descrito: la cruda condición del sujeto marginado dentro de la ciudad, su aislamiento entre las multitudes y su imposibilidad de un destino digno, así como también el olvido del que es víctima por parte de la fracción social acomodada. El manifiesto cariño por la ciudad es el gran punto en el que *Valparaíso mi amor* difiere de una película neorrealista. Esta dulzura, sabemos, va decayendo más y más a lo largo de la cinta, probablemente con la intención de afirmar enfáticamente dos cosas: que la ciudad y sus encantos nada pueden restar a las injusticias de la sociedad que la habita y, que la ternura de la infancia se esfuma velozmente cuando la inocencia de esta etapa cede a la urgencia de subsistir.

Al pensar en Valparaíso y el cine, además de la figura fundamental de Aldo Francia, imprescindible resultará la mirada foránea del afamado documentalista Joris Ivens. Según cuenta Claude Brunel, en 1962 Ivens fue invitado por iniciativa de Salvador Allende, a quien había conocido en Cuba, a enseñar cine documental al departamento de cine experimental de la Universidad de Santiago de Chile (1999, 206). Entonces filmó *...A Valparaíso* con esos alumnos (Brunel 1999, 206). En el manejo de cámara participó Patricio Guzmán y los textos fueron de autoría de Chris Marker. Este breve documental, sin duda, se erige como homenaje al puerto chileno que cautivó a Ivens. Sobre el puerto y el documental Ivens afirma en uno de los escritos que se encuentran en la Filmoteca Española lo siguiente:

> He querido enseñar la difícil situación de América Latina con el ejemplo de este gran puerto, hoy desposeído de lo que fue su antigua prosperidad de puerta de entrada del Océano Pacífico. [...] La ciudad fue construida sobre numerosas colinas y lo que me fascina de ella son esas perpetuas subidas y bajadas con sus innumerables escaleras y funiculares. (AA.VV. [s.d.], s.p.)

A pesar de homenajear los encantos de Valparaíso en este filme, la conciencia política del documentalista no demorará en asomarse. Así lo afirma también Rosalind Delmar: "El comentario evocativo de Marker y el imaginario de Ivens se combinan en un filme que juega con la fantasía poética, pero sus posturas políticas están siempre presentes y disponibles" (1979, 88; mi traducción)[1]. El rasgo de subdesarrollo que más llamará la atención de Ivens en este puerto de Chile será la desigualdad social marcada por, en una curiosa suerte de metáfora invertida, un arriba y un abajo: arriba, los pobres; abajo, los demás. Pero los pobres descienden hacia el centro, donde se reúnen los porteños de todo nivel social. El centro, el plan[2], es este confluyente punto urbano en que el puerto y el mar ejercen una fuerza centrípeta de atracción de todos los ciudadanos. Esta confluencia también será exhibida por Francia en su filme de 1969, a partir del descenso de los personajes por los cerros; pero en ese caso será a pie. Los funiculares sólo aparecerán de un modo accesorio o pintoresco, no como en el documental de Ivens.

En relación a estos dos puntos conectados a través de los ascensores en ...*A Valparaíso*, Brunel indica que en este documental "las imágenes, todas impregnadas por el sol, luz y sombras de Valparaíso, la dignidad de los habitantes de los cerros, están organizadas por el subir y bajar las escaleras y los funiculares entre 'dos mundos'" (1999, 206)[3]. Llama mi atención la alusión a la dignidad de los habitantes, porque Ivens en un realizador de manifiesta conciencia social, por lo tanto, no le habría resultado correcto éticamente realizar un filme donde sólo resaltase una visión pintoresca de un puerto sudamericano, un lugar de habitantes con vidas y problemas. Cuando vemos sujetos subiendo esas interminables escaleras notamos su cansancio. Cuando se muestra el puerto no sólo se nos sitúa frente a una panorámica general de la bahía y la belleza de los barcos, o sólo frente a las simpáticas particularidades de la ciudad; también se nos enfoca la ardua actividad portuaria. Pero, con todo, el filme resultará finalmente un homenaje poético, en que el realizador holandés llevará a cabo una "penetración en que se deja llevar

---

[1] "Marker's evocative commentary and Ivens's imagery combine in a film which plays with poetic fantasy but whose politics are always present and available."
[2] "El plan" de Valparaíso, como "a baixa" de Lisboa.
[3] "The images, all impregnated by the sun, light, and shadows of Valparaiso, the dignity of the inhabitants of the hills, are organized by the climbing up and down the stairs and the funiculars between 'two worlds.'"

por el complejo urbano y la realidad social"[4] (Brunel 1999, 21). Lo que importa es que a pesar de ser un "poema fílmico" o un "filme poético" (Bakker 1999, 42 y 40), a Ivens le interesa sobremanera alejarse de la construcción un documental "postal" que pudiese constituirse en propaganda turística.

Es así como tanto al realizador chileno como al documentalista holandés les toca Valparaíso en cuanto ciudad viva, puerto sudamericano, subdesarrollado. El cariño que este lugar les despierta justamente los llama a llevar a cabo filmes respetuosos con una visión cabal sobre él. Pero claramente, más allá de que uno es un filme de ficción y el otro un documental, se verifica una diferencia entre ambos en el tratamiento del puerto. Francia observa una realidad que conoce desde su condición de ciudadano antes que de cineasta. En *Valparaíso mi amor* podemos afirmar que sucede lo contrario que en el caso de Ivens: es un filme fuertemente social y realista en donde la poesía no deja de estar presente pues ello es inevitable ante el panorama pintoresco del puerto chileno. En ...*A Valparaíso* la poesía no es impedimento para la elaboración de un retrato de la pobreza de la ciudad en cuanto figura representativa del contexto latinoamericano. Al ver este filme, el espectador sentirá más encanto que consternación, porque la mirada de este documentalista es foránea, aunque es aguda y está atravesada primeramente por la fascinación. Al acabar *Valparaíso mi amor*, las bellas imágenes ya descritas acabarán por palidecer en la mente del espectador, quien difícilmente quedará impasible ante la dosis de crudeza social que ha tenido que ver. Esa es la intención de Francia, sin obviar en el transcurso de su película el encanto del puerto que en su trabajo encuentra un contenido emocional.

En el caso de Lisboa, atendemos brevemente el filme *Singularidades de uma Rapariga Loura* (2009) del portugués Manoel de Oliveira, basado en el cuento homónimo de Eça de Queiroz, con el fin de contrastar este tratamiento de la capital portuguesa con el que lleva a cabo Wim Wenders en *Lisbon Story* (1994). La cinta de Oliveira situará su historia en una ciudad que podría haberse representado en otra parte. Sin embargo, los detalles que la configuran no le serán indiferentes al cineasta de Oporto: vemos las ventanas, los balcones en constantes planos y contraplanos; las veredas de la ciudad con sus piedrecitas enfocadas en diversos picados; las construcciones con azulejos; las campanas; las típicas panorámicas de la ciudad vistas desde un popular mirador;

---

4 "[T]he drifting penetration of a complex urban and social reality."

etc. Pero todo esto no se podrá considerar en ningún caso una suerte de homenaje, aunque sí, quizás, haya un tratamiento cariñoso. Poemas de Pessoa, respetos para Eça de Queiroz y la repetición más o menos constante de aquellas vistas panorámicas de la ciudad, así lo confirmarán. La escena final del filme, en plena Praça da Figueira, mostrará a los personajes en medio de la actividad urbana. La plaza sólo será escenario y aquí, sí se podrá constatar que, en definitiva, en este filme Lisboa está al servicio de una historia. No se puede decir que al realizador activo más anciano del mundo no le interese la ciudad como concepto. Basta recordar el documental que realizó sobre su ciudad natal: *Porto da minha Infância* (2001), en donde ya desde el título se aprecia el interés por resaltar el encanto de una ciudad. Sin embargo, el abordaje que hace de Lisboa en su filme de 2009 difiere totalmente del que realiza allí. En el caso de esta película basada en el cuento de Eça de Queiroz hay una mirada de la capital portuguesa como lugar donde se vive una vida normal y cotidiana, pero al mismo tiempo está la visión del turista, reflejada en aquella frecuencia con que se presenta la panorámica de la ciudad desde un conocido mirador. Este mirador aparece cinco veces en el filme y, a diferencia de los azulejos, los balcones y ventanas, no está al servicio de los acontecimientos. Este importante detalle manifiesta una visión simplemente admirativa de Lisboa. Pero ello, insisto, no se aproxima a un homenaje; menos aún teniendo presente el antecedente de *Porto da minha infância*.

En el caso de *Lisbon Story*, Wim Wenders fue llamado para realizar un documental sobre Lisboa ya que esta había sido elegida Capital Cultural Europea en aquel 1994. El cineasta alemán opinó que la mejor manera de fijar las imágenes documentales de la ciudad era integrándolas en una pequeña historia (Marzábal 1998, 330). El filme trata de un desorientado alemán que llega a Lisboa buscando a un amigo que lo ha llamado para trabajar juntos en cine. Al no localizarlo, el forastero se encuentra con filmaciones mudas de su colega sobre la ciudad y decide ir a buscarles el sonido a lo largo y ancho de las lomas lisboetas. En este caso sí hay una historia al servicio de Lisboa. El verdadero documental estará en aquellas filmaciones silenciosas del amigo desaparecido que tienen un toque de filme antiguo; una idea que Wenders quiere recuperar.

Me interesa la pregunta acerca del porqué a Wenders le interesó trabajar el documental dentro de la ficción. Hay un interés en él por sumarle credibilidad a la visión sobre Lisboa a través de la estética documental. En su estudio acerca del cineasta alemán, Marzábal cita unas palabras de éste en relación a ello: "He aprendido que cada imagen no posee verosimilitud sino en relación a un personaje en el interior de la historia" (1998, 262). Siguiendo estas palabras, notamos inmediatamente la intención de humanizar el enfoque sobre la ciudad. Las imágenes documentales mudas a las que asistimos en el filme, se ven junto a este personaje y lo acompañamos en la búsqueda de esos sonidos complementarios. Hay un proceso de ver y oír Lisboa en su cotidianidad, de "recrearla" como señala García Canclini (*apud* Torres-Pou y Navarro 2009, 10); y esto sucede a través de los ojos y oídos del alemán que la captan desde la novedad. Probablemente este seguimiento del proceso no podría ser plenamente conseguido a través de un documental ya finalizado, según deja entender Wenders. Su opción es que el espectador construya una idea de Lisboa vista por primera vez o con sorpresa, en conjunto con el personaje de Vogler.

Marzábal observa que en el cine de Wenders generamente hay "una vuelta a la infancia misma del lenguaje cinematográfico, a la espontaneidad y a la evidencia descriptiva del cine primitivo" (1998, 36). Hay varios guiños del filme que apelan a lo antiguo, a una necesidad de "recuperar". Por ejemplo, la notable escena en donde Manoel de Oliveira reflexiona sobre el cine y la memoria y sale de ella es una despedida alusiva al cine clásico. Sabemos que las tomas documentales del amigo están igualmente tocadas por ese soplo de cine primario.

El homenaje a Lisboa es absoluto. A través de esta idea de la ciudad que se va construyendo a lo largo del filme, de una ciudad en constante actividad (incluso robos), de una ciudad que ofrece momentos alegres y angustiosos al nuevo residente, es que accedemos a un homenaje verdadero que huye de la imagen postal y del estereotipo de lo pintoresco. Aunque hay alusiones permanentes a los símbolos distintivos de la ciudad como la casa donde llega el extranjero ubicada en Alfama, la banda sonora de Madredeus, el protagonista enamorado de una Teresa Salgueiro que se representa a sí misma, las dos apariciones de Pessoa y, el personaje leyendo un libro suyo; se concibe la idea de la capital portuguesa respetando su verdadera idiosincrasia de puerto antiguo. Hay una mirada exenta de idealizaciones volátiles.

Varios detalles más configurarán el carácter de homenaje en *Lisbon Story*. La ternura del personaje principal se condice con la ternura que despierta en Wenders la ciudad. La escena final —en que además el realizador alemán terminará de desplegar sus reflexiones sobre el cine— muestra una confusión con el tranvía en Alfama, bloqueado por el par de amigos que filman apasionadamente y en caóticas condiciones, mientras aparece un Pessoa atónito ante este desorden. El tranvía y Pessoa en las callecitas de Alfama, resultan un modo perfecto de acabar un filme que acaricia con afecto la noción de Lisboa.

VALPARAÍSO Y LISBOA EN EL CINE

La capital portuguesa sigue siendo fuente inagotable de inspiración para cineastas; no ocurre lo mismo con el puerto chileno. Un antes y un después marca la dictadura militar en el cine chileno. Sin embargo, se ha reanudado la realización de filmes con temáticas político-sociales que prácticamente no han tenido como locación Valparaíso. Francia constituyó la ciudad dentro del escenario de este "neorrealismo chileno" en el contexto del cine militante del "Tercer Cine Latinoamericano", donde primaba una "urgencia de trabajar visualmente sobre la realidad con una mentalidad revolucionaria" (Gil Olivo 1992, 122). El realizador habló explícitamente de ello en su artículo "Cine y revolución". Volver a este puerto desde esa mirada fílmica resultaría arriesgado ante el legado "Francia".

Lo que no se explica es la ausencia de mentes creativas al rescate de la idiosincrasia del puerto de Valparaíso, más allá de las circunstancias políticas. La identidad que toma vida en *Lisbon Story* está relacionada con la esencia de la ciudad, no con sus circunstancias ni acaecimientos. No es preciso hablar del 25 de abril de 1974, por ejemplo, en este filme. Maria de Medeiros mostrará Lisboa desde ese enfoque en *Capitães de Abril* (2000). La aparición de los elementos que configuran la cotidianidad de Valparaíso en los filmes de Francia es abundante. Ivens entendió que la ciudad ofrece exquisitas particularidades. Se necesitaría un filme del mismo tipo reivindicativo para Valparaíso: un filme de ficción con una historia simple que reconcilie a los propios ciudadanos con su anfiteatro natural y que sea capaz de mostrar una faceta ni miserable ni terrible del puerto, aquella de las rotiserías, los bares tradicionales, las charlas en los elevadores (en el documental de Ivens no oímos la voz de los porteños). Pero se necesitaría todo esto no para acabar despintando el encanto, como sucede con *Valparaíso mi amor*, sino para cerrar, por ejemplo, con una escena a la manera de Pessoa en Alfama: un Neruda en las calles de Valparaíso. Se necesitaría, en definitiva, una *Valparaíso Story*.

OBRAS CITADAS

AA.VV. [S.d.]. *Joris Ivens. Homenaje*. Madrid: Filmoteca Española/Ministerio de Cultura.

BAKKER, Kees. 1999. A Ways of Seeing: Joris Ivens's Documentary Century. In *Joris Ivens and the Documentary Context*. Ed. Kees Bakker. Ámsterdam: Amsterdam University Press, 25-45.

BRUNEL, Claude. 1999. Music and Soundtrack in Joris Ivens's Films. In *Joris Ivens and the Documentary Context*. Ed. Kees Bakker. Ámsterdam: Amsterdam University Press, 195-209.

DELMAR, Rosalind. 1979. *Joris Ivens: 50 Years of Film-Making*. Londres: Educational Advisory Service/British Film Institute.

FRANCIA, Aldo. 1973. Cine y revolución. *Revista Primer Plano* 5, www.cinechile.cl. (consultado el 20 de enero de 2013).

GIL OLIVO, Ramón. 1992. El nuevo cine latinoamericano (1955-1973): Fuentes para un lenguaje. *Revista Comunicación y Sociedad* 16 -17: 105-126.

MARTÍNEZ EXPÓSITO, Alfredo. 2009. De la promoción turística a la conciencia de marca: La marca-ciudad en el cine español. In *La ciudad en la literatura y el cine. Aspectos de la representación de la ciudad en la producción literaria y cinematográfica en español*. Ed. Joan Torres-Pou y Santiago Juan-Navarro. Florida: Florida International University, Department of Modern Languages, 81-96.

MARZÁBAL, Iñigo. 1998. *Wim Wenders*. Madrid: Cátedra.

OSSA COO, Carlos. 1971. *Historia del cine chileno*. Santiago de Chile: Quimantú Limitada.

RUISÁNCHEZ, Virginia. 2007. La configuración de la ciudad en el cine contemporáneo: una observación. In *Arte, arquitectura y sociedad digital*. Ed. Lourdes Cirlot Valenzuela *et al*. Barcelona: Publicacions i Edicions de la Universitat de Barcelona, 75-88.

TORRES-POU, Joan y Santiago JUAN-NAVARRO, eds. 2009. *La ciudad en la literatura y el cine. Aspectos de la representación de la ciudad en la producción literaria y cinematográfica en español*. Florida: Florida International University, Department of Modern Languages.

FILMOGRAFÍA

...*A Valparaíso*, realización de Joris Ivens (Argos Films/Cine Experimental de la Universidad de Chile, 1964).

B-Happy, realización de Gonzalo Justiniano (Sahara Films, 2003).

Capitães de Abril, realización de Maria de Medeiros (Mutante Filmes/Filmart/Alia Films/Arte France Cinéma/France 2 Cinéma/Rádio e Televisão de Portugal [RTP]/FBM Films/S. F.P. Cinéma, 2000).

Dans la ville blanche, realización de Alain Tanner (Channel Four Films/Filmograph S.A./Metro Filmes/Télévision Suisse-Romande [TSR]/Westdeutscher Rundfunk [WDR], 1983).

Germania anno zero, realización de Roberto Rossellini (Union Génerale Cinématographique, 1948).

Ladri di biciclette, realización de Vittorio de Sica (Produzione de Sica, 1948).

Lisbon Story, realización de Wim Wenders (Madragoa Filmes/Road Movies Filmproduktion, 1994).

Night Train to Lisbon, realización de Bille August (Studio Hamburg Filmproduktion/C-Films AG/Cinemate/K5 International/TMG, 2013).

Padre nuestro, realización de Rodrigo Sepúlveda (Zoo Films/TVN, 2006).

Palomita blanca, realización de Raúl Ruiz (Chile Films/Prochitel, 1973).

Porto da minha Infância, realización de Manoel de Oliveira (Madragoa Filmes/Rádio e Televisão de Portugal (RTP)/Instituto do Cinema, Audiovisual e Multimédia/Centre National de la Cinématographie, 2001).

Requiem, realización de Alain Tanner (CAB Productions/Centre National de la Cinématographie [CNC]/Filmograph S.A./Gémini Films, 1998).

Roma, città aperta, realización de Roberto Rossellini (Excelsa Films, 1945).

Singularidades de uma Rapariga Loura, realización de Manoel de Oliveira (Filmes do Tejo/Les Films de l'Après-Midi/Eddie Saeta S.A, 2009).

Sostiene Pereira, realización de Roberto Faenza (Jean Vigo Intenational/K.G. Productions/Fábrica de Imagens – Instituto Português da Arte Cinematográfica e Audivisual, 1995).

Valparaíso mi amor, realización de Aldo Francia (Erica Wels de Francia, 1969).

Ya no basta con rezar, realización de Aldo Francia (Cine Nuevo Viña del Mar/Emelco Chilena, Pires Productora, 1972).

IV
METAFICÇÃO E AUTORIA

IV
METAFICCIÓN Y AUTORÍA

ENTRE SUEÑOS Y TISANAS: MICRORRELATO Y METAFICCIÓN EN ANA MARÍA SHUA Y ANA HATHERLY

Cristina Almeida Ribeiro[*]

"In overtly or covertly baring its fictional and linguistic systems, narcissistic narrative transforms the authorial process of shaping, of making, into part of the pleasure and challenge of reading as a co-operative, interpretative experience", escribía Linda Hutcheon (1984, 154), a modo de conclusión, en el primero de los ensayos que dedicó a la metaficción, modalidad ficcional auto-reflexiva que no cesa de exhibir su doble capacidad de crear mundos diegética y lingüísticamente autónomos y coherentes y de, revelando o comentando los mecanismos activados por su escritura, estimular en el lector la conciencia crítica del artificio que preside la ficción.

Aunque ese y otros estudios fundadores presentan a la novela como género metaficcional por excelencia, también en el relato breve —y brevísimo— puede florecer la metaficción, como atestiguan las obras de Ana María Shua (n. Buenos Aires, 1951) y Ana Hatherly (n. Porto, 1929). Después de algunas aproximaciones fracasadas al relato breve, cuando intentaba pasar, según dice, "de la poesía a la narración" (Shua apud Buchanan 2001), y después de la inflexión que le ha permitido empezar ese pasaje por la novela y experimentar en seguida el cuento, Ana María Shua alcanzó, al publicar su primera colección de microrrelatos, *La sueñera* (1984), el aplauso inmediato de la crítica, pasando incluso a ocupar una posición de relieve entre los cultores de un género de larga tradición en Argentina, posición consolidada a cada nueva publicación. Si el sueño alegado estaba entonces en el centro de la *inventio*, situación no repetida en las obras posteriores —*Casa de geishas* (1992), *Botánica del caos* (2000), *Temporada de fantasmas* (2004) y *Fenómenos de circo* (2011)[1]—, nunca sus minificciones han dejado de contar con una ima-

---
[*] Centro de Estudos Comparatistas, Universidade de Lisboa.
[1] En realidad, *Fenómenos de circo*, que se publicó autónomamente en Argentina por primera vez en 2011, tuvo su primera publicación en Europa, en un volumen que reunió las minificciones de la autora, editado en Madrid dos años antes (cf. Shua 2009).

ginación exuberante, siempre adecuada a nuevos contextos y siempre movilizadora. Ana Hatherly, por su parte, empezó en los años 60 a escribir pequeños poemas en prosa, con los cuales pretendía interrogar las estructuras de la narrativa y del lenguaje y también sus fundamentos lógicos y psicológicos (cf. Hatherly 2006, 13). Bautizados como *tisanas* por ser considerados por su creadora como "*infusões* e não *efusões*" (Hatherly 2006, 14), su número, aumentado a lo largo de sucesivos decenios, ha pasado ya de *39* (1969) a *463* (2006). A pesar de haber privilegiado esas *infusiones*, Ana Hatherly tampoco olvidó las potencialidades del sueño —en este caso, del sueño efectivo— y no solamente trató de publicar *Anacrusa* (1983), conjunto de experiencias oníricas registradas bajo forma micronarrativa, sino que también admitió la incorporación, totalmente pacífica, de sueños en el universo de las tisanas, señalándolos, al principio, con recurrentes segmentos discursivos de tipo "Uma vez sonhei que..." y, al final, con apuntes como, en la tisana 391, "Acordando, escrevo isso no meu caderno de apontamentos" (Hatherly 2006, 143). Por distintos caminos, ambas escritoras llegan al microrrelato partiendo de la poesía y concibiéndolo, por lo menos al principio, como poema en prosa donde siempre cabe un acontecimiento, factual o simplemente verbal, y donde la metaficción comparece con frecuencia sea en su dimensión diegética, sea en su dimensión lingüística.

Combinando con maestría la brevedad y el humor, Ana María Shua produce microrrelatos de vocación epigramática, mientras la apuesta de Ana Hatherly se sitúa "nas margens da legibilidade e do insólito, de um certo gozo lúdico proveniente ainda do experimentalismo" (Topa 1998, 30) al que siempre ha estado vinculada y sus tisanas, de innegable vocación aforística, son a un tiempo "meditação poética sobre a escrita como pintura e filtro da vida" (Hatherly 2006, 15) y manifestación de la "persistência obsessiva de uma reflexividade vertida numa lógica [...] interna muito forte" (Topa 1998, 31), característica que comparten con los sueños de *Anacrusa*[2]. Este libro ofrece un solo punto de intersección explícita entre estos dos universos micronarrativos[3]: en el registro

---

[2] De hecho, las afinidades entre ambas obras son múltiples y su lectura comparada pone de manifiesto un paralelismo que "não é apenas temático, mas também estrutural e estilístico" (Daniel 2009, 10; este artículo, publicado bajo pseudónimo, coincide largamente con Teixeira 2010, publicado en nombre propio, pero tiene la ventaja de, al contrario de éste, centrado en *Anacrusa*, tratar en simultáneo las dos obras).

[3] Simétricamente, hay en la tisana 245 una convocación directa de *Anacrusa*, pieza fundamental en la dinámica del episodio relatado: "Um colega que eu mal conheço descobre um velho exemplar do meu livro de sonhos" (Hatherly 2006, 103).

correspondiente a la Nochebuena del 69, el encuentro con unos niños, "encantados" con las tisanas publicadas en ese mismo año, permite a la autora una manifestación de autoestima, fundada en la súbita comprensión de que su obra "só poderia ser amada pelas crianças, porque estão sempre naturalmente mais avançadas" (Hatherly 2009, 40).

Si bien planteado en términos muy distintos, idéntico asomo de autoestima puede leerse en la tisana 404: "Quando era criança a minha avó levava-me a ver filmes de Buster Keaton, Harold Lloyd e Chaplin. Nunca me levou a ver a Branca de Neve. Foi um erro. Mas como haveria ela de saber que eu estava condenada a viver rodeada de anões?" (Hatherly 2006, 147).

La identificación con Blancanieves es tanto más inesperada cuanto es cierto que el universo de los héroes infantiles está ausente del corpus micronarrativo de Ana Hatherly. En sus microrrelatos, sean sueños o tisanas, hay lugar así para imaginarias visitas a escritores admirados como para la revisión de algunas páginas antológicas, pero la reminiscencia de los cuentos de hadas queda limitada a esa alusión a un personaje y a la utilización recurrente de la fórmula "Érase una vez...", que tanto puede introducir un episodio insólito y revelador, ordenado en función de un acontecimiento factual, como un episodio igualmente sugerente, donde la acción se convierte, sin embargo, en mero ejercicio del lenguaje.

La tisana 17, que ofrece un buen ejemplo de la primera de estas modalidades textuales, corrobora de alguna manera la idea de que, gracias a la imaginación, los niños ven más allá de las convenciones y rutinas que someten a los hombres y que ellos espontáneamente rechazan, reinventando objetos y creando mundos alternativos:

> Era uma vez uma chave que vivia no bolso de um homem. Durante muito tempo desempenhou com honestidade o seu trabalho de abrir portas. Até que um dia descobriu que todo o seu trabalho tinha consistido sempre em abrir portas que já estavam abertas. Quando descobriu isso lançou-se corajosamente para fora do bolso. Caiu no chão. Ficou ali. Passa uma criança vê a chave e diz que coisa tão engraçada para fazer um carrinho. (Hatherly 2006, 24)

Ejemplo de la segunda modalidad, la tisana 205, a su vez, se estructura a partir de una imagen visual que encuentra traducción, en primera instancia, en el contraste negro/verde, pronto transpuesto del animal al espacio para en seguida culminar en un juego esencialmente aliterativo: "Era uma vez um gato preto com uns olhos tão verdes que quando passeava pelo bosque dir-se-ia que era uma sombra em que se tinham aberto dois buracos para se poder ver a verdura do verde" (Hatherly 2006, 92).

La exploración de las potencialidades del lenguaje constituye una de las formas de metaficción caras al microrrelato y, si el ejemplo anterior, aunque enfatizando una imagen visual, tendía a privilegiar la dimensión fonética de la lengua, el sueño 160 de *La sueñera* se interesa más bien por cuestiones gramaticales, de orden morfosintáctico y lexical. Representa la división íntima del sujeto que reflexiona sobre su propia condición, instrumentalizando, en ese contexto totalmente inesperado, no solo clases morfológicas y funciones sintácticas, sino también matices semánticos inherentes a distintos prefijos añadidos a un mismo radical: "Como tratar de encontrarnos (yo y yo) en una puerta giratoria, mientras los agentes del caos, circunstanciales, acusativos, modificadores, en fin, de nuestra sustantividad, inspiran, expiran, conspiran constantemente contra nuestra dudosa, personal unidad" (Shua 2009, 170).

Convergentes, pues, en la atención al lenguaje en sí mismo como elemento esencial de un relato, las obras de Ana Hatherly y Ana María Shua divergen en lo que es la singularidad de dicha referencia a Blancanieves en el conjunto de microrrelatos de la primera y la profusión de alusiones a los cuentos de hadas en los escritos de la segunda, donde el eco de esas historias obedece a una amplia gama de posibilidades evocativas, de las más ostensibles, presentes en anunciadas versiones de algunas de ellas[4], a las más sutiles, hábilmente basadas en la sugerencia, como en el texto 21 de *La sueñera*: "Con petiverias, pervincas y espicanardos me entretengo en el bosque. Las petiverias son olorosas, las pervincas son azules, los espicanardos parecen valerianas. Pero pasan las horas y el lobo no viene. ¿Qué tendrá mi abuelita que a mí me falte?" (Shua 2009, 31).

La identificación de la voz de Caperucita Roja tarda en producirse y sólo es posible gracias a las referencias al lobo y a la abuelita. La ansiedad, la decepción, la perplejidad del personaje confrontado con la

---

4 Algunas de las numerosas versiones de cuentos de hadas escritas por Ana María Shua son estudiadas, con distintos grados de profundización, en Bilbija 2001, Noguerol 2001 y Boráros-Bakucs 2008, 10-12.

ausencia de la bestia supuestamente amenazadora ponen de manifiesto la emergencia de una sexualidad adolescente que la interpretación psicoanalítica ha considerado central como significación oculta del cuento (cf. Bettelheim 1976, 166-183), interpretación que algún experimento reciente permite corroborar (cf. Coulacoglou 2006, 34). Pero lo que importa subrayar es que, recogiendo elementos de un texto matricial para en seguida subvertir los datos conocidos, y por ende esperables, el microrrelato apunta los mecanismos de su propia construcción y adquiere una dimensión metaficcional.

Las minificciones, "trocitos de caos transformados en pequeños universos" (Shua *apud* Rodríguez 2008, 28), convocan muchas veces la memoria de otros textos de distinta proveniencia pero siempre parte de un patrimonio que se supone común al autor y al lector y que, apelando a una mirada cómplice, capaz de identificar referencias, crear expectativas y apreciar inesperadas inflexiones, se convierte en condición de legibilidad plena.

> La flecha disparada por la ballesta precisa de Guillermo Tell parte en dos la manzana que está a punto de caer sobre la cabeza de Newton. Eva toma una mitad y le ofrece la otra a su consorte para regocijo de la serpiente. Es así como nunca llega a formularse la ley de gravedad. (Shua 2009, 260)

En el relato 250, cierre de *La sueñera*, Guillermo Tell y Eva, dislocados de su habitual contexto, parecen conspirar para impedir el descubrimiento de Newton: para sorpresa del lector y por un proceso de asociación mental desencadenado por la existencia de un elemento común a los episodios que protagonizan, el legendario héroe suizo de principios del siglo XIV, el físico y matemático inglés nacido en mediados del siglo XVII y la pareja bíblica comparten una sola manzana y, por medio de omisiones y transferencias, sus historias se entrecruzan en un nuevo relato, donde el primero sigue haciendo prueba de pericia y los terceros de vulnerabilidad, mientras el segundo se ve privado del estímulo necesario al razonamiento novedoso que sostendría un aporte científico consagrado por la historia de la ciencia que así se vuelve inviable.

En los microrrelatos de Ana María Shua, la norma no está, sin embargo, en esa mezcla de fuentes sino más bien en el tratamiento aislado de materiales específicos, oriundos de distintos cuadros de referencia. Los ejemplos presentados a continuación muestran que en las páginas de esa primera colección coexisten ya, a la par de los clásicos cuentos de hadas, relatos de *La Biblia*, de *Las mil y una noches*, de *Las metamorfosis*... En todos ellos, personajes y episodios bien conocidos son objeto de evocación y transformación, según procesos que varían de uno a otro pero resultan siempre en distancia crítica con relación a por lo menos un aspecto del texto de partida y en encuentro de un desenlace original y alternativo[5]. Desconcertante o profundamente irónico, el cambio introducido constituye siempre un desafío al lector.

El texto 176, por ejemplo, sorprende por el descubrimiento de que en la historia de la Bella Durmiente no hay lugar para la tradicional fórmula "Y vivieron felices para siempre": "Durante cien años durmió la Bella. Un año tardó en desperezarse tras el beso apasionado de su príncipe. Dos años le llevó vestirse y cinco el desayuno. Todo lo había soportado sin quejas su real esposo hasta el momento terrible en que, después de los catorce años del almuerzo, llegó la hora de la siesta" (Shua 2009, 186).

Burlándose del tiempo mítico que toma como punto de partida, el relato multiplica las notaciones temporales, insiste en la duración absurda de cada gesto y asigna a esa ostensible e insoportable lentitud, asociada a la repetición cíclica propia del tiempo vivido, el rompimiento de la armonía conyugal.

No menos imaginativo se presenta, en el sueño 179, el detalle introducido en la historia de Sansón y Dalila tomada del veterotestamentario *Libro de los Jueces*: "Mientras dormía, Dalila le ha cortado el pelo y, sin embargo, Sansón se despierta aliviado a una realidad más benigna que su atroz pesadilla, la calvicie" (Shua 2009, 189). Que la pesadilla de Sansón esté en la calvicie y no en la pérdida de su extraordinaria fuerza, garante de su vida y de la liberación de su pueblo, resulta en banalización del personaje, cuyo estatuto de héroe se ve inmediatamente anulado por una preocupación tan insustancial. La novedad rompe el cuadro de referencia primitivo y confiere al relato una dimensión paródica, confirmando que "[t]he alternation of frame and frame-break (or the construction of an illusion through the imperceptibility of the frame and the shattering of illusion through the constant exposure of the frame) provides the essential deconstructive method of metafiction" (Waugh 1984, 31).

---

5   Las distintas técnicas y estrategias adoptadas por la autora en la composición de los microrrelatos de *La sueñera* son inventariadas y brevemente comentadas en Zavala 2001.

Si la eficacia de la metaficción se juega, en los casos precedentes, en el reconocimiento del cambio introducido por el autor en una historia con la que él y sus lectores están familiarizados, el sueño 215 acrecienta un tercer nivel a esta cadena de conocimiento, puesto que también los personajes en presencia parecen estar al corriente de las palabras y los poderes del genio de la prodigiosa lámpara de Aladino, que ofrece el telón de fondo a este nuevo relato:

> Compra esta lámpara: puedo realizar todos los deseos de mi amo, dice secretamente el genio al asombrado cliente del negocio de antigüedades, que se apresura a obedecerlo sin saber que el genio ya tiene amo (el dueño del negocio) y un deseo que cumplir (incrementar la venta de lámparas). (Shua 2009, 225)

El éxito del genio, quien ahora al servicio de intereses comerciales, repite una fórmula consabida, se debe sobre todo a una ilusión referencial. Recordándose de la magia y ajeno a la equivocidad de las palabras, el cliente interpelado se identifica de inmediato con Aladino en el papel que por tradición le cabía, el de "amo", sin darse cuenta de que éste cabe, en el nuevo contexto, al "dueño del negocio" y de que la transacción que le asegura la posesión de la lámpara no le confiere ningún ascendiente sobre el ser fabuloso responsable por su error.

De naturaleza distinta es, en el microrrelato 237, el regreso al mito de Pigmalión que, al introducir en el episodio evocado la reversibilidad de la condición de creador y criatura, altera significativamente la convencional relación entre el artista y su obra: "Mientras el escultor la abraza tratando de infundirle su aliento vital, la estatua sonríe impasible, admirando con un poco de asombro la perfección del escultor, su obra" (Shua 2009, 247). El relato atribuye a la mujer esculpida una sutil admiración por el escultor que le dio forma e intenta insuflarle vida, consciente ella, pero no él, de que la perfección de ese gesto se repercute sobre quien lo ejecuta y es condición de su misma existencia. La reinterpretación del mito permite plantear una cuestión teórica con implicaciones que van mucho más allá de la escultura e invitan a reflexionar sobre cualquier forma de arte. Como la escultura hace al escultor así también la escritura hace al escritor y, aunque a veces, asumiendo una actitud más bien defensiva, prefiera promover una reflexión sobre las relaciones entre las prácticas escriturales y la realidad, el escritor sabe que, para él, la acción de escribir es algo vital.

Ana Hatherly, quien, en la tisana 306, se hace eco de la complejidad de las relaciones entre escritura y acontecimiento —"Algo está sempre a acontecer. Por isso escrevo. Escrevo porque algo aconteceu ou acontece. Escrever é isso, mas escrever é sobretudo produzir o acontecer" (2006, 118)—, habla, en la tisana 103 y a partir de su propia experiencia, del gesto creador, cíclicamente repetido, como de una especie de suplemento anímico que se vuelve natural e indispensable: "Sento-me e escrevo. É a minha tisana matinal. Penso no acto de escrever. O real é uma retrospectiva: registar recolher nomear esquecer. A mão obedece é uma bobina de seis pontas quando escreve. Esse é o mundo natural do escritor" (2006, 62).

Muy distinta se figura la percepción que tiene Ana María Shua del mundo y del oficio del escritor, de acuerdo con el microrrelato "Cuatro paredes", de *Casa de geishas*, donde el tradicional enfrentamiento con la página en blanco es metaforizado de modo particularmente sugerente, con el sentimiento de clausura asociado a dos espacios que la propia subjetividad superpone, el de la habitación (y, por extensión, la casa) y el de la hoja, real o virtual: "Siempre encerrada entre estas cuatro paredes, inventándome mundos para no pensar en la rutina, en esta vida plana, unidimensional, limitada por el fatal rectángulo de la hoja" (Shua 2009, 404).

Pero los constreñimientos que afectan al creador literario no son solamente íntimos y ni siquiera siempre de orden personal, como muestra "El respeto por los géneros", también de *Casa de geishas*:

> Un hombre despierta junto a una mujer a la que no reconoce. En una historia policial esta situación podía ser efecto del alcohol, de la droga, o de un golpe en la cabeza. En un cuento de ciencia ficción el hombre comprendería eventualmente que se encuentra en un universo paralelo. En una novela existencialista el no reconocimiento podría deberse, simplemente, a una sensación de extrañamiento, de absurdo. En un texto experimental el misterio quedaría sin desentrañar y la situación sería resuelta por una pirueta del lenguaje. Los editores son cada vez más exigentes y el hombre sabe, con cierta desesperación, que si no logra ubicarse rápidamente en un género corre el riesgo de permanecer dolorosa, perpetuamente inédito. (Shua 2009, 411)

La crítica al mercado editorial, sediento de rótulos y cercenador de la libertad de los escritores a quienes impone la subordinación a la lógica de los géneros, enfatizando los que presume de aceptación general, encuentra una formulación curiosa en la relación, de orden a primera vista metonímico, que aquí se establece entre autor y personaje: las posibilidades de acceso a la edición son calculadas por el hombre en la historia y no por el escritor, es él quien se desespera delante del riesgo de quedar inédito y quien, anticipando las consecuencias de su elección, busca el género donde ubicarse —de hecho la casilla más adecuada a sus expectativas de conocimiento público—. Haciéndose eco de una afirmación repetida por numerosos escritores, según la cual la fuerza de un personaje puede imponerse al autor y determinar un cambio en el rumbo que le estaba consignado, este "hombre" parece finalmente poder llevar su autonomía a punto de prescindir de la mediación autorial.

Desde otra perspectiva, más amplia, Ana Hatherly reflexiona, en la tisana 439 y procediendo por acumulación asindética, sobre la versatilidad de la escritura y el potencial de indagación que posee:

> Os tentáculos da escrita. A escrita é um polvo, um molusco versátil. Tem infinitos recursos. Escapa sempre. Abstractiza-se. Disfarça-se, adensa-se, adelgaça-se, esconde-se. Impele-se rápida. Compreende tudo: ascese, consolo íntimo, entrega; fluxos, refluxos, invasões, esvaziamentos, obstinação feroz. O seu rigor é místico. É uma infinita demanda. Perscruta o inaudito. Sideral Alice atravessa todas as portas, todos os espelhos. Cruza, descobre, inventa universos. A escrita é um fragmento do espanto, já alguém o disse. (2006, 157)

Aun así, difícilmente la escritura de la ficción se hace a partir de la nada, como bien sabe aquel "Robinson desafortunado", una vez más de *Casa de geishas*, quien, en la playa del naufragio, discurre sobre lo que le falta y lo que tiene a disposición:

> Corro hacia la playa. Si las olas hubieran dejado sobre la arena un pequeño barril de pólvora, aunque estuviese mojada, una navaja, algunos clavos, incluso una colección de pipas o unas simples tablas de madera, yo podría utilizar esos objetos para construir una novela. Qué hacer en cambio con estos párrafos mojados, con estas metáforas cubiertas de lapas y mejillones, con estos restos de otro triste naufragio literario. (Shua 2009, 450)

La desconcertante contaminación de elementos materiales e inmateriales, la inversión de su funcionalidad, la perplejidad del náufrago, tan incapaz de producir una novela como de construir una balsa —tarea que ni siquiera considera—, invitan a una revisión de las relaciones entre realidad, escritura e imaginación, tema abordado también, de forma más categórica tal vez, en la tisana 210:

> Cinco ratazanas jogam o dominó. Grandes camarões de água doce, cinzentos, deslizam contra o pôr-do-sol. As ervilhas eram séries de dentes verdes mergulhados na água há tanto tempo, rolados por tantas praias, que já se tinham tornado perfeitamente redondos. A humanidade era uma entidade. Sentada no café escrevo isto. Depois leio e penso: A imaginação é bem mais pleiteante do que observante. (Hatherly 2006, 93-94)

Leído a la luz de la proliferación de los cursos y talleres de escritura creativa que se multiplican por todas partes, "Taller literario I", de *Casa de Geishas*, denuncia la ambigüedad de las apreciaciones críticas brindadas a los escritores-aprendices, la incomodidad que delante de ellos experimentan maestros y asesores y la poca apertura que ellos, por su parte, suelen manifestar con relación a juicios menos favorables[6]:

> Su vocación por el cuento breve es indudable. Sin embargo, creemos que debe usted frecuentar más a los grandes narradores. Los tres textos que nos envió, aunque todavía imperfectos, denotan una gran vitalidad. Le rogamos pasar cuanto antes por esta redacción a retirarlos. Son exigentes y violentos, se niegan a aceptar el dictamen de nuestros asesores, es difícil, sobre todo, contentar su desmesurado apetito. (Shua 2009, 437)

Al contrario de lo que podría pensarse, no es solamente por comportarse como una especie de dobles de sus autores y estar en ambientes poco propicios al deseado reconocimiento que los cuentos brevísimos —más que los breves todavía— se muestran agresivos. La violencia parece formar parte de las características intrínsecas de esas "criaturas pequeñas y feroces, como las pirañas" que "tienen menos de veinticinco líneas y muerden" (Shua *apud* Rodríguez 2008, 28), haciendo del ataque a las convenciones de todo tipo una constante, aunque la rebeldía que

---

6 Puede tal vez decirse, más específicamente, que "'Taller literario I' ridiculiza las respuestas de los maestros de taller, recogidas en certámenes literarios como los convocados por *El Cuento en México* o *Puro Cuento* en Argentina", y que lo hace inscribiendo ese fenómeno tan de moda entre "la humillación del escritor" y "el terror de los críticos" (Koricancic 2007, 5).

así muestran no sea exclusiva de ellas. Según la tisana 268, también las letras pueden rebelarse:

> Tinha havido uma revolução. No viaduto as letras tinham saído dos livros e lançadas com ardor sobre a cidade a água desaparecera. Não podendo já distinguir entre o rio e a estrada as letras tinham invadido a cidade outra vez e tantas eram que a terra saltava e então compreendeu-se que se tratava de um letramoto e as pessoas apavoradas queriam fugir para o campo mas nas auto-estradas tantas eram as letras que já ninguém conseguia saber para onde iam ou onde mudava a direcção e atropelando-se as pessoas enterravam-se em tinta procurando desesperadamente lembrar-se. (Hatherly 2006, 109)

Sucesivamente comprendido como revolución y como "letramoto", es decir, como acto de voluntad y como accidente, el desorden de las letras constituye una amenaza a la normalidad de la vida en la ciudad y a la integridad física y emocional de sus habitantes, porque la pérdida de control sobre ellas, al impedir la construcción de palabras, determina la pérdida del lenguaje, de las referencias pasibles de verbalización, de la memoria que sin ellas no existe.

De los ejercicios metaficcionales o metaliterarios de Ana María Shua y Ana Hatherly aquí considerados se desprende la idea de que, llave del mundo, el lenguaje es también llave de los mundos imaginarios engendrados por la ficción. En los microrrelatos, "enunciados con gran economía verbal, cada palabra cuenta. En un doble sentido: *cada palabra* cuenta, o sea que cada una de ellas es importante; y además cada palabra *cuenta*, vale decir, narra o relata" (Lagmanovich 2006, 310; énfasis del autor). Desarrollando en las líneas siguientes este razonamiento, el crítico señala que la opción por la brevedad "no significa eliminar palabras para achicar la construcción, sino seleccionar aquellos vocablos más cargados de significado; una vez que el escritor los ha encontrado, al lector corresponde leer esos vocablos, y disfrutar de los ritmos de la prosa, con la debida atención".

Leyendo al "Alí Babá" de *Botánica del caos*, me es imposible no recordar esta llamada de atención sobre la necesidad de la palabra exacta, especialmente apremiante para quienes componen estos textos en filigrana. Resbaladiza, la palabra se hurta a la memoria que la busca desesperadamente igual que a los dedos que intentan reconstituirla y aprisionarla. El alcance metaficcional de esta confesión de impotencia del escritor relega a una posición secundaria lo que podría ser el primer entendimiento de la palabra olvidada como contraseña que permite el acceso a los datos almacenados en el ordenador. Aquí se trata más bien de la búsqueda de la voz rigurosa, de la expresión impactante, capaces de asegurar concisión y eficacia, problema nuclear que no puede solucionarse por aproximación: ni otro vocablo perteneciente al mismo campo semántico, ni un sinónimo, ni una perífrasis pueden sustituir la palabra precisa, ocupando su espacio y desempeñando su función; ella sola permite a quien escribe liberarse, aunque sea provisionalmente, del "fatal rectángulo de la hoja":

> Qué absurda, qué incomprensible me parecía de chica la confusión del hermano de Alí Babá: casi un error técnico, una manifiesta falta de verosimilitud. Encerrado en la cueva de los cuarenta ladrones, ¿cómo era posible que no lograra recordar la fórmula mágica, el simple ábrete sésamo que le hubiera servido para abrir la puerta, para salvar su vida?
> Y aquí estoy, tantos años después, en peligro yo misma, tipeando desesperadamente en el tablero de mi computadora, sin recordar la exacta combinación de letras que podría darme acceso a la salvación: ábrete cardamomo, ábrete centeno, ábrete maldita semilla de ajonjolí. (Shua 2009, 596)

OBRAS CITADAS

BETTELHEIM, Bruno. 1976. *The Uses of Enchantment: The Meaning and Importance of Fairy Tales*. Nueva York: Alfred A. Knopf.

BILBIJA, Ksenija. 2001. In Whose Own Image? Ana María Shua's Gendered Poetics of Fairy Tales. In *El río de los sueños: Aproximaciones críticas a la obra de Ana María Shua*. Ed. Rhonda Dahl Buchanan. Washington: OEA. Disponible en: educoas.org/Portal/bdigital/contenido/interamer/interamer_70/ens5_4/index.aspx (consultado el 28 de marzo de 2013).

BORÁROS-BAKUCS, Dóra. 2008. Érase una vez... cuentos de hadas de hoy. Versiones para princesas y príncipes sapo. *El Cuento en Red* 18: 2-16, cuentoenred. xoc.uam.mx (consultado el 28 de marzo de 2013).

BUCHANAN, Rhonda Dahl. 2001. Entrevista con Ana María Shua. In *El río de los sueños: Aproximaciones críticas a la obra de Ana María Shua*. Ed. Rhonda Dahl Buchanan. Washington: OEA. Disponible en: educoas.org/Portal/bdigital/contenido/interamer/interamer_70/index.aspx (consultado el 1 de marzo de 2013).

COULACOGLOU, Carina. 2006. La Psychanalyse des contes de fées: les concepts de la théorie psychanalytique de Bettelheim examinés expérimentalement par le test des contes de fées. *Le Carnet PSY* 110: 31-39, www.cairn.info/revue-le-carnet-psy-2006-6-page-31.htm (consultado el 14 de febrero de 2013).

DANIEL, Claudio. 2009. Sonho, mito e escritura em Ana Hatherly. *Revista Desassossego* 1: 18-25, www.revistas.usp.br/desassossego (consultado el 22 de marzo de 2013).

HATHERLY, Ana. 2006. *463 Tisanas*. Lisboa: Quimera.

—. 2009 [1983]. *Anacrusa: 68 sonhos*. 2.ª ed. Maia: Cosmorama.

HUTCHEON, Linda. 1984. *Narcissistic Narrative: The Metafictional Paradox*. Nueva York y Londres: Methuen.

KORICANCIC, Velebita. 2007. Las estrategias lúdicas en los micro-relatos de Ana María Shua. *El Cuento en Red* 16: 1-19, cuentoenred.xoc.uam.mx (consultado el 26 de marzo de 2013).

LAGMANOVICH, David. 2006. *El microrrelato: teoría e historia*. Palencia: Menoscuarto Ediciones.

NOGUEROL, Francisca. 2001. Para leer con los brazos en alto: Ana María Shua y sus "versiones" de los cuentos de hadas. In *El río de los sueños: Aproximaciones críticas a la obra de Ana María Shua*. Ed. Rhonda Dahl Buchanan. Washington: OEA. Disponible en: educoas.org/Portal/bdigital/contenido/interamer/interamer_70/ens5_3/index.aspx (consultado el 10 de marzo de 2013).

RODRÍGUEZ, Saturnino. 2008. Criaturas pequeñas y feroces, como las pirañas: conversación con Ana María Shua. *El Cuento en Red* 18: 25-31, cuentoenred.xoc.uam.mx (consultado el 3 de marzo de 2013).

SHUA, Ana María. 2009. *Cazadores de letras: minificción reunida*. Madrid: Páginas de Espuma.

TEIXEIRA, Cláudio Alexandre de Barros. 2009. Sonho, mito e criação poética em Ana Hatherly. *Forma Breve* 7: 383- 393.

TOPA, Helena. 1998. Das fronteiras de género às fronteiras aforísticas: aforismo, fragmento e ensaio. *Revista da Faculdade de Ciências Sociais e Humanas* 11: 23-33.

WAUGH, Patricia. 1984. *Metafiction: The Theory and Practice of Self-Conscious Fiction*. Londres y Nueva York: Methuen.

ZAVALA, Lauro. 2001. Estrategias literarias, hibridación y metaficción en *La sueñera* de Ana María Shua. In *El río de los sueños: Aproximaciones críticas a la obra de Ana María Shua*. Ed. Rhonda Dahl Buchanan. Washington: OEA. Disponible en: http://www.educoas.org/Portal/bdigital/contenido/interamer/interamer_70/ens5_1/index.aspx (consultado el 28 de marzo de 2013).

AUTORÍA Y AUTORIDAD EN DIÁLOGO: ANTÓNIO LOBO ANTUNES, ENRIQUE VILA-MATAS Y CÉSAR AIRA

Felipe Cammaert[*]

Es casi ya un lugar común afirmar que, desde que Roland Barthes ejecutó simbólicamente al autor en el célebre ensayo *La muerte del autor*, éste se encuentra más vivo que nunca. La crítica coincide en señalar que el acta de defunción estructuralista era ante todo una invitación a que el autor resurgiera de sus cenizas bajo una nueva forma (ver, entre otros, Compagnon 1998).

Los escritores ibéricos e iberoamericanos de la actualidad no han sido indiferentes a este llamado que lanzara Barthes hace ya más de 40 años. Los tres nombres sobre los cuales me detendré aquí, el portugués António Lobo Antunes, el español Enrique Vila-Matas y el argentino César Aira, comparten una visión semejante del papel autoral en la constitución de la ficción. Para estos escritores, la noción misma de obra literaria parecería supeditada a la visión personalísima de su creador, hasta el punto que ella puede ser vista como un permanente cuestionamiento de la frontera entre realidad y ficción. Cada uno de estos tres escritores, desde su orilla, ha logrado erigir un edificio narrativo que no es otra cosa que una ficción sobre la ficción.

A continuación comentaré tres aspectos que, en mi opinión, sintetizan de manera bastante pertinente los lazos que unen a estos tres escritores iberoamericanos en torno a la figura autoral. En primer lugar, se abordará la relación entre la creación (el objeto literario propiamente dicho) y su creador, que se encuentra mediada por una gran dosis de autoridad. En segundo lugar, será expuesta una situación paradójica para cada uno de los tres escritores, relacionada ésta con los mecanismos metaficcionales que hacen posible la presencia autoral en el texto. Por último, se expondrá brevemente la tensión existente, en el universo

[*] Centro de Estudos Comparatistas, Universidade de Lisboa.

de Aira, Lobo Antunes y Vila-Matas, entre autoreferencialidad y entropía, y en cuyo centro se encuentra la cuestión de la subjetividad.

(DES)APARECER EN LA FICCIÓN

Antes de abordar las consideraciones específicas sobre el papel del autor en el universo narrativo de los tres escritores que hoy me ocupan, considero necesario detenerme un instante en la relación que éstos tienen con su propia obra, es decir, examinar la importancia que cada uno de ellos otorga a la producción —y recepción— de libros destinados al público lector, así como el lugar que éstos ocupan dentro de la esfera literaria en la que se inscriben. En efecto, la mayor o menor presencia del escritor en la ficción que él mismo produce, constituye un elemento indicador de las relaciones que se establecen entre él y su obra.

António Lobo Antunes es dueño de una obra tan extensa como compleja. El portugués ha escrito, hasta la fecha, veinticuatro novelas, cuatro libros de crónicas, y unos cuantos textos de registros diversos. La mayoría de sus novelas rondan alrededor de las trescientas páginas; algunas de ellas superan las quinientas. En los últimos tiempos, Antunes ha publicado al menos un libro por año, lo que refuerza, sin duda alguna, su presencia mediática en el panorama literario portugués. Además publica, hace ya más de diez años, sus crónicas en la prensa portuguesa (que luego selecciona y recoge en volúmenes), y desde hace unos años concede entrevistas con bastante regularidad. De un tiempo para acá, Antunes parece haber dejado —parcialmente— de lado su papel de *enfant terrible* de las letras portuguesas, aproximándose cada vez más a sus lectores. Sin embargo, es un hecho notorio que, a pesar del reconocimiento por parte de la crítica y la academia, el número de lectores no ha aumentado a la par de la progresión de su obra, sobre todo cuando se trata de sus últimas novelas, verdaderos pozos oscuros de significación cuya riqueza poética pareciera no atraer tantos adeptos como antes.

Sea como fuere, en la evolución de la poética antuniana es palpable la intención del autor de borrar los límites entre la ficción y la referencialidad, haciendo de la obra literaria un espacio en el que las categorías tradicionales de la narración (trama, personajes, temporalidad) son dejadas de lado por una escritura que coloca en primer plano la voz autoral. Como consecuencia de estos cambios, nos atreveríamos a afirmar que, hoy en día, el universo antuniano se apoya más en la figura del autor que en la propia obra escrita.

Enrique Vila-Matas es dueño también de una extensa producción, sabiamente compuesta de ensayo y ficción, cuya particularidad es la de repetirse en función del formato: en los últimos años, Vila-Matas se ha dedicado a reeditar textos anteriores en volúmenes nuevos, produciendo así una redundancia premeditada, la cual borra aún más los límites de la obra. Su poética corresponde, pues, a un calculado ejercicio de duplicación que indudablemente trae cambios profundos en la concepción del universo ficcional. Dentro de este juego de espejos, la metaficcionalidad ocupa un lugar de primer orden: en otras palabras, Enrique Vila-Matas es el protagonista de su propio universo.

Asimismo, el aspecto que mejor traduce la profusión productiva de Enrique Vila-Matas reside en su omnipresencia, o mejor, en su hiperpresencia en la red. Vila-Matas es un *geek* de las nuevas tecnologías, y ese apetito por lo virtual lo ha llevado a redoblar hasta el infinito el espectro de su obra en contenidos que han venido a integrar el ciberespacio. Para comprobarlo, basta consultar su página *web* www.enriquevilamatas.com, así como el blog *El ayudante de Vilnius* (www.blogenriquevilamatas.com), en el que los contenidos son actualizados con bastante regularidad, aumentando aún más el efecto de sobreimpresión antes mencionado. Ante la dimensión faraónica que tiene la presencia de Enrique Vila-Matas en la red, no se me ocurre otra cosa que imaginar un ejército de escribientes a su servicio, recopilando y poniendo *online* toda la información relevante acerca del autor y su obra. El don de ubicuidad de que parece gozar este escritor, en todo caso en lo que tiene que ver con su presencia en el hipertexto, ofrece a su lector una completísima gama del "universo Vila-Matas", un denso conjunto de textos, eventos y opiniones que atrapan al visitante.

Como si esto fuera poco, el español logra con sus contenidos *web* otro artificio sorprendente: concentrar alrededor de su figura una amplia constelación de escritores, contemporáneos o precursores suyos, que como por arte de magia resultan enlazados a la esfera Vila-Matas, lo cual denota ya un claro ejercicio historiográfico, claro está, eminentemente subjetivo. El español ha decidido adelantarse a su época, centralizando y controlando el espectro de contenidos y opiniones que el universo virtual genera en torno a su figura. De esta forma, no sería muy arriesgado afirmar que una de las principales razones que explican el éxito de Vila-Matas se debe al hecho de que el autor virtual (el que se mueve por los meandros de la red) ha venido adquiriendo una importancia tan grande, o mayor, que la del autor real (la persona que escribe y publica libros de papel). Como afirmó la artista francesa Dominique Gonzalez-Foerster refiriéndose a una de las más recientes obras del español, "*Dublinesca* es el primer libro de Vila-Matas en el que es muy consciente de los nuevos medios de comunicación —Internet, *blogs*, mensajes de correo electrónico— y creo que se debe en parte al hecho de que Vila-Matas ha desarrollado su sitio *web* como una empresa paralela a sus novelas" (Gonzalez-Foerster 2013).

En comparación con los dos autores anteriormente mencionados, César Aira es lo más parecido a un escritor fantasma. Contrariamente a lo que sucede con Vila-Matas y Lobo Antunes, el argentino no goza de una presencia mediática tan significativa, sino que es un creador que se esconde tras sus enigmáticas creaciones. De igual manera, la proyección de su obra es infinitamente inferior a la de António Lobo Antunes o Vila-Matas, quienes son verdaderos monstruos de la comunicación, lo cual no le impide de ser señalado unánimemente como una de las voces más representativas de la narrativa hispanoamericana actual.

Sin embargo —y esto es tal vez lo más sorprendente—, César Aira ha escrito hasta la fecha más de setenta novelas, muchas de ellas prácticamente imposibles de encontrar en el mercado. Siendo así, muy pocas personas pueden pretender haber leído su obra completa, aunque la inmensa mayoría de sus "novelitas" (como él mismo las llama, irónicamente) ronde apenas alrededor de las 100 páginas. Aira publica la mayor parte del tiempo en editoriales pequeñas, cuya distribución es muy limitada, aunque posteriormente los derechos de algunos de sus libros sean adquiridos por las más importantes editoriales del mundo hispánico. La clandestinidad parece ser uno de los argumentos por los cuales Aira busca seducir a su lector.

La apuesta de Aira gira en torno a la autonomía total de la obra literaria: todo, en su escritura, procede del texto mismo, inclusive el proceso de composición textual. Sin embargo, dentro de esta lógica, la función autoral no desaparece por completo, sino que permanece encubierta. Aunque es verdad que el texto contiene todas las herramientas que hacen posible su desarrollo, también es cierto que la visión autoral personalísima es un elemento fundamental de la puesta en marcha de la ficción. Como señala una crítica a propósito del trabajo de creación ficcional, la escritura de Aira parte del siguiente postulado: "[W]riting by picking up with the last line written the day before, planting something implausible in the work, and then continuing to write until he has made the implausible believable" (Moreno 2009). Postulado éste que, sin lugar a dudas, guarda cierto parentesco con el método de escritura de los surrealistas.

Así pues, para estos tres individuos, escribir equivaldría en cierta forma a ejercer un acto de autoridad que excede, en parte, el ámbito del universo puramente ficcional. Cada uno a su manera ha sabido hacerse un lugar particular en el mundo de las letras a partir de una apuesta literaria válida y muy original. Para ellos, la noción de autoría (*authorship*) se funda en la intrusión de la figura autoral en el espectro íntimo de la ficción.

TRES PARADOJAS DE LA DECONSTRUCCIÓN

Los tres ejemplos de universos literarios aquí comentados comparten la premisa de la deconstrucción del elemento ficcional, realizada desde el interior de la novela, en el plano de la escritura. Este cuestionamiento del edificio de la ficción se materializa, pues, a través de procedimientos metaficcionales a lo largo de los cuales la función autoral es erigida a un primer plano. Lo anterior conlleva, como veremos, al surgimiento de la subjetividad como valor intrínseco del modelo novelesco. De esta forma, las consideraciones sobre la figura autoral en los tres escritores señalados se basan en tres paradojas —una para cada escritor— que resumiríamos de la siguiente manera:

Una constante en la exitosa producción literaria de Enrique Vila-Matas ha sido su deseo de entrelazar constantemente, cuando no confundir a propósito, la realidad y la ficción. Ya lo decía el español en un texto sobre *Los detectives salvajes* de Roberto Bolaño, otro de sus pares, refiriéndose a su propio trabajo: "Extravagancia, pues, entendida como la transformación de uno mismo en 'un personaje literario'. Vida y literatura abrazadas como el toro al torero y componiendo una sola figura, un solo cuerpo" (Vila-Matas 1999). Vila-Matas ha expresado en varios de sus libros, entre ellos en *Doctor Pasavento* (2005), su deseo de desaparecer en la ficción, de borrar su rastro bajo el manto de la falsedad narrativa.

La contradicción que me interesa en el universo de Vila-Matas es ésta: si, por un lado, uno de sus temas más recurrentes es el del silencio de la voz autoral (véase, por ejemplo, el texto *Bartleby y compañía*, que trata de escritores que dejaron de escribir, o la *Historia abreviada de la literatura portátil*, que imagina una secta conspiradora, creadora de una literatura voluble y nómada), por otro lado, la figura del creador es un elemento omnipresente en su obra. Asimismo, la presencia prolija en los medios y en la esfera Internet de Vila-Matas constituye una iniciativa que revela en gran medida un gran culto a la personalidad.

El caso de António Lobo Antunes no reside tanto en su presencia virtual fuera del universo material del libro como en las diferentes máscaras autorales que éste ha ido sembrando en sus crónicas y novelas tras más de 30 años de producción literaria. La obra del portugués puede ser entendida como una lucha constante consigo mismo por encontrar, según el momento en que ésta se encuentre, la voz (o las voces) capaz (capaces) de poner en palabras lo que él llama el "magma" de la memoria, o el "assombrado vai-vém de ondas" a partir del cual se estructuran sus novelas (Antunes 2001, 114).

Sintetizando los principales momentos de la producción de António Lobo Antunes, diríamos que en los primeros libros se impone una voz autobiográfica que narra la experiencia que el propio escritor vivió tras su paso por la guerra de Angola. Poco a poco, la voz va adquiriendo una independencia mayor sobre su creador, hasta multiplicarse en varias consciencias narrativas que constituyen los múltiples narradores de sus novelas polifónicas (*A Ordem Natural das Coisas, Manual dos Inquisidores, O Esplendor de Portugal*, entre otras). Claro que en estas novelas polifónicas la conciencia autoral no ha desaparecido por completo, sino que la figura del autor está presente, sobre todo como receptor —y transcriptor— de los discursos de los narradores, en un claro juego de *mise en abyme*[1].

Paradójicamente, en el instante en que el autor ha logrado despojarse del peso de su individualidad en su escritura (entendida ésta como materia autobiográfica), su obra toma un nuevo rumbo que vuelve a colocar en primer plano la subjetividad autoral. Desde hace diez o doce años, las novelas de António Lobo Antunes han ido deconstruyendo la noción de personaje, y la individuación que estas figuras ficcionales habían alcanzado con el paso de los años se ha desvanecido casi por completo. En sus libros más recientes (sobre todo a partir de *Eu Hei-de Amar uma Pedra*, 2004) ya no hay personajes sino simplemente voces que, de manera alternada o simultánea, habitan una misma consciencia:

---

1 Para un comentario más detallado de este aspecto, ver Felipe Cammaert (2011).

la del escritor. Escritor que, en ciertas ocasiones, en virtud de un juego onomástico recurrente, hace irrupción en el relato gracias a la mención de uno de los elementos de su nombre (António; Antunes...). El lector se topa entonces con la conciencia del autor, asaltada por distintas voces y cuya principal preocupación es "poner en palabras lo que por definición no se puede traducir a palabras", como dijo el portugués en una entrevista (Rojo 2005).

La contradicción patente en la escritura de César Aira relativa al lugar del autor tiene que ver sobre todo con el método, esto es, con los mecanismos de producción de ficción. Sobre este aspecto, no estamos muy alejados de las preocupaciones técnicas de Antunes, aunque el problema es aquí abordado desde otra dimensión. Como lector, Aira procede de manera frenética: cuando lee un libro de un escritor que le interesa, procura luego descubrir su obra completa, pues piensa que es la única forma de tener un conocimiento cabal del tipo de escritura que ésta propone. Sin embargo, con sus setenta "novelitas" el argentino ha creado una galaxia literaria casi invisible, prácticamente ilegible en el sentido de no estar a la disposición de sus lectores con facilidad. No pienso estar muy errado al afirmar que César Aira es uno de los pocos que han leído la obra completa de César Aira.

Esta obra en negativo, de alguna manera apoyada en el vacío, parte así del presupuesto (presente ya en Kafka y en Borges, entre muchos otros) según el cual, para el escritor, todo ha sido ya dicho por sus predecesores y, en esta medida, toda escritura es en realidad una reescritura. Pero la obra de Aira es sobre todo invisible porque, a la dificultad de acceso que el escritor ha planeado astutamente, viene añadirse otro elemento aún más profundo. Aira sostiene que el único futuro imaginable para la novela actual consiste en individualizar la obra rescatando, según su visión, un elemento propio de las vanguardias: el procedimiento. En un texto del año 2000, elocuentemente intitulado *La nueva escritura* y que se puede leer como un manifiesto/arte poética, el provocador Aira afirma con lucidez: "Los grandes artistas del siglo XX no son los que hicieron obra, sino los que inventaron procedimientos para que las obras se hicieran solas, o no se hicieran. ¿Para qué necesitamos obras? ¿Quién quiere otra novela, otro cuadro, otra sinfonía? ¡Como si no hubiera bastantes ya!" (2000, 166).

En sus libros, el escritor argentino pone en práctica esta premisa, según la cual el verdadero interés de la obra no reside en su contenido narrativo, sino en la reflexión sobre los mecanismos por los cuales la ficción se construye dentro del relato. Lo anterior conlleva, en la realidad, a la autonomización de la obra y de la subjetividad que la produjo o, como lo ha dicho un crítico de la obra de Aira, a "un proceso de individuación sin contexto" (Surghi 2012). En otro aparte de *La nueva escritura*, el argentino sintetiza así su concepción de la obra de arte como objeto único, enfatizando siempre en el aspecto procesal del acto de escritura:

> El vanguardista crea un procedimiento propio, un canon propio, un modo individual de recomenzar desde cero el trabajo del arte. Lo hace porque en su época, que es la nuestra, los procedimientos tradicionales se presentaron concluidos, ya hechos, y el trabajo del artista se desplazó de la creación de arte a la producción de obras, perdiendo algo que era esencial. (Aira 2000, 169)

Si hay una verdad innegable en la producción de Aira, ésta reside en el hecho de que su escritura no se parece a ninguna otra, contemporánea ni anterior, exceptuando tal vez a la de su amigo y maestro Osvaldo Lamborghini.

Las tres situaciones que acabo de esbozar son materializaciones literarias fuertemente ancladas en la tendencia narrativa contemporánea, aunque también es cierto que la obra no pude existir por fuera de la personalidad específica del escritor. Tanto Aira como Antunes o Vila-Matas parecen hacer valer un argumento de autoridad, en el sentido de colocar la subjetividad autoral en un primer plano, en ocasiones poniendo incluso en entredicho fenómenos tales como la individuación, o la preponderancia del pacto ficcional.

METAFICCIÓN Y ENTROPÍA

Para terminar, quisiera mencionar un aspecto que tiene que ver con la propia autoreferencialidad que informa las tres escrituras que vengo comentando. Toda obra de ficción que contenga en ella una alta dosis de metaficción corre el riesgo de ceder ante el caos producido por la reflexividad sobre la cual se apoya. En otras palabras, ¿será que el grado de subjetividad que define a estas tres escrituras es tan importante que la presencia de la figura autoral puede provocar una implosión del sistema ficcional?

Comentando la excesiva importancia del ritmo, a costa de la individuación de las voces, en una de las últimas novelas de Lobo Antunes, *O Arquipélago da Insónia*, el filósofo José Gil llama la atención sobre el peligro de la autodestrucción:

> Pela própria natureza da grande máquina de escrita que o romancista forjou, ela está constantemente ameaçada por um perigo a que chamarei "repetição entrópica". Porque a vocação das personagens e das cenas é desvanecerem-se, apagando-se como fotografias que o tempo vai desgastando, o ritmo, ao traduzir uns nos outros os elementos e planos narrativos, tende a reduzir também a sua diferença, a regularizar-se e tornar-se cadência. E a cadência faz desaparecer as diferenças, amalgamando tudo numa e mesma massa não expressiva que se repete. As personagens perdem consistência, substância, vida. Tornam-se fantasmas ou mesmo mortos. [...] Mas, sendo assim, é a própria máquina e os seus processos formais que tendem a tornar-se personagem (a personagem única do romance) enquanto a vida, os seres e o mundo se tornam pura matéria de ficção, pura escrita, puros fantasmas, figuras e resultados fantasmáticos de mortes que aconteceram ou não aconteceram. Assim, *O Arquipélago* acaba com a transformação dos vivos em mortos e do narrador-personagem em puro simulacro ou ilusão. (2011, 167-168)

Como bien lo señala Gil, el antídoto contra la muerte de la novela se encuentra, sorpresivamente, en la naturaleza misma de la "máquina de escrita" que, en otras palabras, no es más que la materialización intraficcional de la consciencia autoral, esa voz omnipotente que concentra en ella misma los fantasmas de las categorías tradicionales de la narración (trama narrativa, personajes...). Siendo así, la subjetividad implícita en la apuesta metaficcional es aquel elemento que introduce, simultáneamente, el caos y su salvación.

Este peligro lo señaló también Vivian Avenshushan, en una crítica de dos libros de César Aira, cuando decía que "la escritura no reflexiona sobre sí misma (esa estrategia del siglo XX): va más allá (hacia el futuro) y se autodestruye al desechar de su método el cálculo, la elección, el estilo, los personajes, el rigor. Por eso, sin la justificación final, la novela desaparece" (Avenshushan 2003).

Es cierto que a fuerza de mirarse el ombligo, la novela puede volverse antropófaga y estar condenada a la autoaniquilación. Esto último es especialmente cierto para el caso de Aira y de Antunes, aunque en registros diferentes, puesto que la escritura del primero es muy apegada a las reglas clásicas de la gramática, mientras que la del segundo subvierte abiertamente varios de los paradigmas de composición sintáctica. La obra del escritor argentino se estructura en torno a una apuesta metaficcional pura que coloca en primer plano la figura autoral. En el fondo, para Aira, la cuestión de fondo no es tanto la muerte del autor como la extinción (en sentido figurado, claro está) de la literatura misma, y con ella de la tradición que la acompaña. En palabras de Carlos Surghi,

> Al suponer la desaparición de la literatura, Aira no hace más que distinguirse a sí mismo como ese último exponente; incluso por momentos hasta se vanagloria de ese destino de un modo un tanto irónico [...]. Pero en realidad la propuesta de Aira está montada sobre las posibilidades que la ausencia de la literatura ofrece a quien escribe. (2012)

Como ocurre en el caso de Antunes, la primacía de la subjetividad autoral se revela a la vez como el punto final y el inicio de la deconstrucción ficcional. Autodestrucción: sí. Pero entendida como una especie de *tabula rasa* inaplazable, a partir de la cual el creador despliega su visión personalísima de la escritura y del universo novelesco.

El riesgo de que el exceso de metaficción desemboque en la entropía es también real en la obra de Enrique Vila-Matas. El efecto de redundancia y de sobreimpresión que comenté anteriormente al referirme a la omnipresencia de la figura autoral dentro y fuera del espectro ficcional conlleva, así, a la posibilidad del caos. A fuerza de querer desaparecer en la ficción ocultando las fronteras entre verdad y mentira, entre autobiografía y creación novelesca, Vila-Matas corre el peligro de que su obra, tan compleja como rica en significaciones, extravíe su más profundo mensaje.

Sin embargo, el alcance que el propio autor ha querido dar a su universo literario es tal vez el elemento que contiene su salvación. Tal vez sea ésta la razón por la cual la literatura de Vila-Matas es aquélla que más fácilmente escapa a ese peligro entrópico: porque en vez de mirar hacia adentro, lo hace hacia afuera, informada por un espíritu genuinamente dialéctico. Una mirada, claro está, volcada hacia la tradición literaria, pero cuyo punto neurálgico lo constituye sin lugar a dudas la propia figura de Enrique Vila-Matas. Ya lo decía el español en el discurso de recepción del Premio Rómulo Gallegos en Caracas, en 2001 —y estas palabras se aplican a los otros dos escritores aquí estudiados—:

> Hay que ir hacia una literatura acorde con el espíritu del tiempo, una literatura mixta, mestiza, donde los límites se confundan y la realidad pueda bailar en la frontera con lo ficticio, y el ritmo borre esa frontera. De un tiempo a esta parte, yo quiero ser extranjero siempre. De un tiempo a esta parte, creo que cada vez más la literatura trasciende las fronteras nacionales para hacer revelaciones profundas sobre la universalidad de la naturaleza humana. (Vila-Matas 2001)

OBRAS CITADAS

AIRA, César. 2000. La nueva escritura. *Boletín del Centro de Estudios de Teoría y Crítica Literaria* 8: 165-170.

ANTUNES, António Lobo. 2001. Receita para me lerem. In *Segundo Livro de Crónicas*. Lisboa: Dom Quixote, 113-116.

AVENSHUSHAN, Vivian. 2003. César Aira. La novela inexistente. *Letras Libres* 60. www.letraslibres.com/revista/libros/cesar-aira-la-novela-inexistente (consultado el 12 de marzo de 2013).

BARTHES, Roland. 1984. La mort de l'auteur [1968]. In *Le Bruissement de la langue*. Paris: Seuil, 49-55.

CAMMAERT, Felipe. 2011. "You Don't Invent Anything". Memory and the Patterns of Fiction in Lobo Antunes' Works. *Portuguese Literary & Cultural Studies* 19/20: 267-289.

COMPAGNON, Antoine. 1998. *Le Démon de la théorie*. Paris: Seuil.

GIL, José. 2011. Fechamento e linhas de fuga em Lobo Antunes. In *António Lobo Antunes: a arte do romance*. Org. Felipe Cammaert. Lisboa: Texto Editores, 157-170.

GONZALEZ-FOERSTER, Dominique. 2013. Seis habitaciones para Enrique Vila--Matas. *Nexos* 436, www.nexos.com.mx/?p=15337 (consultado el 12 de marzo de 2013).

MORENO, María. 2009. César Aira. *Bomb Magazine* 106, http://bombsite.com/issues/106/articles/3224 (consultado el 12 de marzo de 2013).

ROJO, José Andrés. 2005. Mi libro es un delirio estructurado. Entrevista con António Lobo Antunes. *El País*, 11 de mayo. Disponible en: elpais.com/diario/2005/05/11/cultura/1115762401_850215.html (consultado el 12 de marzo de 2013).

SURGHI, Carlos. 2012. César Aira y el procedimiento como experimentación. *Revista Laboratorio* 6, www.revistalaboratorio.cl/2012/06/cesar-aira-y-el-procedimiento-como-experimentacion/ (consultado el 12 de marzo de 2013).

VILA-MATAS, Enrique. 1999. Bolaño en la distancia. *Letras Libres* 4, www.letraslibres.com/revista/libros/bolano-en-la-distancia (consultado el 12 de marzo de 2013). Retomado en: *Una vida absolutamente maravillosa. Ensayos selectos* (Mondadori: Debolsillo, 2011).

—. 2001. Discurso de recepción del XII Premio Internacional de Novela Rómulo Gallegos. *Analítica.com*, www.analitica.com/BITBLIO/vila_matas/romulo_gallegos.asp (consultado el 12 de marzo de 2013).

JOSÉ JUAN TABLADA, CARLOS OQUENDO DE AMAT Y ÁLVARO DE CAMPOS: LA VANGUARDIA COMO EXPERIMENTO DE LA MODERNIDAD

Alejandro Palma Castro[*]

Las vanguardias hispanoamericanas han carecido, por varios años, de estudios críticos profundos que pongan en duda concepciones generales y a veces erróneas, como pensar que éstas únicamente se manifestaron a través de grupos o corrientes literarias amparadas en manifiestos que proclamaban un rompimiento radical con el modernismo. Al contrario, en el caso de la literatura en portugués, como se aprecia en estudiosos como Lisboa, Pizarro, Quadros, Saraiva y Sáez, parece que la crítica ha sido siempre más comprensiva al considerar que la vanguardia portuguesa supuso, en algunos casos, un extremo de los movimientos literarios finiseculares en la búsqueda de la expresión moderna. Por ello, el estudio comparativo entre la poesía del heterónimo de Fernando Pessoa, Álvaro de Campos, y la de dos poetas hispanoamericanos, José Juan Tablada y Carlos Oquendo de Amat, puede aportar una redefinición de algunos de los conceptos de la vanguardia hispanoamericana de las primeras décadas del siglo XX.

Varios poetas vanguardistas carecieron de un grupo literario y se encarrilaron en una búsqueda individual para expresar una revolución artística hacia lo nuevo, sin dejarse llevar por las ideologías o corrientes dominantes de su época. Es el caso de las obras del mexicano José Juan Tablada, del peruano Carlos Oquendo de Amat y del referido heterónimo de Pessoa, Álvaro de Campos, quienes desde su originalidad experimentaron otras vías de la modernidad que fueron poco conocidas y consideradas en su época y aún ahora, éstas carecen de un análisis apropiado. Lo que la mayoría de la crítica ha interpretado en estos tres autores como fases o rompimientos dentro de su obra, sobre todo con la irrupción de

[*] Benemérita Universidad Autónoma de Puebla.

la experimentación, me parece un *continuum* necesario que se percibe como una búsqueda profunda de la expresión moderna. Para sostener esta idea me detendré brevemente en los dos poetas hispanoamericanos y, desde estos mismos argumentos, realizaré un análisis de la situación de experimentación y vanguardia en la poesía de Álvaro de Campos.

José Juan Tablada (1871-1945) es un caso curioso de paulatino reconocimiento dentro de la vanguardia. De origen modernista, sin grupo literario ni manifiestos, este poeta mexicano parecía no tener las suficientes credenciales para ser considerado parte del momento vanguardista de la primera mitad del siglo XX. No obstante, él es el introductor del haikú japonés en Hispanoamérica además de tener una obra caligramática contemporánea a la de Apollinaire. Su primer poemario *El florilegio* (1889) es de marcada tendencia modernista a partir del plasticismo de la imagen parnasianista y de la decadencia simbolista. En 1904 habrá de ampliar con muchos más poemas publicados en revistas de la época, esta recopilación que reafirma su carácter modernista. Y aún, en 1918, su poemario *Al sol y bajo la luna* comprenderá piezas publicadas a principios del siglo XX desde la misma factura del modernismo aunque se incluirán algunos poemas denostando los espacios de la modernidad industrial y cosmopolita, tales como "Quinta avenida" y "El automóvil en México":

> Ruidoso automóvil, causas risa,
> pues en estúpido correr
> llevas de un lado a otro, a toda prisa,
> a los que no tienen quehacer...
> ...
> Dragón hecho por un cubista;
> caricatura mecánica de una bestia apocalíptica;
> saurio de alígeros afanes;
> alcoba itinerante y sicalíptica
> de prostitutas y rufianes...
> (Tablada 1971, 332-333)

Esta actitud antivanguardista es incomprensible bajo los esquemas propios de la modernidad literaria a la luz de sus dos trabajos subsencuentes: *Un día...* (1919) y *Li-Po y otros poemas* (1920). El primero resume el conocimiento y la experiencia del haikú japonés que adaptará bajo el nombre de "poemas sintéticos" en el que introduce no sólo esta forma japonesa tradicional sino también, la brevedad en una poesía como la hispanoamericana que estaba inmersa desde el romanticismo en la farragosidad retórica:

> Arte, con tu áureo alfiler
> las mariposas del instante
> quise clavar en el papel;
> en breve verso hacer lucir,
> como en la gota de rocío,
> todas las rosas del jardín.
> ("Prólogo" – Tablada 1971, 365)

Mediante la imagen del día dividido en "La mañana", "La tarde", "El crepúsculo" y "La noche", Tablaba hace sentir al lector la dimensión del universo a través de la naturaleza. La innovación formal de la brevedad se combina con una conmoción espiritual provocada por la expresión y el contenido del poema.

Un año después, publica otro libro distinto, *Li-Po y otros poemas* (1920) que reúne trabajos que había venido haciendo desde 1915 bajo el nombre de poemas ideográficos. Se trata de una suerte de experimentos con la poesía visual que por su elaboración y temática se relacionan frecuentemente con los caligramas de Apollinaire de 1918. ¿Hasta dónde Tablada emuló el trabajo de Apollinaire y las vanguardias europeas? Es un tema aún pendiente de descifrar a partir del trabajo con documentos de la época. Lo cierto es que sus estancias en París y Nueva York, justo a partir de la segunda década del siglo XX, fueron determinantes para que en *Li-Po y otros poemas* desarrollara no sólo su admiración por la literatura japonesa sino también por la escritura ideográfica china como se muestra en el poema "La calle donde vivo"[1]:

Estos dos libros y uno siguiente, continuación de los poemas sintéticos, *El jarro de Flores* (1922), hacen suponer a la crítica canónica —Paz, Meyer-Minnemann—, que existe un rompimiento estético entre el modernismo y la vanguardia en la obra de Tablada. Pero dicho juicio no es tan convincente si se revisa el último poemario, *La feria* (1928),

---

[1] Al respecto remito al lector a un artículo mío "Humor y experimentación en José Juan Tablada" donde no agoto el tema pero propongo un nuevo enfoque dispuesto a generar una lectura más amplia de su poesía visual (Palma Castro 2004).

donde se condensa la existencia humana con el significado mexicano de la fiesta en el espacio de la feria:

¿A qué obstinarse en proseguirla en vano...?
Ya terminó la Feria de la Vida,
a la paz y el estudio me convida
una luz al crepúsculo encendida
en el viejo Convento franciscano...

¡La plaza está desierta
y es triste la partida
sobre el crujir de la hojarasca yerta
al terminar la Feria de la Vida!

Del viejo templo voy hacia la puerta
al abrirla rechinan sus barrotes...
Como no hay en el templo sacerdotes
¡Jesucristo me da la bienvenida
de astros y flores entre nuevos brotes...!
¡Ya terminó la Feria de la Vida!
("Epílogo" – Tablada 1971, 506-507)

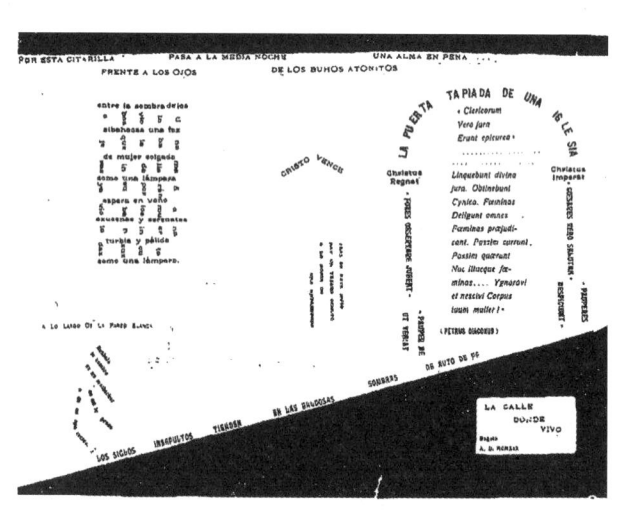

Fig. 1. Imagen tomada del archivo digital *José Juan Tablada. Letra e imagen*

Es definitivo que Tablada sólo ha podido llegar a la plasticidad y pureza poéticas de este libro luego de experimentar con la brevedad y el ideograma como medios de expresión poética, allí donde se alertaban los sentidos ante la simultaneidad de la palabra vuelta imagen. El introductor del haikú en Hispanoamérica parece un antivanguardista según los usos comunes del término en las primeras dos décadas del siglo XX. Sólo retoma una parte de la experimentación expresiva que le parece oportuna para un proyecto de obra moderna. Por lo tanto, los recursos que inscribirían a Tablada dentro de la vanguardia serán sólo un proceso hacia la conciliación de una modernidad donde la nostalgia subjetiva se ampara en un espacio ideal. Reitero lo referido en un artículo anterior: "Tablada no abandona el modernismo, más bien explora modos posibles para que el artista sea capaz de comprender el porvenir del ser humano" (Palma 2004, 127).

Carlos Oquendo de Amat (1905-1936) es, al igual que Tablada, un poeta poco revisado de manera crítica desde una perspectiva distinta a la historia común de las vanguardias en el Perú e Hispanoamérica durante la primera mitad del siglo XX. Nacido en Puno, su biografía es como la de varios artistas de la época: bohemio, adicto a las drogas, adelantado a su tiempo, con una visión inconmensurable malinterpretada como locura que lo sepultó entre leyendas y anécdotas maravillosas. Su único libro, *5 metros de poemas* (1927), mereció de la crítica la idea común de que sólo a un tísico delirante se le podía ocurrir formar un poemario que midiera alrededor de 5 metros con un juego tipográfico en la composición de los versos.

Además de la innegable factura creacionista y futurista del poemario, y del absurdo dadaísta en algunos textos, el libro de Oquendo presenta una relación intertextual con *Un Coup de dés jamais n'abolira le hasard* de Stéphane Mallarmé. En *5 metros de poemas* es evidente la idea mallarmeana de leer la página en lugar del verso. Se muestra un nuevo espacio del poema que se asume como un texto escrito perceptible a la vista y a una perspectiva. Así como Mallarmé plantea que su poema es una manera de buscar una expresión propia de su tiempo, Oquendo adaptará esta espacialidad para un contexto peruano específico. Con treinte años de distancia entre el poema de Mallarmé y el libro de Oquendo, la gran diferencia entre ambos estriba en su composición. Para el simbolista francés, el texto solo se dispersa en la página y puede ser una partitura de lectura que indica una prosodia específica para su ejecución. Para el vanguardista de Puno, se trata de una película donde cada poema hará de fotograma y el conjunto de ellos revelará un sentido total. Por ello es que el libro comienza con instrucciones precisas: "[A] bra el libro como quien pela una fruta". Oquendo divide las secciones, los poemas fechados en 1923 de aquéllos con fecha de 1925 mediante un anuncio atravesado en la página: "Intermedio/10 minutos". A diferencia de la vanguardia europea y parte de la vanguardia más conocida de Hispanoamérica que busca romper con los resabios simbolistas, Oquendo renueva la tradición del poema en la página de Mallarmé para presentarlo a partir de un nuevo aparato mecánico: el cinematógrafo.

El poema "Film de los paisajes" contiene la gran visión de Oquendo en busca de la expresión moderna:

Fig. 2: Imagen tomada de edición facsimilar:
5 metros de poemas. Lima: Universidad Ricardo Palma, 2007.

El juego tipográfico y la disposición espacial del texto tienden a formar una serie de secuencias simultáneas de distintos paisajes donde al final se presenta una disyuntiva:

Esto es insoportable
un plumero
para limpiar todos los paisajes
y quién
habrá quedado?
Dios   o   nada

El poema semeja un film montado desde distintos fragmentos inconexos que van generando una narrativa particular desde el absurdo de cada paisaje, tal como se muestra a continuación: "El paisaje es de limón/y mi amada/quiere jugar al golf con él" (Oquendo 2007, s.p.). Por ello es que entre los paisajes se incorpora un "poema acéntrico" con una nota al calce que dice: "Los poemas acéntricos que vagan por los espacios subconscientes, o exteriorizadamente inconcretos son hoy captados por los poetas, aparatos análogos al rayo X, en el futuro, los registrarán" (Oquendo 2007, s.p.). A partir de esta nota Manuel Pantigoso, en *Prismas y poliedros. Ismos de la vanguardia peruana*, ha caracterizado el "acentrismo":

> El *Acentrismo* actúa como un paisaje órbico —cósmico— en donde lo invisible de cada astro tiene su propia luz y su propio sonido («*se ha desdoblado el paisaje*»: se desdobla o despliega el paisaje en cada una de las páginas), y al mismo tiempo, la suma de ellos compone un todo caracterizado precisamente por sus múltiples unidades (el libro en su totalidad que semeja un acordeón y se abre y se cierra con deleite, con fruición, maravillándonos lo imprevisto). En ese múltiple universo de la página —y del libro en general— lo centrífugo y lo centrípeto, provenientes del fenómeno aglutinador autor-lector, permite leer el texto también de abajo hacia arriba, de atrás hacia delante, del pasado hacia el futuro, y, en fin, desde el ser del hombre hasta la poesía como respuesta. (2011, 336-337)

Agregaría a esta magnífica descripción, el hecho de que el poema acéntrico se resiste a una sola interpretación como es el caso de "Film de los paisajes". Estos "espacios subconscientes" bordean el modo de expresión surrealista aunque nunca se nombre a la vanguardia como tal. Ya sea por cercanía de fechas, el primer manifiesto del surrealismo apenas se publica en 1924, pero la idea del poema acéntrico tiene, más bien, su inmediato antecedente en otra obra particular de la poesía peruana: *Trilce* (1922) de César Vallejo. La noción de la escritura automática en Oquendo se hará manifiesta en 1929, en la revista *Amauta*, con un texto titulado "Poema surrealista del elefante y del canto":

> Los elefantes ortopédicos al comienzo se volverán manzanas constantemente
> Porque los aviadores aman las ciudades encendidas como flores
> Música entretejida en los abrigos de invierno

Tu boca surtidor de ademanes ascendentes
Palmeras cálidas alrededor de tu palabra itinerario de viajes fáciles
Tómame como a las violetas abiertas al sol.
(1929, 53)

En este poema posterior a las composiciones en *5 metros de poemas*, se manifiesta la llegada del poeta a su expresión surrealista y por ende a la modernidad poética. Como bien expresa la nota del poema acéntrico, los versos del elefante y el canto surgen de un espacio subconsciente que el poeta capta y manifiesta a partir de este sistema peculiar de metáforas. Una interpretación del poema que apoyará mi análisis anterior es la de concebir el descubrimiento de la voz poética. Hasta antes del "Poema surrealista del elefante y del canto", Oquendo ha venido explorando a través de la experimentación con voces, imágenes, soportes espaciales y otro tipo de artificios, la voz adecuada que refiera su momento presente. "Film de los paisajes" es una utopía lograda en "El poema surrealista..." con una profunda síntesis vanguardista; en él veremos la condensación de varias vanguardias poéticas dirigidas a la expresión del poeta, quien descarta "los viajes fáciles" para disponerse a ser expresión total de la modernidad: "Tómame como a las violetas abiertas al sol".

Para insistir en esta vía atípica que toma Oquendo para llegar al surrealismo quiero citar de nuevo el estudio de Pantigoso:

> El vanguardismo en el Perú tuvo básicamente una función instrumental. Siendo así, gran parte de la poesía se puso al servicio de la revolución y de las causas sociales. Mientras la vanguardia europea expurgaba en sus textos todo residuo social —era purista y estetizante— nuestra vanguardia fue eminentemente vital, comprometida con la naturaleza humana. El gran modelo está en *Trilce*, de Vallejo. (2011, 71)

Oquendo de Amat con sus *5 metros de poemas* representa la búsqueda legítima de la vanguardia no desde la estética sino desde la ética, lo que marca una gran diferencia con el marco de referencia de la mayor parte de las vanguardias artísticas de principios del siglo XX.

Frente a estos dos casos hispanoamericanos de vanguardia me parece que Fernando Pessoa, a través de Álvaro de Campos, mantiene una actitud similar ante su época. El espíritu vanguardista del poeta portugués vacilará entre el futurismo, el interseccionismo y el sensacionismo como medios para referir la modernidad. Esto es observable a través de sus primeras obras, como "Ode triunfal" (1915), "Ode marítima" (1915) y el poema-manifiesto "Ultimatum" (1917). Así como Tablada y Oquendo, Campos resuelve desde la experimentación y no en fases, una expresión particular para asir la modernidad desde lo poético. Existe una continuidad entre las primeras composiciones decadentistas de Campos y su incursión futurista y sensacionista, las cuales se convierten en el paso necesario para consolidar su última poesía como una forma manifiesta de lo más interior de la modernidad. Por eso, cuando leemos a Álvaro de Campo abrimos una de las más importantes puertas de nuestra actualidad literaria.

La crítica ha fijado la euforia de Campos por la modernidad a partir de su "Ode triunfal" y la "Ode marítima". Ambas composiciones rompen con el verso regular y, en su lugar, aparece un prosaísmo que se convierte en el ritmo frenético de alabanza a la máquina como el sentido poético de la humanidad. Campos sacude el espacio tradicional del poema a partir de tipografías varias de distintos tamaños. Al igual que *Un Coup de dés jamais n'abolira le hasard* de Mallarmé, ambas odas de Campos son una partitura con los trazos de una voz poética exacerbada en sus sentimientos, casi neurótica, expresándose de manera vívida a través de una supuesta oralidad manifiesta con signos de exclamación, frases enfáticas, interjecciones y sonidos onomatopéyicos; una puesta en escena de palabras para conmocionar al lector:

> Eia e hurrah por mim-tudo e tudo, máquinas a trabalhar, eia!
> Galgar com tudo por cima de tudo! Hup-lá!
> Hup-lá, hup-lá, hup-lá-hô, hup-lá!
> Hé-la! He-hô! H-o-o-o-o!
> Z-z-z-z-z-z-z-z-z-z-z!
> Ah não ser eu toda a gente e toda a parte!
> ("Ode Triunfal" – Pessoa 1997, 93)

Lo anterior es un recurso típico en varias vanguardias literarias, comenzando con el futurismo. Sin embargo, a diferencia de muchas de éstas donde la voz poética se funde con la máquina convirtiéndose en un proceso mecánico, las odas triunfal y marítima de Campos nos muestran a un sujeto ambivalente, contradictorio e incluso irónico; todo ello a través de la figura del masoquismo:

> Rasgai-me e feri-me!
> De leste a oeste do meu corpo
> Riscai de sangue a minha carne!
> Beijai com cutelos de bordo e açoites e raiva
> O meu alegre terror carnal de vos pertencer.
> A minha ânsia masoquista em me dar à vossa fúria,
> Em ser objecto inerte e sentiente da vossa omnívora crueldade,
> Dominadores, senhores, imperadores, corcéis!
> ("Ode marítima" – Pessoa 1997, 117)

La voz poética vierte aquí una imaginación sanguinaria sobre el suplicio que pide a los piratas. En la "Ode triunfal" el castigo lo provocan las máquinas:

> Eu podia morrer triturado por um motor
> Com o sentimento de deliciosa entrega duma mulher possuída.
> Atirem-me para dentro das fornalhas!
> Metam-me debaixo dos comboios!
> Espanquem-me a bordo de navios!
> Masoquismo através de maquinismos!
> Sadismo de não sei quê moderno e eu e barulho!
> (Pessoa 1997, 90)

Este placer por el castigo corporal en ambos casos ilustra una patología[2] del sujeto que se convierte en víctima de su entorno. Su deseo se debate entre el placer y el miedo. Por el tono contundente con que se manifiesta esta voz poética, se puede establecer que el masoquismo representa una gran metáfora en estos y otros textos vanguardistas de Campos sobre la ironía de la modernidad. Siguiendo esta línea de lectura, los siguientes versos de la "Ode triunfal" pueden interpretarse de una manera más clara:

> Maravilhosamente gente humana que vive como os cães
> Que está abaixo de todos os sistemas morais,

---

[2] Todas las referencias que Pessoa pudo conocer sobre el sadomasoquismo al momento de publicar ambas odas se comprenderán como una patología sexual derivada de una neurosis congénita. Freud habría de cambiar el sentido de esta conducta sexual en 1924 con su obra "El problema económico del masoquismo".

> Para quem nenhuma religião foi feita,
> Nenhuma arte criada,
> Nenhuma política destinada para êles!
> Como eu vos amo a todos, porque sois assim,
> Nem imorais de tão baixos que sois, nem bons nem maus,
> Inatingíveis por todos os progressos,
> Fauna maravilhosa do fundo do mar da vida!
> (Pessoa 1997, 91)

Apenas unos versos antes, la voz poética había referido a hijos ladrones e hijas de ocho años masturbando a hombres bajo la escalera. Entre esta imagen perversa la voz poética apela al lector: "—e eu acho isto belo e amo-o!—" (Pessoa 1997, 91). Esta intromisión parece una marca clara para entender el sarcasmo de los versos que he citado anteriormente.

La referencia en *Orpheu 1* sobre una próxima publicación de Álvaro de Campos titulada "Arco do Triunfo", más los esbozos de la obra que existen en el archivo de Pessoa donde se incluye el poema "Opiário", varias odas y el manifiesto "Ultimatum"[3], me hacen suponer la propuesta, por lo menos inicial, de un libro de clamor vanguardista en el contexto de los años de *Orpheu* y *Portugal Futurista* esto es, a finales de la segunda década del siglo XX. Lo cual también me permite sostener la idea de que por lo menos Pessoa no pensaba en distintas fases en la poesía de Campos, sino más bien en un momento vanguardista intenso donde convivieran tanto los resabios del simbolismo, el futurismo así como el interseccionismo y el sensacionismo. Este plan de lectura nos permitiría comprender cómo la increpación de las odas y la primera parte del manifiesto, se transforman en una sosegada reflexión como la que comienza el poema "Afinal, a melhor maneira de viajar é sentir":

> Afinal, a melhor maneira de viajar é sentir.
> Sentir tudo de todas as maneiras.
> Sentir tudo excessivamente
> Porque todas as coisas são, em verdade excessivas
> E toda a realidade é um excesso, uma violencia,
> Uma allucinação extraordinariamente nitida

---

[3] Sobre el supuesto libro de Álvaro de Campos y los poemas considerados en éste, se puede revisar el trabajo de Teresa Rita Lopes en *Pessoa por Conhecer. Textos para um novo mapa* (1990).

Que vivemos todos em commum com a furia das almas.
(Pessoa 1997, 200)

Este viaje que movía a la voz poética en las odas ahora se convierte en sensación. Si bien el exterior no deja de ser violento para el sujeto, existe una posible fuerza que le permite interiorizarlo y aprehenderlo. Maurilia Galati Gottlob en su artículo "Álvaro de Campos, poeta sensacionista" refiere el proceso de la poesía de Pessoa-Campos como un humanismo: "[N]aqueles versos, de forma toda especial, ele revela essa preocupação espiritualista do ser humano: sua atenção superiormente à vida interior e inferiormente à vida exterior. Ali sua poesia se aproxima, de certo modo, da humanística, preocupando-se com o aperfeiçoamento do homem" (1970, 313).

Esta vía del sensacionismo le permite a Campos acceder al sentir simultáneo de las múltiples personalidades para integrarse al todo. Esta totalidad que denomina la voz poética como universo, una analogía de Dios, se representa como la madre tierra a la cual le pide: "Intersecciona com o meu sangue, com a minha pelle e os meus nervos,/Teu movimento continuo, contiguo a ti propria sempre" (Pessoa 1997, 201). Es interesante que en el poema se asimile el interseccionismo no como una postura sino como un proceso, una acción específica que llevará al poeta a asumirse dentro de algo: "Sou uma grande machina movida por grandes correias/De que só vejo a parte que pega nos meus tambores" (Pessoa 1997, 202), o inmediatamente después:

Meu corpo é um centro d'um volante estupendo e infinito
Em marcha sempre vertiginosamente em torno de si,
Cruzando-se em todas as direcções com outros volantes,
Que se entrepenetram e misturam, porque isto não é no espaço.
(Pessoa 1997, 202)

El sujeto del poema se concibe en un equilibrio dinámico pero "obrigado ao equilibrio/De estar dentro do meu corpo, de não trasbordar da minh'alma" (Pessoa 1997, 202). Dicha armonía se manifiesta de manera distinta a como se experimentó en las odas o el manifiesto:

Ruge, estoira, vence, quebra, estrondeia, sacode,
Freme, treme, espuma, venta, viola, explode,

Perde-te, transcende-te, circumda-te, vive-te, rompe e foge,
Sê com todo o meu corpo todo o universo e a vida,
Arde com todo o meu ser todos os lumes e luzes,
Risca com toda a minha alma todos os relampagos e fogos
Sobrevive-me em minha vida em todas as direcções!
(Pessoa 1997, 203)

Ya no hay cambios tipográficos, ni interjecciones u onomatopeyas que inciten y provoquen al lector, tampoco notamos algún tono neurótico en la voz poética. En este poema se condensan las experiencias de la experimentación para alcanzar cierta modernidad más ética que estética; algo íntimo del sujeto, quien de manera personal buscaba conciliar su cambiante mundo exterior con el interior. João Décio, en sus "Notas Sóbre a Poesia de Álvaro de Campos", lo concebirá como un "constante processo de osmose entre o mundo interior do artista e a realidade exterior" (1968, 245). De manera sucinta Pizarro en su artículo "De la histeria a la neurastenia (Quental y Pessoa)" dirá: "Campos es el poeta de los ismos, de los arrebatos, de la violencia masoquista (en la "Oda triunfal" y la "Oda marítima"), de los nervios y las máquinas modernas, que tras su explosión vanguardista da paso al escritor del alto modernismo" (2004, 228).

En conclusión, luego de haber analizado los textos de Tablada, Oquendo y Campos, es evidente que la idea de modernidad y vanguardia en la literatura Iberoamericana debe manejarse con mayor amplitud, y así se podrán apreciar las vanguardias como un momento del *continuum* de la modernidad. Resulta prioritario entender que muchas obras escritas durante esos años apelan a nuevos modos de modernizarse y, por ende, aprovechan la novedad vanguardista para experimentar con la expresión adecuada; es el caso del haikú y la poesía visual en Tablada, del poema acéntrico en Oquendo o la neurosis gráfica y el masoquismo en Campos. Bajo esta lectura se puede reconsiderar que la idea de experimentación no implica de facto un rompimiento con la tradición sino más bien una forma de acceder a una mejor comprensión de la expresión poética. Ha sido un lugar común pensar que las vanguardias históricas de principios del siglo XX en Iberoamérica imitaron la propuesta estética de la mayoría de las vanguardias europeas y, por ello, se han leído sesgadamente como movimientos literarios menores, fugaces y poco trascendentes. El análisis comparativo que planteo basado en parte de la obra de estos tres poetas muestra que, si bien apelan a recursos vanguardistas comunes como la radicalización de las formas expresivas, su punto de partida y de llegada es distinto al de las vanguardias literarias más conocidas. En ninguno de estos casos que acabo de presentar se rompe con la tradición pasada: Tablada es un modernista convencido, Oquendo apela a la forma compositiva de Mallarmé y Campos concibe como un solo proceso el decadentismo y la vanguardia. El punto de llegada para los tres es la conciliación de un sujeto, más en un sentido ético que estético, con la época moderna: la reconciliación con lo divino al final de la vida en *La feria* de Tablada; la interpretación de una realidad compleja y poco intuida desde "Poema surrealista del elefante y del canto" de Oquendo; y la integración al universo a través de las sensaciones interiores en "Afinal, a melhor maneira de viajar é sentir" de Campos. Estas obras, como muchas más que se escribieron durante esas décadas, deben reconsiderarse a partir de una lectura más abierta de la vanguardia para conocer a profundidad sus propósitos y efectos en la cultura de Iberoamérica. Con ello, comprenderemos mejor el papel fundamental que el proceso vanguardista tuvo en la modernidad de la literatura sucedánea.

OBRAS CITADAS

DÉCIO, João. 1968. Notas sóbre a poesia de Álvaro de Campos. *Alfa* 13/14: 237-248.

GOTTLOB, Maurilia Galati. 1970. Álvaro de Campos, poeta sensacionista. *Alfa* 16: 293-316.

LISBOA, Eugénio. 1984. *O Segundo Modernismo em Portugal*. 2.ª ed. Lisboa: Instituto de Cultura e Língua Portuguesa.

LOPES, Teresa Rita. 1990. *Pessoa por Conhecer. Textos para um novo mapa*. Lisboa: Estampa.

MALLARMÉ, Stéphane. 2002. *Poème: un coup de dés jamais n'abolira le hasard*. Paris: Michel Pierson & Ptyx, Éditeurs.

MATA, Rodolfo. 2003. *José Juan Tablada. Letra e imagen (poesía, prosa, obra gráfica y varia documental)*. México D.F.: UNAM. CD-ROM.

MEYER-MINNEMANN, Klaus. 1988. Formas de escritura ideográfica en *Li-Po y otros poemas* de José Juan Tablada. *Nueva Revista de Filología Hispánica* 36 (1): 433-453.

OQUENDO DE AMAT, Carlos. 1929. Poema surrealista del elefante y del canto. *Amauta* 20 (enero): 53.

—. 2007. *5 metros de poemas*. Ed. facsimilar. Lima: Universidad Ricardo Palma.

PALMA CASTRO, Alejandro. 2004. José Juan Tablada, humor y experimento. *Hostos Review/Revista Hostosiana* 1: 120-128.

PANTIGOSO, Manuel. 2011. *Prismas y poliedros. Ismos de la vanguardia peruana*. Lima: Intihuatana.

PAZ, Octavio. 1973. Alcance: *Poesías* de José Juan Tablada. In *El signo y el garabato*. México: Joaquín Mortiz, 34-85.

PESSOA, Fernando. 1997. *Álvaro de Campos. Livro de Versos*. Ed. crítica de Teresa Rita Lopes. Lisboa: Estampa.

PIZARRO, Jerónimo. 2004. De la histeria a la neurastenia (Quental y Pessoa). *Literatura: teoría, historia, crítica* 6: 221-233.

—. ed. 2009. *Sensacionismo e outros Ismos*. Lisboa: Imprensa Nacional-Casa da Moneda.

QUADROS, António. 1989. *O Primeiro Modernismo Português – vanguarda e tradição*. Lisboa: Publicações Europa-América.

SÁEZ DELGADO, Antonio. 2010. Suroeste: el universo literario de un tiempo total en la península ibérica (1890-1936). In *Suroeste 1*. Ed. Antonio Sáez Delgado y Luis Manuel Gaspar. Badajoz: Ministerio de Cultura (Espanha)/MEIAC/Assírio & Alvim, 29-43.

SARAIVA, Arnaldo. 1986. *O Modernismo Brasileiro e o Modernismo Português*. Porto: [s.n.].

TABLADA, José Juan. 1920. La calle donde vivo [*Li-Po y otros poemas*]. In *Archivo Digital José Juan Tablada. Letra e imagen*. México: UNAM, http://www.tablada.unam.mx/archivo/homepage.html (consultado el 1 de marzo de 2013).

—. 1971. *Obras I. Poesía*. Rec., pról., ed. y notas de Héctor Valdés. México: UNAM.

V
RECEPÇÃO, RELEITURAS E CONFLUÊNCIAS

V
RECEPCIÓN, RELECTURAS Y CONFLUENCIAS

A CONSTRUÇÃO DE UMA IDEIA DE LITERATURA HISPANO-AMERICANA NO CAMPO CULTURAL PORTUGUÊS. UM FENÓMENO DE MEDIAÇÃO CULTURAL

Margarida Borges*

As próximas páginas propõem uma breve descrição histórica da emergência e consolidação de uma ideia de literatura hispano-americana no campo cultural português e resultam de um trabalho de pesquisa que percorreu diferentes materiais relativos à intervenção de críticos, jornalistas, editores, escritores, académicos e tradutores implicados neste processo de recepção[1]. Embora a ideia de literatura hispano-americana pudesse ser também perscrutada junto do público-leitor ou de determinado *corpus* da literatura portuguesa posto em diálogo com as literaturas em questão, a descrição que se apresenta circunscreve-se às práticas discursivas, impressas, específicas dos universos da crítica e da divulgação literárias e define a imprensa literária e generalista, a actividade editorial, a bibliografia especializada e a diarística como observatórios privilegiados da construção daquela ideia. Com lógicas estéticas, culturais e comerciais sobrepostas no quadro mais amplo do campo cultural português, estamos perante instâncias de mediação cuja produção prescritiva ou interpretativa assumiu decisiva influência na formação e circulação de uma ideia de literatura hispano-americana. Entendendo os discursos destas instâncias enquanto sintoma e produção dos contextos históricos em que foram enunciados, proceder-se-á a uma "investigação das condições de produção de sentido" (Ribeiro e Ramalho 1999, 74) que conduzirá à identificação de figuras e imaginários determinantes na construção de uma ideia de literatura hispano-americana ao longo dos anos em Portugal.

* Centro de Estudos Sociais, Universidade de Coimbra.
1 O artigo que aqui se apresenta enquadra-se no âmbito do projecto de doutoramento *A Construção de uma Ideia de Literatura Hispano-Americana no Campo Cultural Português (1967-2000)*, financiado pela Fundação para a Ciência e Tecnologia (SFRH/BD/65486/2009).

O ano de 1967, aquando da atribuição do Prémio Nobel da Literatura ao escritor guatemalteco Miguel Ángel Asturias e, simultaneamente, início de uma maior visibilidade das literaturas hispano-americanas no campo cultural português, corresponde ao limite inicial da descrição. No ano de 1990, quando as mesmas literaturas asseguravam já uma ampla circulação em contexto português, situa-se o seu limite final. A opção por esta extensão cronológica encontra explicação no próprio objecto que se interroga: só abrangendo um largo escopo de discursos dedicados às literaturas em questão é que parece ser possível compreender de que modo se processaram a emergência e consolidação de uma ideia identificadora de literatura hispano-americana no campo cultural português e averiguar os imaginários que foram informando a sua construção.

São, assim, três os subperíodos que permitem situar com maior rigor a emergência e a consolidação das literaturas hispano-americanas em contexto português: o que decorre entre 1967 e 1974-75, o que decorre entre 1974-75 e 1980 e a década de oitenta. Importa, desde já, mencionar que não se pretende com esta especificação separar discursos-fontes em compartimentos isolados. Não seria correcto afirmar que a crítica da imprensa literária anterior a 1967 foi indiferente à produção literária hispano-americana; que a edição de romances hispano-americanos nos anos setenta correspondeu a critérios peremptoriamente distintos dos utilizados nos anos oitenta; ou que as notas de leitura em torno de um *romance de ditador* publicadas em 1972 não podem dialogar com notas de leitura sobre um mesmo romance publicadas em 1985. A contextualização dos discursos em questão permite antes verificar que a construção de uma ideia de literatura hispano-americana é atravessada por processos de ruptura mas também por processos de continuidade em cuja combinação sobrevêm as diferentes posições e estratégias que estruturaram o campo cultural português nas sucessivas mutações por que se foi dinamizando. Com efeito, não se esgotando nas condições históricas que produziram e em que foram produzidos, os mesmos discursos encontram também explicação no que António Sousa Ribeiro considera ser a "conflitualidade interna sempre presente" (1997, 15) ou o "carácter não-consensual da cena literária portuguesa" (1997, 34). Nesta linha, a questão com que nos confrontamos é também a da construção de uma ideia de literatura hispano-americana posta em relação com a conflitualidade estética e política inerente ao campo de acção dos críticos, jornalistas, editores, escritores, académicos e tradutores implicados naquela construção, nomeadamente no que respeita à relação entre literatura e cultura e à relação entre literatura e política na imaginação e definição das literaturas em causa.

Situa-se em perspectiva os três subperíodos em que se organiza a descrição histórica da construção de uma ideia de literatura hispano--americana no campo cultural português: em 1967, a atribuição do Prémio Nobel da Literatura a Miguel Ángel Asturias favorece o interesse pelas literaturas hispano-americanas; a década de setenta é reveladora do que pode ser entendido como a emergência das literaturas hispano-americanas no país, ainda que o período imediatamente anterior e posterior à Revolução de Abril de 1974 abrande essa emergência; a década de oitenta equivale ao período de maior concentração de edições e reedições de obras de autores hispano-americanos, bem como à sua consolidação na imprensa literária e generalista por um novo jornalismo cultural.

1967 – 1974/75

Nos últimos anos do Estado Novo, os dispositivos censórios que regulavam a vida política do país eram os mesmos que regulavam a acção do campo cultural português, vigiando a produção e circulação dos seus diferentes domínios. No domínio específico da literatura, a prevalência, nos catálogos editoriais e nas páginas culturais da imprensa periódica, de uma produção literária integrada no regime esclarece essa vigilância, mas reflecte também as condições adversas com que se confrontavam escritores, críticos, editores, tradutores e jornalistas apostados na transformação do panorama literário em Portugal. Impedidos de intervir livremente na esfera pública e permanentemente submetidos ao autoritarismo de um poder político que nunca se coibiu das suas prerrogativas persecutórias (cf. Azevedo 1997; Medeiros 2010) – o que conduziu a inevitáveis deformações do campo da literatura, nomeadamente à autocensura dos seus agentes, ao isolamento e marginalização da sua função (cf. Ribeiro 1997) –, não deixaram, todavia, de se afirmar enquanto campo de acção intelectual fugidio à ordem da censura em circuitos alternativos.

As dinâmicas deste campo de observação não se esgotam na tensão entre a vigilância preventiva e punitiva do poder político, de um lado, e a produção dos circuitos alternativos, do outro. À data, identicamente significativo foi o "carácter não-consensual da cena literária", tal como apontado por Sousa Ribeiro (1997, 34)[22]. Uns encontravam-se mais próximos das práticas autorizadas pela ideologia e pelos valores morais do regime; outros mais próximos de uma vanguarda literária baseada na autonomia da escrita e da literatura; outros ainda mais próximos de uma vanguarda ideológica baseada na politização dessa autonomia. A divergência de posições e estratégias – estéticas e políticas, mas também culturais e comerciais – dos seus agentes, posta em relação com as condições de produção próprias de um contexto opressivo à actividade cultural, trouxe à cena um clima polémico e conflitual cujo pomo de discórdia, a saber, a função da literatura e da cultura e a sua relação com a política e a sociedade, foi tanto contextual como conformador da estrutura interna do campo nos períodos subsequentes (cf. Ribeiro 1997).

A esta altura, o encontro dos editores com as literaturas hispano-americanas terá sido conduzido pelo desejo de modernidade e pelo contacto privilegiado com a actualidade editorial no estrangeiro. As Publicações Europa-América, sob a direcção de Francisco Lyon de Castro, e as Publicações Dom Quixote, sob a direcção de Snu Abecassis, foram as principais editoras daquelas literaturas. Situadas de forma mais ou menos assumida no campo de oposição ao regime e atentas à produção literária que circulava fora do país, estas casas editoriais funcionaram como uma espécie de reduto de resistência intelectual, sendo recorrentemente perseguidas pelo aparelho censório do Estado Novo (cf. Medeiros 2010). Com um número de títulos menos significativo, as editoras Livros do Brasil, Presença, Estampa, Arcádia, Moraes e Bertrand também apostaram nas obras de autores hispano-americanos. As capas e contra-capas da generalidade destas edições formaram espaço privilegiado para a construção de imagens alusivas a um imaginário cultural hispano-americano, alternando entre a figuração de paisagens exóticas e a representação, não raras vezes fantasiosa, de índios, camponeses, caudilhos e ditadores.

Do lado da imprensa literária, a quem coube a difusão mas também as primeiras análises de literaturas relativamente desconhecidas em Portugal, destaca-se o papel da revista *Vértice*, do *Suplemento Literário* do *Diário de Lisboa*, do suplemento *República das Artes e das Letras* do *República*, das páginas culturais do *Diário Popular* e do *Comércio do*

---

2 A par desta análise, ver também Reis (1990) a propósito da produção cultural "entre a norma e a ruptura" na vida cultural portuguesa de 1926 a 1958.

Funchal. Em menor grau, o *Notícias da Amadora*, o *Diário de Notícias*, a revista *Seara Nova* e o suplemento *& etc* do *Jornal do Fundão* também marcaram o momento inicial da recepção das literaturas em questão. Assinados algumas vezes, por assinar outras vezes, cerca de um terço dos artigos, recensões, entrevistas e rubricas de maior ou menor dimensão é reprodução de material publicado em periódicos do estrangeiro.

Os discursos produzidos durante este período em torno das literaturas em questão são tendencialmente marcados pela instrumentalização simbólica de uma alteridade literária em que a noção de cultura especificamente hispano-americana é decisiva. São desta altura os elogios a uma literatura moderna, mas nem por isso menos exótica, que reflecte os problemas e as realidades vivas dos povos da América Latina. Nesta linha, a ideia de literatura hispano-americana confunde-se com a própria ideia de América Latina – atmosfera de sínteses e contrastes – e os elementos de matriz indigenista, europeia e africana que aí são destacados funcionam como paradigmas de uma identidade cultural supranacional em que a *diferença*, entendida também enquanto *desordem*, é reveladora de uma modernidade alternativa. Na mesma linha, o escritor hispano-americano é visto como aquele que assume a voz do povo e a quem cabe recuperar o folclore e as raízes autênticas, as fontes mágicas e maravilhosas, as tradições e os mitos fundadores de uma herança cultural capaz da "maravilha literária [...] talvez só possível na América Latina" (Ferreira 1970b, 2). Assim se pode compreender a produção de imagens em torno do escritor Miguel Ángel Asturias no *Vida Literária e Artística* do *Diário de Lisboa*, nomeadamente o "[p]erfil pesado de índio, o rosto de bronze a lembrar a máscara dos maias" e a sua relação com o que se presume ser o "supremo objectivo do romancista [que] é fixar-se na memória do povo" (Faustino 1968, 1). Do mesmo modo também se pode entender o que foi anonimamente escrito no suplemento *Literatura e Arte* do jornal *A Capital* acerca dos escritores hispano-americanos, em particular acerca de Gabriel García Márquez:

> Os escritores sul-americanos surgiram, precisamente, quando os críticos literários de todo o mundo prognosticavam o fim do romance; um fim rápido, motivado por causas bem precisas. Senhores de uma literatura barroca, exuberante, magnífica, cheia de força, de magia, vieram estes romancistas dar uma nova vida ao que se cuidava morto e sem remédio [...]. E Gabriel García Márquez, de entre tantos nomes, logo se distinguiu como

um dos mais notáveis, como um dos maiores escritores. *Cem Anos de Solidão*, seu penúltimo livro, é mesmo apontado como a obra-prima da literatura contemporânea. Mas quem é Gabriel García Márquez? Gabriel García Márquez é, na realidade, a própria América Latina: o real e o mágico, o trágico e o épico, a violência a par da subtileza. (Anón. 1972, 8)

Importa referir que a atracção por esta ideia de literatura hispano-americana, que à data convocou privilegiadamente escritores como Miguel Ángel Asturias, Alejo Carpentier e Gabriel García Márquez, tal como as categorias *realismo mágico* e *real maravilhoso* por eles impulsionadas, usa como princípio fundamental a oposição entre uma literatura ocidental considerada "esgotada", presa a uma "espécie de realismo demasiado positivista, digamos mesmo economicista, por influência do marxismo" (Machado 1971, 1), e uma literatura hispano-americana representativa da "recuperação total da linguagem" (Ferreira 1970a, 1). Os mecanismos que a representaram, imaginando-a e produzindo conhecimento sobre si, não são porém concordantes. Entre os discursos que integraram paternalisticamente a literatura hispano-americana no repertório cultural português, sujeitando-a, para tal, a uma relação de dominação e poder, e as práticas discursivas que a elogiaram por verem modificado o mesmo repertório, compreende-se como a instrumentalização desta literatura é tão diversificada quanto as posições que a exploraram no campo. Observe-se, todavia, que, mais ou menos próximos do regime, os sectores e posicionamentos do campo cultural português que comentaram as literaturas hispano-americanas convergiram em acepções de cultura eivadas por uma série de traços do nacionalismo cultural, associando-as aos elementos mais perenes de uma identidade supranacional. Neste sentido, estamos perante uma cultura ideológica nacionalista que serviu de génese ao Estado Novo mas que não deixou de informar também as posições dos que desejaram uma revolução cultural no país.

1974/75 - 1980

Entre 1974-75 e o final da década são poucas as figurações das literaturas hispano-americanas na crítica e na divulgação literárias em Portugal. Tudo tendia a girar em torno das transformações políticas e sociais motivadas pela conquista da liberdade e da democracia. O campo cultural português, partilhando da euforia colectiva de um dos momentos mais importantes da história nacional do século XX, foi menos activo no seu papel de mediador de literaturas estrangeiras.

O abrandamento da emergência das literaturas hispano-americanas não significou, porém, a sua supressão. As editoras Bertrand, Publicações Europa-América e, em menor grau, a Caminho, a Círculo de Leitores, a Estampa ou as Iniciativas Editoriais deram à estampa novas edições de obras de autores hispano-americanos. Na imprensa periódica, as páginas culturais do *Diário de Notícias*, de *O Jornal*, do *Expresso* e o *República das Artes e das Letras* acompanharam essas edições, publicando recensões e rubricas de maior ou menor tamanho. Tal como no período anterior, parte do material publicado constitui réplica de material publicado em periódicos estrangeiros, ocorrendo, por isso, não raras vezes, exclusivos *DN/L'Éxpress, República/Cuadernos para el diálogo, Expresso/EFE*. Também como anteriormente, a imaginação das literaturas hispano-americanas subentende políticas de tradução fundadas em acepções essencialistas de cultura. Obras e escritores continuam a ser associados a uma identidade hispano-americana homogeneizada que, à luz das lógicas do sistema literário mundial, parece ser condição necessária para a competição com outras identidades culturais, sendo daqui que decorrem as insistentes oposições entre literatura hispano-americana e literatura europeia.

É interessante notar que, continuando a funcionar como eixo central de uma ideia de literatura hispano-americana, as representações de um *outro* literário e cultural passam a mobilizar abertamente a relação entre literatura e revolução política. A título de exemplo leia-se nas páginas culturais do *Diário de Notícias*, sob o título "Revolução e permanência na História da América Latina", as reflexões de Álvaro Manuel Machado em torno de uma "cultura de um sentido novo", que é o resultado de "dois aspectos que a cada passo, e cada vez mais, se confundem: o da revolução como motor da História e o da permanência dos grandes mitos das civilizações antigas" (Machado 1970, s.p.). É neste sentido que se pode ler também Urbano Tavares Rodrigues quando, em *O Jornal*, se refere à influência de uma "modernidade latino-americana" sobre muitos escritores portugueses que com Abril e a revolução cultural desejaram "participar [...] na pesquisa de uma literatura nova, novíssima, popular e mágica", buscando no "mito e na literatura oral" as suas fontes (Rodrigues 1979, 43).

1980 - 1990

A década de oitenta corresponde ao período de maior concentração das literaturas hispano-americanas no mercado editorial e na imprensa cultural e generalista em Portugal. Pode mesmo considerar-se que, se houve um *boom* literário hispano-americano em Portugal, terá sido durante estes anos. Gabriel García Márquez e Mario Vargas Llosa foram os autores mais populares, ocupando um número de páginas significativo em jornais como o *Diário de Notícias*, o *Expresso*, o *Diário de Lisboa*, *O Jornal*, o *Diário Popular*, o *Jornal de Letras, Artes e Ideias*, mas também em revistas académicas como a *Cadernos de Literatura* da Universidade de Coimbra. Outro nome sonante, embora de uma outra ideia de literatura hispano-americana, que só converge com a primeira quando a deriva identitária permeia os discursos que a representam, é o de Jorge Luis Borges.

No decorrer deste período, a compulsão editorial de obras literárias de autores hispano-americanos e a consequente recepção na imprensa cultural e generalista encontra uma primeira explicação no incremento da actividade editorial e na facilidade da circulação de livros e catálogos vindos do estrangeiro. Analogamente, a lógica mercantilista de *cultura* configuradora do contexto em apreço também terá sido decisiva. Numa altura em que o livro sobrevém como mercadoria de uma indústria cultural regida pelas mesmas leis de outras indústrias, a publicação massificada de obras literárias hispano-americanas terá sido financeiramente viável, revestindo-se dos valores culturalistas manifestos, também, numa sociedade de consumo. Data deste período o progressivo apagamento na imprensa literária de uma elite literária especializada e a emergência de outras elites culturais cujo domínio se convencionou chamar jornalismo cultural (cf. Ribeiro 1997).

Dados biográficos como a morte de Julio Cortázar em 1984 ou a morte de Juan Rulfo e Jorge Luis Borges em 1986 explicam a atenção redobrada por parte da crítica e do sector editorial às literaturas hispano-americanas, mas mais determinante ainda parece ter sido a atribuição de prémios literários internacionais aos seus escritores. Em 1980, Juan Carlos Onetti foi reconhecido com o Prémio da Associação Nacional de Críticos de Espanha e com o Prémio Cervantes. Em 1982, cabe a Gabriel García Márquez ser distinguido com o Prémio Nobel da Literatura. Em 1984, Ernesto Sábato recebe o Prémio Cervantes, que em

1987 e em 1989 é atribuído a Carlos Fuentes e a Augusto Roa Bastos, respectivamente. Em 1986, é a vez de Mario Vargas Llosa ser galardoado com o Prémio Principe de Asturias de las Letras. Finalmente, em 1990, o Prémio Nobel da Literatura homenageia Octavio Paz. Sempre atentas aos prémios literários, tanto as editoras como a imprensa cultural seguiram de perto as obras dos autores premiados.

A par da atribuição de prémios literários de renome internacional, a atracção pela dimensão política da vida dos escritores também mobilizou o interesse pelas literaturas hispano-americanas a esta altura. Ainda que a imaginação política permeie a ideia de literatura hispano-americana desde os anos sessenta, nos anos oitenta essa atracção parece decorrer sobretudo dos processos que reificam de igual modo a política e a cultura. A valorização da dimensão política dos escritores sobrepõe-se, não raras vezes, à valorização das suas produções literárias e o que parece estar então em causa é a definição de um imaginário político que numa sociedade de consumo se dá a ver como espectáculo. Na mesma medida, a diferenciação cultural consubstancia-se em motivos e alusões a uma identidade política hispano-americana que prefigura a vida e a obra dos autores. Não surpreende por isso que, justamente nesta década, o *Jornal de Letras, Artes e Ideias* e *O Jornal* tivessem publicado uma série de crónicas e artigos de opinião de Mario Vargas Llosa e de Gabriel García Márquez em torno da situação político-social dos diferentes contextos da América Latina. O que aí parece interessar, mais do que a qualidade do registo, é a imagem de escritores profundamente comprometidos com os destinos da América Latina e, simultaneamente, a definição de um imaginário político configurado pelas lógicas de consumo.

Em jeito de conclusão, importa sublinhar que, exceptuando esparsas figurações na diarística de João Palma Ferreira (1972, 1977, 1983, 1986), José Cardoso Pires (1977, 1994), Urbano Tavares Rodrigues (1975, 1978a, 1978b), José Saramago (1998), Vergílio Ferreira (1980a, 1980b, 1987) e José Fernandes Fafe (1985) ou na bibliografia especializada de Óscar Lopes (1969), novamente de João Palma Ferreira (1974, 1986), Jorge de Sena (1978, 1989) e Serafim Ferreira (1971), a divulgação das literaturas hispano-americanas em contexto português entre os anos sessenta e oitenta deve a sua larga maioria à imprensa cultural e generalista e ao sector editorial. Nesse âmbito, a construção de uma ideia de literatura hispano-americana assume-se sobretudo como um fenómeno de mediação cultural cuja adequação ao elogio da *diferença* e, simultaneamente, aos mecanismos de mercado serviu tanto aos agentes culturais como aos defensores da distinção do intento literário que aí intervieram.

OBRAS CITADAS

ANÓNIMO. 1972. Quem é Gabriel García Márquez? *A Capital, Suplemento Literatura e Arte*, Setembro 20.

AZEVEDO, Cândido. 1997. *Mutiladas e Proibidas: para a história da censura em Portugal nos tempos do Estado Novo*. Lisboa: Caminho.

FAFE, José Fernandes. 1985. *Esquerda, a Novíssima e a Eterna*. Lisboa: Edições O Jornal.

FAUSTINO, César. 1968. A literatura europeia materializou-se e os jovens de hoje só acreditam na violência. *Vida Literária e Artística, Diário de Lisboa*, Janeiro 11.

FERREIRA, João Palma. 1970a. Sobre Vargas Llosa: recuperar a ficção. *Suplemento Literário, Diário de Lisboa*, Abril 16.

—. 1970b. Deambulações críticas sobre a crise da ficção e acerca de Gabriel García Márquez. *Suplemento Literário, Diário de Lisboa*, Junho 11.

—. 1972. *Diário (1962-1972)*. Lisboa: Arcádia.

—. 1974. *Pretérito Imperfeito*. Lisboa: Editorial Estúdios Cor.

—. 1977. *Diário (1972-1976)*. Lisboa: Publicações Europa-América.

—. 1983. *O Candidato de Luciféci. Diário (1977/1981)*. Lisboa: Moraes Editores.

—. 1986. Nota introdutória. In *Evaristo Carriego*, de Jorge Luis Borges. Lisboa: Livros do Brasil, 7-34.

FERREIRA, Serafim. 1971. Uma literatura desenvolta e comprometida. In *Narrativa Cubana da Revolução*. Lisboa: Editorial Presença, 7-13.

FERREIRA, Vergílio. 1980a. *Conta Corrente*, vol. 1 (1969-1976). Lisboa: Bertrand.

—. 1980b. *Conta Corrente*, vol. 3 (1980-1981). Lisboa: Bertrand.

—. 1987. *Conta Corrente*, vol. 5 (1980-1981). Lisboa: Bertrand.

LOPES, Óscar. 1969. Autores estrangeiros. Alejo Carpentier. In *Modo de Ler. Crítica e interpretação literária II*. Lisboa: Editorial Inova, 417-425.

MACHADO, Álvaro Manuel. 1970. Revolução e permanência na História da América Latina. *Diário de Notícias*, Outubro 11.

—. 1971. A literatura da América Latina em França. *Suplemento Literário do Diário de Lisboa*, Junho 24.

MEDEIROS, Nuno. 2010. *Edição e Editores. O Mundo do Livro em Portugal, 1940-1970*. Lisboa: Imprensa de Ciências Sociais.

PIRES, José Cardoso. 1977. *E Agora, José?* Lisboa: Moraes.

—. 1994. *A Cavalo no Diabo. Crónicas no público e casos privados*. Lisboa: Dom Quixote.

REIS, Carlos. 1990. A produção cultural entre a norma e a ruptura. In *Portugal Contemporâneo*, vol. 2. Dir. António Reis. Lisboa: Alfa, 585-654.

RIBEIRO, António Sousa. 1997. Intelectuais, cultura e literatura em Portugal, 1958-1995. In *Intelectuais, Cultura e Sociedade* (projecto n.º PCSH/C/SOC/722/93). Coimbra: Centro de Estudos Sociais, 117-296.

RIBEIRO, António Sousa, e Maria Irene RAMALHO. 1999. Dos estudos literários aos estudos culturais? *Revista Crítica de Ciências Sociais* 52-53: 61-83.

RODRIGUES, Urbano Tavares. 1978a. *Ensaios de Escreviver*. Coimbra: Centelha.

___. 1978b. *Realismo, Arte de Vanguarda e Nova Cultura*. Porto: Editora Nova Crítica.

___. 1979. Do pícaro ao folhetim, "com prazer". *O Jornal*, Outubro 11.

SARAMAGO, José. 1998. *Diário IV*, vol. 2. Lisboa: Círculo de Leitores.

SENA, Jorge de. 1978. *Dialécticas Aplicadas da Literatura*. Lisboa: Edições 70.

—. 1989. *Vinte e Sete Ensaios*. Lisboa: Círculo de Leitores.

EL *BOOM* DE ROBERTO BOLAÑO EN PORTUGAL

María Fondo*

> *Aunque también es verdad que la patria de un escritor no es su lengua o no es solo su lengua sino la gente que quiere. Y a veces la patria de un escritor no es la gente que quiere sino su memoria. Y otras veces la única patria de un escritor es su lealtad y su valor.*
>
> Roberto Bolaño, *Discurso de Caracas*

El objetivo de este trabajo es conocer un poco mejor la recepción y la traducción de la obra de Roberto Bolaño en Portugal. Para ello haremos un recorrido por la prensa, en concreto, analizaremos la revista *Colóquio Letras, Jornal de Letras, Expresso, Público* y *Ler, Livros & Leitores* a lo largo de los últimos diez años (2002-2012). El primer hecho que constatamos es que su presencia es más periodística que académica; observamos la escasez de artículos críticos sobre la obra de este autor, pero esta carencia de análisis se ve generosamente compensada por la traducción portuguesa de la mayor parte de su obra en un período de tiempo relativamente corto[1].

En España hasta 1998, fecha en que se publica *Los detectives salvajes*, Roberto Bolaño era un escritor poco conocido; seis años después, en 2004, cuando se publica su obra póstuma *2666* se había convertido en un mito. En Estados Unidos se publica en 2003 la primera traducción de una obra suya, la novela *Nocturno de Chile*, cinco años más tarde se habrá publicado la mayor parte de su obra y el autor residirá de pleno derecho en el Olimpo de los dioses. En Portugal, arrastrado inevitable-

---

* Universidade de Lisboa.
1 Al final del artículo, se encuentra un anexo con la lista completa de las obras de Roberto Bolaño publicadas en España y traducidas en Portugal y Estados Unidos.

mente por toda esta marea, llega de forma inesperada y explota en todas sus posibilidades. ¿Cómo se explica este fenómeno?

Hagamos un breve recorrido por su vida. Roberto Bolaño nació en Santiago de Chile el 28 de abril de 1953. Pasó su infancia en Viña del Mar, Quilpué y Cauquenes. En 1968 se trasladó con la familia a Ciudad de México, donde decidió llevar una vida de poeta; tenía quince años. Esta fue una época de mucha efervescencia política pero, sobre todo, de mucha inquietud artística/literaria. Creó con un grupo de amigos medio anarcos, medio poetas del movimiento infrarrealista cuyo lema era "volarle los sesos a la cultura oficial". Dice en *Los detectives salvajes*: "Coincidimos plenamente en que hay que cambiar la poesía mexicana. Nuestra situación es insostenible entre el imperio de Octavio Paz y el imperio de Pablo Neruda. Es decir: entre la espada y la pared" (Bolaño 1998, 30). Nueve años más tarde en 1977, decidió cruzar el Atlántico, primero Francia, luego España y el norte de África. Regresó a Barcelona y luego a Balmes, Girona, donde se estableció. Errancia, celebración de la amistad y una insobornable pasión por la literatura serán los principios que regirán su vida y su obra.

Veamos primero qué ocurre en España. *Consejos de un discípulo de Morrison a un fanático de Joyce* escrita a cuatro manos con Antoni García Porta supone su debut literario en 1984. Con ella gana el premio Anthropos y la publica en este mismo sello. A partir de 2006 se reeditará en la Editorial Acantilado. Pero el verdadero estreno se da en 1993 con *La pista de hielo*, la novela gana el premio Ciudad Alcalá de Henares y es publicada por la Fundación Colegio del Rey. Tres años después en 1996, publica *La literatura nazi en América* en Seix Barral. Cuenta con una buena recepción crítica pero escasas ventas hasta tal punto que la edición fue guillotinada poco más tarde. Esta novela llamará la atención, entre otras razones, porque desconcierta a los lectores que en un principio la consideraban un ensayo. En otoño de este mismo año sale a la luz *Estrella distante* en Anagrama. Al año siguiente en 1997, se publica el libro de relatos *Llamadas telefónicas*. Y un año después, en 1998, aparece *Los detectives salvajes* en la misma editorial. Con esta obra gana el premio Herralde de novela por unanimidad y, al año siguiente, el más prestigioso premio literario latinoamericano, el Rómulo Gallegos, también por unanimidad. Hasta la publicación de esta obra era un escritor que vivía en un relativo aislamiento. Es decir, en muy pocos años pasa de ser un escritor anónimo a convertirse en el autor latinoamericano más importante desde García Márquez. En 1999 se publican *Amuleto* y *Monsieur Pain*, en 2000 una novela más extensa *Nocturno de Chile*, en 2001 *Putas asesinas*, en 2002 *Amberes* y *Una novelita lumpen*. *El gaucho insufrible* se publica en 2003, el mismo año de su muerte. Y es este hecho un tanto inesperado el que desencadena una gran atención hacia su obra, que alcanza la cumbre con la publicación póstuma de *2666*, en 2004. De ella dice su editor Jorge Herralde que es el primer gran clásico del siglo XXI. Su historia y su muerte trágica en el momento justo en el que estaba alcanzando el reconocimiento internacional lo convierte en un mito, en un icono.

Echemos un vistazo a lo que sucede al otro lado del Atlántico. La primera traducción de Bolaño en Estados Unidos es *By Night in Chile* en 2003, en la prestigiosa editorial independiente New Directions y cuenta con el espaldarazo de las palabras de Susan Sontag en la contraportada: "*Nocturno de Chile* es lo más auténtico y singular: una novela contemporánea destinada a tener un lugar permanente en la literatura mundial". Le siguen *Amulet* y *Distant Start*, las tres traducidas por Chris Andrews quien, según Carmen Boullosa (2008), fue otro factor importante pues era un bohemio como Bolaño y supo captar su espíritu y su virtuosismo. Las publicaciones en la editorial New Directions suponen el trampolín para el gran salto que se produce en 2007 con la publicación de *The Savage Detectives* en la todopoderosa editorial Farrar, Straus and Giroux, obra traducida por Natasha Wimmer. A semejanza de lo que había ocurrido nueve años antes en España, cautiva a críticos y lectores y es considerada en la prensa estadounidense una obra maestra. En *The Washington Post*, Ilan Stavans insiste en la idea de que "ningún latinoamericano desde Gabriel García Márquez ha dibujado el mapa de la literatura mundial con tanto énfasis" (2007), palabras que se van a repetir hasta la saciedad en otros medios.

Un año más tarde, en 2008, se publica *2666* en la misma editorial y el prestigioso National Book Critics Circle le otorga el premio a la mejor obra de ficción, es decir, gana el premio nacional de la crítica. Marcela Valdés, miembro de este grupo, señala que Bolaño es un punto de inflexión, un despegue definitivo hacia una nueva literatura de corte global y añade que "él ha cambiado los nombres en el panteón literario y es ahora cuando EE.UU. ha tomado conciencia" (Valdés 2008; mi traducción). Es decir, tarda cinco años en conquistar la crítica y el mercado y, con esta última obra, el *establishment* cultural norteamericano lo entroniza; se convierte en un autor de culto. Se construye y vende una imagen de joven rebelde que vivió los ideales de su juventud hasta sus últimas consecuencias. De hecho, en la mayoría de los artículos se publica una fotografía suya de los años setenta. Pero no se menciona que escribió lo más representativo de su obra cuando ya era sosegado padre de familia y que una de sus últimas preocupaciones fue asegurar el futuro económico de sus hijos.

Situémonos ahora en Portugal. La fecha de partida va a ser 2003. La editorial portuguesa Gótica publica *Nocturno Chileno*, novela traducida por Rui Lagartinho y Sofia Castro Rodrigues. La pregunta que nos planteamos es ¿por qué *Nocturno Chileno*? Seguramente porque fue la última novela publicada por el autor antes de su muerte y era menos arriesgada y, sobre todo, menos costosa para una primera traducción que *Los detectives salvajes*, obra premiada pero de mayor extensión (unas 600 páginas).

De 2003 a 2006 asistimos a un tiempo de silencio y es, en esta última fecha, cuando se publica en la Editorial Teorema *Estrela Distante*, traducida por Jorge Fallorca. A continuación en 2008, se publica *Os Detectives Selvagens*, traducida por Miranda das Neves. Ambas novelas se reeditan en 2009 y 2010 (5.ª edición) respectivamente. Ahora, las traducciones responden al orden de publicación en España y, como podemos ver, al de Estados Unidos, en este caso con la distancia de un año. Se traducen dos de sus mejores obras pero no se traduce todavía *2666*, y es comprensible si tenemos en cuenta el tamaño (más de 1000 páginas). En la portada de *Os Detectives Selvagens* nos encontramos bien visibles las palabras de Susan Sontang —"Finalmente a obra-prima do mais influente e admirado romancista latino-americano da sua geração"—, de lo que se deduce que los editores portugueses estaban al tanto de lo que estaba ocurriendo en el mercado estadounidense.

El silencio de la prensa se va transformando paulatinamente en mayor presencia. En 2008 aparecen referencias breves en el *Expresso*, en el *Público* y en la revista *Ler*. Pero esta situación se altera radicalmente en 2009. Este año aparecen especiales en el *Jornal de Letras* y un artículo a doble página firmado por Enrique Vila-Matas. En la revista *Ler*, Rogério Casanova escribe una crítica de seis páginas y, en el suplemento *Actual* del periódico *Expresso*, José Mário Silva hace un recorrido por la vida y obra de Bolaño en tres amplias páginas. El cambio se debe a la publicación por la Quetzal de la traducción de *2666*, un trabajo de Cristina

Rodrigues y Artur Guerra con el que ganarían el premio de traducción Casa da América Latina/Banif. *2666* supone un camino de no retorno.

La obra se presenta como una ruptura en palabras de Francisco José Viegas: "Se Macondo era o princípio do fantástico latino-americano, Santa Teresa é o seu fim. A sua liquidação. O fim. Quando o li pela primeira vez, percebi que estava a assistir a uma revolução" (2009). El mismo Francisco José Viegas la compara con el *Ulysses* de Joyce y con Borges, comparaciones que previamente había establecido la crítica americana. Los comentarios en la prensa son grandilocuentes. José Mário Silva escribe: "São mais de mil páginas geniais e magnéticas", o "Eis um labirinto com muitas entradas e nenhuma saída. Um buraco negro que devora qualquer matéria ficcionável" (2009). Eduardo Pitta comenta: "Toda a gente leu o livro no original castelhano ou nas traduções (inglesa, francesa e alemã). Cada época impõe os seus protocolos. Hoje é um opróbrio não ter lido *2666*" (2009, 49).

El especial del *Jornal de Letras* lo firma Enrique Vila-Matas, escritor, amigo y admirador de Roberto Bolaño. Es un artículo entrañable en el que recuerda los últimos años de vida del autor y su concepto de la vida y de la escritura: "Vivia a vida de tal forma que nos ensinava a escrever, como se nos estivesse a dizer que nunca devemos perder de vista que viver e escrever não admite brincadeiras, embora permitam um sorriso" (Vila-Matas 2009, 12-13). Cuenta como se dedicó "sem nenhuma trégua e com intensidade fora do comum, a entrelaçar sonho profundo, morte e caligrafia" (2009, 12-13). Y recoge las palabras de Rodrigo Fresán al respecto: "Ser escritor não era uma vocação, era um modo de ser e de viver a vida" (2009, 12-13).

En la revista *Ler* de octubre de 2009 aparece un artículo de seis páginas firmado por Rogério Casanova. El crítico hace un análisis de *2666* estructurado en cinco partes a semejanza de las cinco partes de las que se compone la obra. Empieza con las características que definen una "ópera prima", pasa por la multitud de elementos contenidos, hasta la propuesta del significado final de la obra: "Como o ready-made inspirado en Duchamp que Amalfitano reproduz na segunda parte, *2666* expõe a literatura aos elementos, para que esta possa aprender algo sobre a vida" (2009, 47). Casanova apunta como una de las líneas de pensamiento de Bolaño, que podemos rastrear en esta obra "a suspeição de que a Grande Literatura, apesar da sua centralidade na experiência humana, seja apenas um santuário amnésico onde se faz pouco mais do que ignorar o Apocalipse" (2009, 47). *2666* fue considerado libro del año 2009 por la prensa portuguesa igual que lo había sido por la crítica estadounidense en el año anterior.

A partir de aquí aparece información en la prensa regularmente. En febrero de 2010 se anuncia a bombo y platillo la primera traducción mundial de *O Terceiro Reich* presentada en el encuentro literario Correntes d'Escritas. Prácticamente en simultáneo con la publicación de la obra en España. Un artículo de Maria José Oliveira en el *Público* del 12 de agosto de 2009 anuncia las próximas traducciones en la editorial Quetzal de *A Literatura Nazi na América*, *A Pista de Gelo*, *Amuleto* e *Putas Assassinas*. En este momento todavía no se ha publicado la traducción de las dos últimas, pero ya está en el mercado *Os Dissabores do Verdadeiro Polícia* que no estaba en la lista inicial.

En relación a *O Terceiro Reich*, José Mário Silva escribe en la revista *Ler* "esta é uma ficção inquietante e bolañiana até aos ossos, não só no estilo como em certas obsessões temáticas (o nazismo e a Segunda Guerra Mundial, a percepção de um mal difuso que contamina tudo, a violência, o sexo, os sonhos, a loucura)" (2010, 80).

En mayo de 2011, la revista *Ler* publica un artículo firmado por José Riço Direitinho en el que se comenta la publicación de *Os Dissabores do Verdadeiro Polícia*; el periodista sostiene que "lá está tudo o que o caracteriza e nos inquieta", y cita las palabras del prólogo de Juan Antonio Masoliver Ródenas, catedrático de Literatura Española y Latinomericana, que habla de aquella "escrita visionária, onírica, delirante, fragmentada e poder-se-á dizer que provisória" (2011, 65). Este prólogo también precede a la misma obra en español.

El suplemento *Ípsilon* del periódico *Público* del 2 de marzo de 2012 presenta un artículo a doble página firmado por Jorge Marmelo. Anuncia la salida al mercado de *A Pista de Gelo*, la traducción de la primera novela de Roberto Bolaño publicada en España en 1993. El periodista afirma que "*A Pista de Gelo* é um primeiro esboço do labirinto de Bolaño. Já lá estão os poetas fracassados e expatriados, a narração polifónica, as longas digressões" (Marmelo 2012, 28-29). En este mismo artículo se alude a *Una novelita lumpen*, publicada por Bolaño un poco antes de su muerte, que ha sido llevada al cine por la chilena Alicia Sherson con el título del *Il futuro*.

Si observamos las fechas y los números vemos que de 2006 a 2012, en tan solo seis años, se ha traducido en Portugal la mayor parte de la obra de Bolaño, sobre todo la obra más relevante, a un ritmo de vértigo. Faltan los cuentos y su obra poética. Esta abundancia de obra traducida contrasta con la escasez de estudios críticos en portugués. Llama la atención la salida al mercado en noviembre de 2011 de *Eu Sou Bolaño*, una traducción de Maria Irene Bigotte de Carvalho en la editorial Clube do Autor. En la contraportada leemos las halagadoras palabras de Francisco José Viegas: "Depois de ter lido Bolaño a nossa vida muda um pouco. Não se pode esquecer aquilo que ele deixou escrito, e que é uma tempestade, uma torrente, um delírio, como deve ser a literatura" (2009). Esta obra fue publicada inicialmente en Buenos Aires en 2002; es una edición de Celina Manzoni (2011), profesora argentina especialista en Literatura Latinoamericana del siglo XX. El título en español *Roberto Bolaño: la escritura como tauromaquia* es más agudo y significativo. Se trata de una recopilación de trabajos de algunos amigos y estudiosos de la obra de Bolaño. Cabe mencionar entre ellos a Ignacio Echevarría, Juan Villoro, Carmen Boullosa y Enrique Vila-Matas, a los que se suman algunos documentos del propio autor inéditos en aquel momento. Se trata de trabajos breves, son más bien reflexiones, notas que nos acercan al hombre y a su obra.

Estamos, en los tres países, ante un fenómeno que irrumpe con una fuerza desconocida, aparece tímidamente con *Nocturno de Chile*, se convierte en autor revelación con *Los detectives salvajes* y se consagra con *2666*, lo que nos lleva a preguntarnos de dónde viene un escritor como Bolaño. Él mismo se reconoce en Borges, de él toma la capacidad de fabulación desmedida, el juego, la reivindicación de la literatura por sí misma. Y en Cortázar encuentra la aventura experimental en la estructura. Estas son las dos referencias con las que se mide en *Los detectives salvajes*. Pero sobre todo hay que señalar el magisterio profundo de Nicanor Parra, en su obra y en su actitud desmitificadora, lúcida e irreverente. Dice Bolaño, "la versión/diversión de Parra me gusta más, es como un artefacto explosivo puesto allí para que los chilenos abramos los ojos y nos dejemos de tonterías" (Bolaño 2009, 45).

Vemos que no surge de la nada, podemos adelantar que viene por encima de todo de la literatura y de un radical y conmovedor compromiso con la escritura. Recuerda Vila-Matas: "Escrevia sem esperar nada, nada para além de viver e nessa desesperança residia por vezes a grande força da sua escrita" (2009, 12).

Y la segunda pregunta que surge es cómo se explica el éxito de crítica y lectores. Si atendemos a las contundentes declaraciones del autor, "[l]os jóvenes escritores se dedican en cuerpo y alma a vender. Algunos utilizan más el cuerpo, otros utilizan más el alma, pero a fin de cuentas de lo que se trata es de vender. ¿Qué no vende? La ruptura no vende. Una escritura que se sumerja con los ojos abiertos no vende" (Bolaño 2009, 312).

Si la ruptura no vende, cómo explicar entonces el enigma de su vertiginoso encumbramiento. Resulta cuando menos sorprendente y paradójico que una obra y un autor con las características que le son propias como la extensión, la fragmentación de la historia, la tematización de la literatura, los personajes fracasados, o los enredos demenciales, tenga esta acogida "explosiva" en el mercado. Parece una ironía de la propia realidad, una de esas burlas, de esos juegos que a él tanto le gustaban. Y para rematar, traemos a colación las palabras del propio Bolaño a propósito de otro escritor: "Resulta sofocante el alud de elogios. Tanta unanimidad, francamente, asquea... Ningún escritor de verdad se merece algo así" (Bolaño 2009, 284). Para él fama y literatura eran irreconciliables, como dejó escrito en *2666*.

Creemos que un artículo del escritor Horacio Castellanos Moya aporta alguna luz a este fenómeno. Dice Castellanos Moya: "El mercado tiene dueños, como todo en este infecto planeta, y son los dueños del mercado quienes deciden el mambo que se baila" (2010, 51). En el artículo "Roberto Bolaño. El mito que no se ha ido" comenta un trabajo académico de su amiga Sarah Pollack, profesora de la City University de Nueva York. Transcribo las palabras del escritor: "La idea central del trabajo de Sarah es que detrás de la construcción del mito de Bolaño no solo hubo un operativo de marketing editorial sino también una redefinición de la imagen de la cultura y la literatura latinoamericanas que el *establishment* cultural estadounidense ahora le está vendiendo a su público" (2010, 51).

Se apuntan dos factores decisivos, un operativo considerable de marketing y una necesidad de redefinir el canon literario latinoamericano, los dos relativos a la industria.

Durante cuatro décadas el realismo mágico de Gabriel García Márquez supuso el modelo de la literatura hispanoamericana en el imaginario de los lectores. Es posible asegurar que los modelos se agotan y piden recambio. Pero para que la redefinición se produzca es necesario otro elemento, no menos decisivo: la conjunción de un genio creativo. Y en este sentido, Bolaño aparece para operar el cambio de paradigma; se sustituye el realismo mágico por el realismo visceral atento al lado más negro de la realidad, al apocalipsis económico y social del continente.

Aunque, admitamos, el peso del mercado haya sido determinante en la construcción del mito, debemos insistir en que ello no desmerece el valor del escritor porque estamos ante una obra en la que la literatura y el arte ocupan un lugar fundamental, en donde ambos están a la altura de la realidad, sin imposturas. La escritura de Bolaño supone una arriesgada propuesta creativa no solo estética sino también ética. "Lo importante es que aún podemos reírnos y no manchar a nadie con nuestra sangre. Lo importante es que seguimos de pie y no nos hemos vuelto ni cobardes ni caníbales" (Bolaño 2009, 138). Y, estamos a la vez, ante textos donde se respira un profundo amor por la vida, una gran humanidad. Retomando las palabras del epígrafe, el mundo del escritor lo conforman la literatura y la gente que quiere así como también la valentía. No necesariamente en este orden. Tenemos, por lo tanto, en el panorama portugués una estrella que no aparece de la nada, brilla con gran intensidad, que no es distante y esperemos, no sea fugaz.

ANEXO

OBRAS DE ROBERTO BOLAÑO PUBLICADAS EN ESPAÑA

BOLAÑO, Roberto. 1984. *Consejos de un discípulo de Morrison a un fanático de Joyce*. Barcelona: Anthropos Editorial del hombre.
—. 1993. *La pista de hielo*. Alcalá de Henares: Fundación Colegio del Rey.
—. 1996. *La literatura Nazi en América*. Barcelona: Seix Barral.
—. 1996. *Estrella distante*. Barcelona: Anagrama.
—. 1997. *Llamadas telefónicas*. Barcelona: Anagrama.
—. 1998. *Los detectives salvajes*. Barcelona: Anagrama.
—. 1999. *Amuleto*. Barcelona: Anagrama.
—. 1999. *Monsieur Pain*. Barcelona: Anagrama.
—. 2000. *Nocturno de Chile*. Barcelona: Anagrama.
—. 2001. *Putas asesinas*. Barcelona: Anagrama.
—. 2002. *Amberes*. Barcelona: Anagrama.
—. 2002. *Una novelita lumpen*. Barcelona: Mondadori.
—. 2003. *El gaucho insufrible*. Barcelona: Anagrama.

—. 2004. *2666*. Barcelona: Anagrama.

—. 2007. *La universidad desconocida*. Barcelona: Anagrama.

—. 2007. *El secreto del mal*. Barcelona: Anagrama.

—. 2010. *Cuentos. Llamadas telefónicas. Putas asesinas. El gaucho insufrible*. Barcelona: Anagrama.

—. 2010. *El Tercer Reich*. Barcelona: Anagrama.

—. 2011. *Los sinsabores del verdadero policía*. Barcelona: Anagrama.

TRADUCCIONES DE OBRAS DE ROBERTO BOLAÑO EN PORTUGAL

BOLAÑO, Roberto. 2003. *Nocturno Chileno*. Trad. Rui Lagartinho y Sofia Castro Rodrigues. Lisboa: Gótica.

—. 2006. *Estrela distante*. Trad. Jorge Fallorca. Lisboa: Teorema.

—. 2008. *Os Detectives Selvagens*. Trad. Miranda das Neves. Lisboa: Teorema.

—. 2009. *2666*. Trad. Cristina Rodrigues y Artur Guerra. Lisboa: Quetzal.

—. 2010. *O Terceiro Reich*. Trad. Cristina Rodrigues y Artur Guerra. Lisboa: Quetzal.

—. 2010. *A Literatura Nazi nas Américas*. Trad. Cristina Rodrigues y Artur Guerra. Lisboa: Quetzal.

—. 2011. *Os Dissabores do Verdadeiro Polícia*. Trad. Cristina Rodrigues y Artur Guerra. Lisboa: Quetzal.

—. 2012. *A Pista de Gelo*. Trad. Cristina Rodrigues y Artur Guerra. Lisboa: Quetzal.

TRADUCCIONES DE OBRAS DE ROBERTO BOLAÑO EN ESTADOS UNIDOS

BOLAÑO, Roberto. 2003. *By Night in Chile*. Trad. Chris Andrews. Nueva York: New Directions.

—. 2004. *Distant Star*. Trad. Chris Andrews. Nueva York: New Directions.

—. 2007. *The Savage Detectives*. Trad. Natasha Wimmer. Nueva York: Farrar, Straus & Giroux.

—. 2007. *Amulet*. Trad. Chris Andrews. Nueva York: New Directions.

—. 2007. *Last Evenings on Earth*. Trad. Chris Andrews. Nueva York: New Directions.

—. 2008. *Nazi Literature in the Americas*. Trad. Chris Andrews. Nueva York: New Directions.

—. 2008. *2666*. Trad. Natasha Wimmer. Nueva York: Farrar, Straus & Giroux.

—. 2008. *The Romantic Dogs*. Trad. Lura Healy. Nueva York: New Directions.
—. 2009. *The Skating Rink*. Trad. Chris Andrews. Nueva York: New Directions.
—. 2010. *The Return*. Trad. Chris Andrews. Nueva York: New Directions.
—. 2010. *The Insufferable Gaucho*. Trad. Chris Andrews. Nueva York: New Directions.
—. 2010. *Monsieru Pain*. Trad. Chris Andrews. Nueva York: New Directions.
—. 2010. *Antwerp*. Trad. Natasha Wimmer. Nueva York: Farrar, Straus & Giroux.
—. 2011. *The Third Reich*. Trad. Natasha Wimmer. Nueva York: Farrar, Straus & Giroux.
—. 2011. *Between Parentheses*. Trad. Natasha Wimmer. Nueva York: Farrar, Straus & Giroux.
—. 2011. *Tres*. Trad. Laura Healy. Nueva York: New Directions.
—. 2012. *The Secret of Evil*. Trad. Chris Andrews. Nueva York: New Directions.
—. 2012. *Woes of the True Policeman*. Trad. Natasha Wimmer. Nueva York: Farrar, Straus & Giroux.
—. 2012. *The Unknown University*. Trad. Laura Healy. Nueva York: New Directions.

OBRAS CITADAS

BOLAÑO, ROBERTO. 2009 [2004]. *Entre paréntesis*. Org. Ignacio Echevarría. Barcelona: Anagrama.
BOULLOSA, Carmen. 2008. La sinfonía gringa de Bolaño. *Letras Libres* (mayo), www.letraslibres.com/revista/letrillas/la-sinfonia-gringa-de-bolano (consultado el 10 de mayo de 2013).
CASANOVA, Rogério. 2009. Roberto Bolaño e o segredo do mundo. *Ler, Livros & Leitores* (octubre): 43-48.
CASTELLANOS MOYA, Horacio. 2010. Roberto Bolaño. El mito que no se ha ido. *Qué Leer* 151: 51-53.
DIREITINHO, José Riço. 2011. Generais, falsificadores de quadros, polícias corruptos, traficantes e poetas – um caleidoscópio do puzzle bolañiano. *Ler, Livros & Leitores* (mayo): 65.
MANZONI, Celina, org. 2011. *Eu Sou Bolaño. O escritor e o mito*. Trad. Maria Irene Bigotte de Carvalho. Lisboa: Clube do Autor.
MARMELO, Jorge. 2012. Roberto Bolaño no seu labirinto. *Ípsilon* (marzo): 28-29.
PITTA, Eduardo. 2009. Foi você que pediu um Bolaño? *Ler, Livros & Leitores* (octubre): 49.

SILVA, José Mário. 2009. Crítica de livros de 19 a 24 de Setembro de 2009. *Expresso*, 19 de Setembro, 8-10. Disponible en: http://expresso.sapo.pt/critica-de-livros-de-19-a-24-de-setembro-de-2009 (consultado el 14 de mayo de 2013).

—. 2010. Teatro caleidoscópico. *Ler, Livros & Leitores* (abril): 80.

STAVANS, Ilan. 2007. Willing Outcast. *The Washington Post*, 27 de mayo, www.washingtonpost.com/wp-dyn/content/article/2007/05/03/ (consultado el 11 de mayo de 2013).

VALDÉS, Marcela. 2008. Alone Among the Ghosts: Roberto Bolano's "2666". *The Nation*, 8 de diciembre, http://www.thenation.com/article/alone-among-ghosts-roberto-bolanos-2666 (consultado el 11 de mayo de 2013).

VIEGAS, Francisco José. 2009. Literatura: "2666", obra-prima de Roberto Bolaño, publicada em Setembro pela Quetzal. *Visão*, 12 de agosto, http://visao.sapo.pt/literatura-2666-obra-prima-de-roberto-bolao-publicada-em-setembro-pela-quetzal (consultado el 10 de mayo de 2013).

VILA-MATAS, Enrique. 2009. Calígrafo do sonho. *Jornal de Letras*, 23 septiembre-6 octubre, 12-13.

OS OLHOS DA NICARÁGUA. LER EUGÉNIO DE CASTRO COMO RUBÉN DARÍO O LEU

Miguel Filipe Mochila[*]

O movimento modernista hispânico, que se afirma de modo acelerado e definitivo nas literaturas hispano-americanas a partir de 1890, não exerce efectiva influência em Espanha até que Rubén Darío chega por uma segunda vez a Madrid, em 1898. Trata-se, desse modo, de uma nítida evidência da maturidade literária das literaturas hispano-americanas que, pela primeira vez, lideravam as correntes estéticas do universo linguístico de língua espanhola. Com efeito, era crescente, nessa altura, o interesse dos jovens escritores espanhóis pela obra dos modernistas hispano-americanos, e muito em particular pela obra do autor nicaraguense, numa espécie de devoção que as palavras de Francisco Villaespesa, em carta enviada a Darío quando este se encontrava em Paris, demonstram:

> Admirable poeta: Aquí lo de siempre; mucha prosa, una prosa horrible. Los amigos continúan haciendo la vida de café; y los que aún tenemos el valor de sentirnos artistas nos aburrimos en este ambiente de ramplonería. ¿Cuándo viene usted? Hágalo pronto. Necesitamos su ayuda, sus consejos y su dirección para luchar... Usted ha producido una verdadera revolución en este pobre país; ha abierto horizontes nuevos a esta juventud. (Ghiraldo 1943, 89)

É em Madrid que se dá a publicação de *Cantos de vida y esperanza*, em 1905, momento que define de modo determinante o percurso de afirmação dos preceitos poéticos do modernismo do autor nicaraguense; estes preceitos estabeleceram a pauta das gerações mais jovens de escritores hispano-americanos e espanhóis, lançando eco sobre a primeira metade do século XX, num *continuum* da modernidade próprio da tradição da ruptura tal como definida por Octavio Paz (1991). Era a

---

[*] Centro de Estudos em Letras, Universidade de Évora.

partir das antigas colónias que Espanha descobria, assim, o rumo da sua própria modernidade estética. No prefácio à mencionada edição madrilena, Darío observava isso mesmo: "El movimiento de libertad que me tocó iniciar en América se propagó hasta España, y en tanto aquí como allá el triunfo está logrado" (1992, 119).

O triunfo de que fala Rubén Darío consiste fundamentalmente numa preocupação formal que visa agudizar a alteridade textual face às precedentes teorias miméticas da estética realista-naturalista e de um certo esgotamento de um falso romantismo, ainda segundo Octavio Paz, que em Espanha eclode com uma década de atraso. Assim, através da presença activa de Darío no panorama ibérico, a literatura espanhola consagrava decisivamente a inovação e a flexibilidade da métrica, uma propensão mais livre para a metáfora e uma abertura temática sem precedentes, a partir do recurso a uma poética da sugestão e do vago, à tutelar maneira de Verlaine[1].

Assimilando desse modo a teoria da arte pela arte que Théophile Gautier projecta em *Emaux et Camées* (1852), concretiza-se a pretensão para uma literatura eminentemente musical, detalhista, que fosse o fruto de um intenso trabalho de depuração estilística e de enriquecimento do vocabulário espanhol e das suas possibilidades expressivas (imagismo, plasticidade, cromatismo, ritmo, sonoridade), ecoando as conquistas dos movimentos simbolistas internacionais. Tratava-se, segundo o autor nicaraguense, de

> levantar oficialmente la bandera de la peregrinación estética que hoy hace con visible esfuerzo, la juventud de la América Latina a los Santos Lugares del Arte y a los desconocidos orientes del Ensueño. [...] Trabajar por el brillo de la lengua castellana en América, y, al par que por el tesoro de sus riquezas antiguas, por el engrandecimiento de esas mismas riquezas en vocabulario, rítmica, plasticidad y matiz. (Darío *apud* Yahni 1974, 7)

A preponderância da dimensão internacional e cosmopolita do movimento modernista/simbolista é definitivamente confirmada com a publicação, por Rubén Darío, de *Los Raros*, em 1896, obra na qual reúne

---

[1] Remetemos aqui para os célebres versos de "Art poétique" do autor francês, que enunciam uma poética do vago e da sugestão, tal como a definiu Fernando Guimarães (1990, 10), como "exercício negativo de nomeação": "Riens de plus cher que la chanson grise/Ou l'Indécis au Précis se joint/... /Car nous voulons la Nuance encore./Pas la Couleur, rien que la nuance!/Oh! La nuance seul fiance/Le rêve au rêve et la flûte au cor!" (Verlaine 1994, 168).

o autor uma série de textos dedicados àqueles que considerava constituírem as referências fundamentais no âmbito da literatura moderna. De dita obra, e a par de nomes como José Martí, Edgar Allan Poe, Leconte de Lisle, Paul Verlaine, Lautréamont, Jean Moréas ou Henrik Ibsen, consta um texto, a fechar o volume, que aqui nos interessa particularmente, dedicado ao poeta português Eugénio de Castro, que o cotava como mestre central no panorama literário internacional.

Admirado assim pelos modernistas hispano-americanos, pela mão de Rubén Darío, Eugénio de Castro contribuía de forma decisiva para a modernidade literária hispânica, como confirmam as palavras de González-Blanco em *Revue de l'Amérique Latine*:

> Hay que notar cuán nuevo era en la península este movimiento. La originalidad de Eugénio de Castro consiste en ser el primer promulgador de la ley nueva, de la nueva ordenación poética en idioma peninsular o ibérico. No olvidemos el emplazamiento cronológico del libro *Oaristos*. Es en 1890 cuando se publica la primera edición de este libro innovador ¿Quién hacía entonces modernismo en la península? Nadie, absolutamente nadie.
> (González-Blanco *apud* Sáez Delgado 2007, 134)

O que González-Blanco omite é justamente o percurso hispano-americano desta influência, omissão que o próprio Darío sublinha através de uma sugestiva denúncia que dirige em carta ao poeta português: "Es lástima que en España no se conozca la actual literatura portuguesa. Más sabemos nosotros en América que los españoles. Tanto mejor para nosotros" (Darío *apud* Álvarez e Sáez Delgado 2006, 124). Eugénio de Castro era, com efeito, referência fundamental para os modernistas hispano-americanos, oriundos da Argentina, do Chile, da Colômbia, de Cuba, do México, da Nicarágua, do Peru, com os quais manteve intensas relações epistolares, que podemos hoje conhecer com detalhe em virtude do labor de Antonio Sáez Delgado e de Eloísa Álvarez (2006). O epistolário de Eugénio de Castro permite-nos mapear uma série de relações do autor português com autores de língua espanhola, e em particular com os que eram provenientes do outro lado do Atlântico. No autor português beberam eles parte substancial das suas inovações, nomeadamente formais, estabelecendo desse modo uma iniludível relação entre simbolismo português e modernismo hispano-americano e, por essa via, modernismo espanhol.

Sob influências comuns, começando pela poética do simbolismo francês e passando pelos preceitos de filósofos de pendor pessimista e/ou pré-existencialista, como Nietzsche, Schopenhauer, Kierkegaard, que marcavam a viragem aparentemente apocalíptica do fim do século como um "fim dos tempos", em qualquer um destes movimentos encontramos pontos de evidente contacto, tais como a juventude dos seus protagonistas, em ruptura com uma geração mais velha[2] de oratória neo-romântica e estética realista-naturalista, a idealização da poesia, a experimentação técnica e a inclinação para um anti-mimetismo, que traçavam um rumo afim.

De facto, com *Oaristos* (1890) e *Horas* (1891) alcançou Eugénio de Castro notoriedade em diversos meios literários europeus, com destaque para as traduções dos seus poemas que realizou o italiano Vittorio Pica, graças às quais (e ao papel desempenhado por algumas revistas e críticos de França) a sua poesia chegou aos meios literários hispano-americanos. Assim, ainda o modernismo não chegara a Espanha, já Eugénio de Castro era admirado nos meios literários hispano-americanos, e sobretudo em Buenos Aires, centro de irradiação do movimento modernista, onde se encontravam autores como o nicaraguense Darío, o argentino Leopoldo Lugones e o boliviano Ricardo Jaimes Freyre. Eugénio de Castro era visto, nas palavras de Ruben Darío, como um "joven ilustre que hoy representa una de las más brillantes fases del renacimiento latino; [...] ha dado al arte espacios nuevos, fuerzas nuevas y nuevas glorias; [...] admirable lírico que había de representar, el primero, a la raza ibérica, en el movimiento intelectual contemporáneo" (1918, 245-246).

Considerado como um mestre para as figuras fundamentais do modernismo hispano-americano, Castro influiria desse modo no estilo do poeta nicaraguense, como reconhecia já Enrique Díez-Canedo, em 1919, afirmando mesmo que em Rubén Darío "dominaba la técnica de Eugénio de Castro, con mayor fuerza que la de los franceses" (1964,

---

2 Acompanhando um modelo darwinista na perspectivação da evolução periodológica, Vítor Manuel de Aguiar alerta, nesta linha, para o domínio agónico que emerge dos conflitos geracionais inerentes às mutações poéticas em curso. A evolução (a mudança) tem como motor de arranque uma contestação reconhecida dos *novos* face ao que é *velho*, de acordo com um ímpeto (freudiano) de *matar o pai*. É esta a razão que leva o autor a falar de uma "*diferença intergeracional* e, muitas vezes, de uma *luta intergeracional*" (Aguiar e Silva 2005, 427), que está na base da evolução histórica da humanidade e também, por conseguinte, da renovação da história literária.

234). Assumido produto do simbolismo internacional, nutrido de tópicos decadentistas e fórmulas parnasianas relacionadas com a musicalidade do verso, Eugénio de Castro veria assim, em 1899, Luis Berisso traduzir em Buenos Aires a sua obra *Belkiss*, que continha ainda uma notícia crítica de Leopoldo Lugones.

Na perspectiva dos modernistas reunidos em Buenos Aires, e segundo palavras de Darío em *Los raros*, título que repercute a tendência aristocrática das *Horas* castrianas[3], o autor português era considerado como um dos primeiros "músicos" da arte da palavra no sentido pitagórico e wagneriano do termo, a par de Gabriel D'Annunzio. A preponderância do autor português foi assim pressentida e relatada por autores como o uruguaio Víctor Pérez Petit, que o evoca em *Los modernistas* (1902), ou pelo colombiano Guillermo Valencia, um dos grandes parnasianos da língua espanhola, que traduz seis poemas de Eugénio de Castro, incluindo-os na reunião da sua própria produção em verso, o livro *Ritos*, publicado em Londres em 1914.

Castro entusiasmou, portanto, os centros culturais hispano-americanos, influenciando-os sobremaneira, como observou Max Enríquez Ureña:

> Hubo otro autor europeo que alcanzó inusitado auge en el grupo modernista de Buenos Aires, de donde su nombre se extendió a toda América: el poeta Eugenio de Castro, que en su libro *Horas* (1891) entra de lleno en el versolibrismo. El entusiasmo de los cenáculos literarios subió de punto [...]. Con la influencia de Eugenio de Castro se inicia el metrolibrismo en los poetas de la América española, empezando por Ricardo Jaimes Freyre. En la América encontraron eco, además, la flexibilidad y la música de sus ritmos. (1978, 100-101)

Determinante, no entanto, é a influência de Eugénio de Castro no autor de *Azul*, no qual encontrou um mediador privilegiado no seu acesso à literatura espanhola: a presença do poeta português, assim filtrada pela recepção hispano-americana (como mais tarde a de Fernando Pessoa por via de Octavio Paz), ecoou de tal modo que Julio García Morejón poderia mesmo afirmar que, depois de Camões, Castro foi "el único poeta portugués verdaderamente popular en España"

---

[3] Na colectânea poética *Horas* (1891), escreve Eugénio de Castro, no início da introdução que apresenta: "Silva esotérica para os raros apenas".

(1971, 398). Castro foi, com efeito, referência portuguesa central não apenas para os modernistas espanhóis na senda de Darío (como Francisco Villaespesa), mas também para alguns dos jovens vanguardistas do movimento Ultraísta (assim Rogelio Buendía como César González--Ruano) ou, até, para um ou outro nome na órbita da Geração de 27 (Mauricio Bacarisse e Gerardo Diego).

Se pretendermos fazer uma leitura polissistémica deste quadro de relações, a figura de Eugénio de Castro surge assim como a de um *transaccionador* ao serviço de um *sistema fonte*, tornando-se o veículo da *interferência* a que se refere Itamar Even-Zohar (1990, 54), entre aquele e o *sistema receptor*. Segundo o teórico, a literatura traduzida assume um papel de centralidade num determinado sistema nacional quando se vive um ponto crítico de viragem histórica, quando modelos estabelecidos são insuficientes, abrindo espaço à potencial primazia de um modelo estrangeiro.

Estudos de Antonio Sáez Delgado (2007, 2008, 2010, 2012) têm vindo a demonstrar que Eugénio de Castro cumpriria essa função no polissistema ibérico e hispano-americano. Assim, o autor português colaboraria assiduamente em revistas literárias espanholas diversas, publicando poemas nalgumas das mais importantes publicações do modernismo espanhol (*Renacimiento Latino, La vida literaria, Vida Intelectual, Revista Latina, Prometeo, Los Quijotes, Cervantes, Grecia*, entre outras) e vendo os seus livros amiúde comentados e resenhados em revistas e jornais de grande prestígio, tais como *Helios, El Liberal, La Vanguardia, El Adelanto, ABC, El Sol, Raza Española, Residencia* ou *La Nación* de Buenos Aires.

Foram diversas as traduções que dos seus livros se realizaram e publicaram: *Salomé*, por José María Riaza, em 1912, e por Francisco Villaespesa, em 1914; *Constanza*, por Francisco Maldonado, prologada por Miguel de Unamuno, em 1913; *El Rey Galaor*, por González Olmedilla, em 1913; *Salomé y otros poemas*, por Francisco Villaespesa, prólogo de Rubén Darío, em 1914; *El hijo pródigo*, por Juan G. Olmedilla, em 1914; e *La sombra cuadrante*, por Juan G. Olmedilla, presumivelmente em 1916. Chegou mesmo a iniciar-se a publicação das suas *Obras Completas*, numa bela edição da editora Castilla, em 1922, com tradução de Juan G. Olmedilla.

Os seus poemas constam de diversas antologias e compilações de grande repercussão no universo castelhano e catalão, tais como *Del cercano ajeno* (1907) de Enrique Díez-Canedo; *Atlántiques* (1913) de Andreu Ribera i Rovira (que traduziria também poemas para o catalão em *Solitaris*, em 1918, e que escrevera no ano anterior uma biografia do autor em *Portugal literario*); *Las cien mejores poesías líricas de la lengua portuguesa* (1918) de Fernando Maristany; ou *Eugénio de Castro: Las mejores poesías (líricas) de los mejores poetas* (1922), com traduções de Andrés González-Blanco, Fernando Maristany e Juan G. Olmedilla. Em praticamente todas elas (excepção feita à de Maristany, que privilegia Teixeira de Pascoaes), Eugénio de Castro emerge como o poeta português mais representativo do seu período e aquele a quem invariavelmente mais páginas se dedicam.

Diversas viagens a Espanha, cuja topografia está concretizada nos poemas de *A Mantilha de Medronhos*, dedicados a personalidades políticas e intelectuais de Espanha (Marqués de Quintanar, Antonio Maura, Ramiro de Maeztu, Manuel Cossío, Miguel de Unamuno, Ramón Pérez de Ayala, Antonio G. Solalinde, Andrés González Blanco, Francisco Maldonado, Alberto Jiménez, Conde de Romanones e Juan Ramón Jiménez), cimentariam a decisão da presença castriana no contexto do sistema literário espanhol. Destas viagens destacaram-se as que realizou a Salamanca, como jurado português nos *Juegos Florales Hispano-portugueses* de 1909 e, sobretudo, com o fim de receber o título de Doutor *Honoris Causa* pela Universidade salmantina, em 1934, no âmbito das comemorações da jubilação de Miguel de Unamuno.

Já em 1922 Eugénio de Castro vira a sua importância reconhecida por uma conferência proferida na Residencia de Estudiantes de Madrid, fazendo uma leitura poética no Ateneo e sendo objecto de um jantar de homenagem dos seus amigos espanhóis, entre os quais constavam nomes como os de Américo Castro, Enrique Díez-Canedo, Andrés González-Blanco, Eugenio d'Ors ou Ramón Pérez de Ayala (cf. García Morejón 1971). Esta série de eventos culminou com a publicação de uma antologia da sua poesia na prestigiada editorial Cervantes e do primeiro volume das suas *Obras completas* em castelhano.

Entrando assim em Espanha pela via hispano-americana, Eugénio de Castro contribuiria de forma decisiva para a afirmação de tendências estéticas que marcariam a literatura moderna (Guimarães 1990). O carácter ruptural da corrente estética simbolista e o alvor da modernidade estética em Portugal (Morão 2004) passarão assim incontornavelmente pela figura do poeta português, cujo inconformismo artístico, egotismo e estetismo (Pereira 2004) se inscrevem entre os caracteres do que seria grande parte da literatura do século XX. Acolhendo a metamorfose de vectores românticos (privilégio da imaginação, vocação de absoluto), realistas e parnasianos (vigilância do processo de composição textual, autotelismo dos valores estéticos, anti-confessionalismo), decadentistas (técnica de sugestão, valorização da musicalidade, da sinestesia, pendor para a anti-discursividade); e integrando novos vectores, tais como a confiança na natureza gnóstica, transracional, da arte e da poesia, a exploração do esoterismo da unidade primordial, da Ordem primigénia, remanescente na vida subliminar e analógica dos seres, bem como a agudização da estruturação musical do texto (características registadas por Pereira 1990), a obra de Eugénio de Castro apresenta assim traços que desaguam nas correntes e tendências principais dos contextos citados.

Através de um repertório e análise dessas características, as quais foram já parcialmente estudadas por José Carlos Seabra Pereira (2004, 1990, 1975) e Fernando Guimarães (1990), podemos comprovar a determinação de processos estilísticos que seriam os de Pessoa (hipérbato, anástrofe, tmese), de uma poética unitiva de matéria-forma, de uma concepção oficinal da linguagem poética, da valorização da componente semântica e material do texto literário, de um cratilismo constitutivo da própria concepção da linguagem literária, associado a uma poética da transitividade, da defesa da potencialidade gnósica do texto, da literatura como artefacto textual, através de uma estética da sugestão, do cultivo da heterometria, da incorporação da tradição na modernidade, pela recuperação das raízes parnasianas e dos modelos clássicos. Estas e outras características fazem de Eugénio de Castro, desde esta perspectiva, uma figura fundadora de "opções primárias do repertório" (Iglesias Santos 1994, 338) do polissistema literário ibérico e hispano-americano, tendo criado um conjunto de modelos e de obras que rompem as convenções em vigor.

Todas estas características integram assim, definitivamente e em posição de centralidade, a obra de Eugénio de Castro no *continuum* da modernidade literária ibérica e hispano-americana, dado reforçado pelo papel sintético que a sua obra desempenhou, integrando correntes modernistas/simbolistas e nacionalistas, tendo sido admirado, por razões naturalmente diversas, pelos dois líderes das correntes mais antagónicas do dealbar da modernidade literária em espanhol, Miguel de

Unamuno e Rubén Darío. Segundo um *locus* de enunciação ibero-americano, a recepção do poeta é assim transversal às principais correntes finisseculares oitocentistas e de inícios do século XX.

É precisamente esse carácter integrador e sintético que sublinha o seu papel fundador de uma modernidade literária, no âmbito do que Octavio Paz (1991) considerou o autêntico romantismo das literaturas em castelhano, associado à emergência do modernismo. Dito carácter sintético faz de *Oaristos* (1889) a obra fundadora não apenas da poesia simbolista portuguesa mas de um momento de viragem ibérica, marco fundamental da modernidade das literaturas peninsulares[4], através de uma "canonicidade dinâmica" (Even-Zohar 1990, 19), pela elaboração de modelos profundamente produtivos.

Para reconhecer isto mesmo, é necessário recusar a versão tendencialmente dominante da história literária portuguesa que secundariza o autor de *Oaristos*, e reverter o *locus* de enunciação para uma perspectiva não apenas ibérica. Olhando agora pelos olhos da Nicarágua, um outro Eugénio de Castro emerge inclusive no contexto português, deslocando-se da periferia que no polissistema nacional habita para o centro do sistema ibérico e hispano-americano.

OBRAS CITADAS

AGUIAR E SILVA, Vítor Manuel de. 2005. *Teoria da Literatura*. Coimbra: Almedina.
ÁLVAREZ, Eloísa, e Antonio SÁEZ DELGADO. 2006. *Eugénio de Castro y la cultura hispánica. Epistolario 1877-1943*. Mérida: Editora Regional de Extremadura.
CASTRO, Eugénio de. 2001. *Horas (obras poéticas de Eugénio de Castro)*, tomo I. Reprodução facsimilada dirigida por Vera Vouga. Porto: Campo das Letras.
DARÍO, Rubén. 1918. *Los raros*. Madrid: Editorial Mundo Latino.

---

4 Neste sentido, Feliciano Ramos, em *Eugénio de Castro e a Poesia Nova* (1943), aponta a herança comum ao Simbolismo e ao Modernismo; João Gaspar Simões, em *O Mistério da Poesia* (1931), afirma a influência de Eugénio de Castro na "formação da mentalidade artística dos primeiros modernistas de Orpheu"; Pedro Silveira, na *Vértice* (n.º 228, Setembro de 1962), afirmaria mesmo que o Ano I do Modernismo Português deveria balizar-se em 1889, data da publicação de *Oaristos*; José Carlos Seabra Pereira, em *Decadentismo e Simbolismo na Poesia Portuguesa* (1975), assinala a continuidade de certas características decadentistas-simbolistas entre os autores modernistas portugueses; e alguns outros autores sugeriram perspectivas comuns, mais ou menos parcelares, quase sempre secundarizadas.

—. 1992. *Azul, El salmo de la pluma, Cantos de vida y esperanza, Otros poemas*. México: Porrúa.

DÍEZ-CANEDO, Enrique. 1964. *Conversaciones literarias. Segunda serie 1920-1924*. México: Joaquín Motriz.

ENRÍQUEZ UREÑA, Max. 1978. *Breve historia del modernismo español*. México: FCE.

EVEN-ZOHAR, Itamar. 1990. Polysystem Studies. *Poetics Today* 11 (1).

GARCÍA MOREJÓN, Julio. 1971. *Unamuno y Portugal*. Madrid: Gredos.

GHIRALDO, Alberto. 1943. *El archivo de Rubén Darío*. Buenos Aires: Losada.

GUIMARÃES, Fernando. 1990. *Poética do Simbolismo em Portugal*. Lisboa: Imprensa Nacional-Casa da Moeda.

IGLESIAS SANTOS, Montserrat. 1994. El sistema literario: teoría empírica y teoría de los polisistemas. In *Avances en Teoría de la Literatura*. Ed. Darío Darío Villanueva. Santiago de Compostela: Universidad de Santiago de Compostela, 309-356.

MORÃO, Paula. 2004. "O expresso da ORIGINALIDADE" – Eugénio de Castro e o programa simbolista. In *Retratos com Sombra. António Nobre e os seus contemporâneos*. Porto: Edições Caixotim, 225-238.

PAZ, Octavio. 1991. Los hijos del limo. *Obras completas*, vol. I. Barcelona: Círculo de Lectores, 130-191.

PEREIRA, José Carlos Seabra. 1975. *Decadentismo e Simbolismo na Poesia Portuguesa*. Coimbra: Centro de Estudos Românicos.

—. 1990. A condição do Simbolismo em Portugal e o litígio das modernidades. *Nova Renascença* 35-38: 143-156.

—. 2004. As encruzilhadas do fim do século. Introdução. In *História Crítica da Literatura Portuguesa. Do Fim do Século ao Modernismo*. Lisboa e São Paulo: Verbo, 13-32.

RAMOS, Feliciano. 1943. *Eugénio de Castro e a Poesia Nova*. Lisboa: Revista Ocidente.

SÁEZ DELGADO, Antonio. 2007. La Edad de Oro, la Época de Plata y el Esplendor del Bronce. In *RELIPES. Relações linguísticas e literárias entre Portugal e Espanha desde o início do século XIX até à actualidade*. Covilhã y Salamanca: UBI/CELYA, 125-170.

—. 2008. Eugénio de Castro y el Modernismo hispánico. In *Espíritus contemporáneos. Relaciones literarias luso-españolas entre el modernismo y la vanguardia*. Salamanca: Renacimiento, 13-35.

—. 2010. Suroeste: el universo literario de un tiempo total en la Península Ibérica (1890-1936). In *Suroeste. Relações literárias e artísticas entre Portugal e Espanha (1890-1936)*. Lisboa: Assírio e Alvim, 29-43.

—. 2012. Los vasos comunicantes del Simbolismo/Modernismo en la Península Ibérica (el caso de Eugénio de Castro). In *Nuevos espíritus contemporáneos. Diálogos literarios luso-españoles entre el modernismo y la vanguardia*. Salamanca: Renacimiento, 39-54.

SILVEIRA, Pedro. 1962. Uns simples apontamentos. *Vértice* 228: 442-448.

SIMÕES, João Gaspar. 1931. *O Mistério da Poesia: Ensaios de interpretação da génese poética*. Coimbra : Imprensa da Universidade.

VERLAINE, Paul. 1994. *Poemas Saturnianos e Outros*. Trad. Fernando Pinto do Amaral. Lisboa: Assírio & Alvim.

YAHNI, Roberto. 1974. *Prosa modernista hispanoamericana*. Madrid: Alianza.

JORGE LUIS BORGES E GONÇALO M. TAVARES.
REESCRITA, MEMÓRIA E TRANSGRESSÃO

Celina Martins*

As palavras alcançam ressonância no leitor quando captam em poucas páginas a presença e a densidade de figuras tutelares do passado que instituíram a diferença na história das ideias. É justamente esta faculdade de dizer a espessura de um ser mediante a estética da concisão que aproxima Jorge Luis Borges e Gonçalo M. Tavares: ambos sondam o passado como terra fecunda, renovável e aberta a novas sementes. Os contos "La rosa de Paracelso", de Borges, e "A história de Elia de Mirceia", de Tavares, reescrevem e reinterpretam a memória para libertar os modelos de pensamento de uma ordem fossilizada e do risco de esquecimento. A hipótese da nossa análise comparatista mostrará que os dois textos constroem ritos iniciáticos que questionam a complexa teia de relações instauradas entre o sábio e o discípulo durante o processo de aprendizagem. Na construção de formas alternativas de narratividade, Borges e Tavares realizam um trabalho de miscigenação de várias tradições do conto ao aliarem a estória, o *exemplum*, o relato de iniciação e a narrativa filosófica para criarem a poética do enigma em que a natureza elíptica da trama ficcional sugere a existência de significados submersos, instigando o leitor a decifrar a pluralidade dos sentidos e a formular hipóteses de interpretação.

No breve relato "La rosa de Paracelso", Borges reescreve a relação conflituosa entre o médico e alquimista Paracelso e o seu discípulo, ansioso por obter os conhecimentos que conduzem à Pedra Filosofal, num revisitar céptico que problematiza a transmissão do saber[1]. Na mesma senda de subversão, a colectânea de estórias *Histórias Falsas*, de Gonçalo M. Tavares, é uma indagação sobre a reescrita de episódios hipotéticos da vida dos filósofos Tales de Mileto, Zenão, Anaxágoras,

---

* Universidade da Madeira.
1 O relato surge no volume III das *Obras Completas* (Borges 1989, 389-392).

Diógenes e Empédocles, que tecem relações com seres inventados ou recriados pelo autor. Nesta incursão lúdica, Tavares assume a voz de Borges, ao citar o verso do poema "Génesis, IV, 8": "*Já não me lembro se fui Abel ou Caim*" (Tavares 2005, 9), escolhendo-o como epígrafe fulcral do seu livro[2]. Considerando que os contos, poemas e ensaios de Borges são, em geral, variantes do dilacerar da identidade que propõem uma indagação existencial e filosófica do homem sob o prisma do distanciamento irónico, os nove relatos de Tavares repensam o conflito bíblico, de forma a sondar as manifestações do mal, as contradições, os vícios e as paixões da natureza humana através de "um ligeiro desvio do olhar em relação à linha central da história da filosofia" (Tavares 2005, 7). Como se estivesse a jogar o xadrez da metaficção com Borges, Tavares transgride a cronologia ao recriar um rito de iniciação mediante a ucronia que faz dialogar o mestre fundador do taoísmo, Lao Tse, com o historiador das religiões Mircea Eliade. Tavares decide reescrever sobre Lao Tse, filósofo mitificado, envolto na lenda, incidindo no momento do seu desaparecimento sobre o qual reina um grande silêncio. Aos oitenta anos, desencantado com a decadência política e social da corte dos Zhou, Lao Tse torna-se eremita numa floresta, aprofundando as virtudes da contemplação e da meditação. No final da sua vida, realiza uma viagem com destino à Índia. Nessa errância, Guan Yin, um guarda de fronteira, pediu ao mestre que lhe deixasse os escritos que sintetizavam o seu pensamento (Maillard 2008, 31). Para colmatar esse vazio em torno da última fase da vida de Lao Tse, Tavares reescreve um encontro alegórico entre o sábio chinês e Mircea Eliade, que investigou sobre o taoísmo na enciclopédia *História das Ideias e Crenças Religiosas* (1989, 25-31). Numa estratégia de transgressão, Tavares subverte o nome de Mircea Eliade por Elia de Mirceia, transformando-o num homem de combate, projectado insolitamente no tempo da Antiga China, de modo a construir uma ficção que reflicta sobre a busca sinuosa do saber.

Para Borges, reapropriar-se da personalidade controvertida de Paracelso implica um exercício de *poiesis* que reactiva o seu contributo, abrindo as portas a novos ciclos de pensamento e destruindo barreiras estanques entre os saberes. Paracelso representa o espírito renovador do homem do Renascimento que estudou e promoveu a prática da medicina ao estabelecer as analogias entre as diferentes partes do corpo

---

2   Itálicos e tradução de Gonçalo M.Tavares.

humano e as componentes do universo e ao explorar as conexões entre a alquimia, a química, a astrologia e a farmacologia. Estudioso do ocultismo, Paracelso defendia que a saúde era a busca do equilíbrio entre o corpo, visto como microcosmo, e a natureza entendida como macrocosmo, em sintonia com a teoria cabalista, segundo a qual o homem é o microscosmo e o mundo um macrocosmo (Mualem 2007, 153). O médico alquimista inventou uma escrita mágica (o alfabeto dos magos) para gravar o nome dos anjos nos amuletos. Graças ao seu saber alquímico, criou um homúnculo que pode ser associado à criação cabalística do *golem*. No conto de Borges, o narrador apresenta o sábio alquimista num momento de declínio em que implora a Deus o envio de um discípulo. O relato insinua que Paracelso foi excomungado pela sociedade que não compreendeu a sua inovação de conciliar medicina e alquimia, partindo de uma premissa: o alquimista tinha a faculdade de separar as coisas puras das coisas impuras, de forma a curar doenças. A estratégia inicial do texto de Borges é representar o criador excluído e solitário que parece ter chegado a um ponto de fadiga física, desejando, contudo, transmitir o seu saber numa atitude de doação.

De modo análogo, o *incipit* da narrativa de Gonçalo M. Tavares descreve Lao Tse como um sábio doente e moribundo. No entanto, Tavares recupera o discurso da lenda ao atribuir-lhe a força de escrever o livro *Tao Te King* "ininterruptamente" (2005, 43), combatendo a adversidade durante três dias, dotado de faculdades míticas porque se defronta com a morte. Numa perspectiva de entrega, Lao Tse oferece os seus ensinamentos taoístas ao guarda de fronteira. O relato exibe a sua vertente metaficcional, já que o homem da espada, Elia, se dedica "durante anos" (Tavares 2005, 43) a ler o *Tao Te King*, um texto hermético que engloba a ética, a filosofia, o misticismo e a poesia em conciliação com as mudanças da natureza. Embora em nenhum momento o texto de Tavares refira o título deste livro, a atitude contemplativa de Lao Tse e o facto de o livro conter "a calma anunciada" (Tavares 2005, 43) indiciam que se trata do clássico chinês que propõe aforismos e adágios para viver em harmonia com o fluxo da vida: "Elia de Mirceia foi o primeiro leitor de um dos mais importantes livros da história da filosofia e da religião" (Tavares 2005, 43). Neste sentido, as primeiras linhas do relato transmitem a ideia de a leitura do *Tao Te King* ser a primeira fase da transformação de Elia de Mirceia, visto que ler é interagir com os segredos de um texto enigmático, impregnado de paradoxos.

O desenrolar da intriga nos contos explora dois cenários diferentes de acesso ao conhecimento. Em "La rosa de Paracelso", o visitante Johannes Grisebach exige uma prova que legitime a autoridade de Paracelso como alquimista, ao pedir que ressuscite das cinzas uma rosa, constituindo um dos prodígios mais conhecidos do sábio. No entanto, Johannes não está apto para desvendar os mistérios do saber alquímico por ser movido pela precipitação e a falta de fé profunda. Ironicamente, o texto de Borges sublinha que o discípulo está ofuscado pela *doxa* dos detractores de Paracelso que o desacreditaram ao atribuir-lhe a reputação de impostor. Johannes está metaforicamente cego e não consciencializa que a essência não é atingir a Pedra Filosofal, mas entregar-se à experiência da aprendizagem no sentido etimológico de *experiri*, como travessia arriscada. O discípulo entra como um intruso na casa de Paracelso e exige-lhe uma prova imediata, sem ter realizado o estudo da alquimia. O diálogo enigmático entre o sábio e Johannes revela o choque de crenças evidenciado pelas perguntas de Paracelso, que tenta desvendar a ignorância do discípulo e oferecer-lhe uma via de superação: "¿Crees que la divindad puede crear un sítio que no sea el Paraíso? ¿Crees que la Caída es otra cosa que ignorar que estamos en el Paraíso?" (Borges 1989, 390). Johannes está acorrentado ao mundo ilusório das coisas sensíveis e dos juízos de valor; ele não atingiu o patamar sagrado de Paracelso, cuja fé o faz participar da experiência mística do Paraíso. O aspirante a discípulo encarna a cegueira de espírito, incapaz de discernir que a bíblica Queda foi um momento de dessacralização do ser, incapaz sobretudo de captar a plurissignificação da rosa. Considerando que os segredos da arte alquímica só podem ser desvendados aos sujeitos que atravessarem uma transformação espiritual, Paracelso tenta mudar a visão limitada de Johannes ao transmitir-lhe o arquétipo platónico da rosa: "Si arrojaras esta rosa a las brasas, creerías que ha sido consumida y que la ceniza es eterna. Te digo que la rosa es eterna y que sólo su apariencia puede cambiar" (Borges 1989, 390).

Paracelso inscreve-se na tradição neo-platónica em que a rosa é o símbolo do microcosmo que contém todas as coisas[3], associada à eternidade e à perfeição. Na alquimia, a rosa branca e a rosa vermelha são símbolos da tintura lunar e da tintura solar, "donde jorra o sangue de

---

3 No poema "The unending rose", do livro *La rosa profunda*, Borges escreve: "Cada cosa/es infinitas cosas. Eres música/firmamentos, palacios, ríos, ángeles,/rosa profunda, ilimitada, íntima,/que el Señor mostrará a mis ojos muertos" (1989, 116).

Cristo. A imagem da rosa engloba ainda a Shehina, o reflexo da sabedoria divina sobre a terra" (Roob 1997, 690). O confronto entre o sábio e o discípulo revela que não é necessária a ressurreição da rosa através de instrumentos alquímicos, dado que a fornalha está apagada e os alambiques estão cheios de pó. Paracelso desenvolveu a alquimia do verbo, fundamentada na teoria cabalística, segundo a qual as vinte e duas letras do alfabeto judaico são a origem ontológica do universo, tal como é referido no livro *Sefer Yetzirah* (*Livro da Criação*) (Mualem 2007, 156). A ligação de Paracelso ao estudo místico da Cabala explicita-se: "Hablo del que usó la divindad para crear los cielos y la tierra y el invisible Paraíso en que estamos, y que el pecado original nos oculta. Hablo de la palabra que nos enseña la ciencia de la Cábala" (Borges 1989, 391). A Cabala é um complexo sistema filosófico e religioso do judaísmo que reinterpreta a palavra das Sagradas Escrituras com base em símbolos esotéricos que envolvem anagramas, a atribuição de valores numéricos às letras do alfabeto, bem como a atribuição de sentidos aos números. Paracelso sugere ao discípulo a concepção da linguagem como cifra que precisa de um tempo de maturação para ser descodificada.

No entanto, Johannes não cumpre um dos requisitos da aprendizagem: não sabe interpretar a profundidade da palavra do sábio. Ele teima em insistir que deseja a transformação da rosa independentemente do método utilizado por Paracelso. O mestre indica-lhe que não possui a fé genuína ao sugerir que ele ainda está imerso no plano da ilusão: "dirías que se trata de una apariencia impuesta por la magia de tus ojos. El prodigio no te daría la fe que buscas" (Borges 1989, 391). Abruptamente, Johannes lança a rosa às chamas num acto de provocação que põe à prova o mestre. Impassível, Paracelso não concretiza o prodígio solicitado e adopta a máscara do charlatão como estratégia irónica por verificar que o simbolismo das suas palavras não tem ressonância transformadora no visitante. O discípulo não consegue discernir o jogo do disfarce e crê testemunhar a vacuidade de Paracelso: "¿Quién era él, Johannes Grisebach, para descubrir con mano sacrílega que detrás de la máscara no había nadie?" (Borges 1989, 391). No desfecho do conto, o fantástico surge associado à transmutação alquímica, já que Paracelso verte a cinza no côncavo da mão, murmura uma palavra e a rosa renasce: o tempo é abolido e instaura-se a imagem da eternidade à maneira do *nunc aeternitatis* eckhartiano (Eckhart 1987, 110-111). Como um demiurgo, Paracelso restabelece o tempo sagrado em que Deus sopra a criação do universo. A iniciação é, contudo, impossível, porque o discípulo carece das virtudes necessárias ao alcance do conhecimento alquímico pela via do percurso sedimentado: "El Camino es la Piedra [...]. Cada paso que darás es la meta" (Borges 1989, 389). Os desejos e as expectativas do mestre e do discípulo são defraudados porque nunca entram em correspondência. Por ironia, Borges subverte o arquétipo do discípulo que se entrega com devoção ao seu mestre. Pelo contrário, Johannes mostra a sua dúvida ao tentar impor ao alquimista uma prova das suas competências. O conto valoriza a lucidez do mestre que nunca cede às pressões do discípulo, traduzindo a força do sábio que detém o segredo da palavra transformadora, preservando a sua integridade.

Em paralelo, no conto de Gonçalo M. Tavares, o mestre Lao Tse encarna a sabedoria amadurecida que soube absorver a energia primordial do *qi*, caracterizada pelo sossego de todos os movimentos físicos e mentais e a atenção concentrada no fluir natural, alcançando a iluminação[4], dado que capta a evolução permanente da vida num estado de contemplação. O texto sublinha o facto de o mestre encarnar a leveza que o guarda deseja atingir para "substituir, em poucos anos, o barulho e os músculos" (Tavares 2005, 43). No entanto, a narrativa sugere que é insuficiente a leitura do *Tao Te King* para entranhar a leveza. O guarda de fronteira tem de percorrer um caminho de transmutação que implica ser digno de uma iniciação profunda e empenhada. A leitura frutuosa do livro requer a formação sedimentada e a faculdade de interiorização, em virtude da natureza lacónica e hermética do *Tao Te King*, que busca dar um percurso de ética ao homem em articulação com cada fenómeno do universo. Considerando que a filosofia taoísta visa a ascese que permite alcançar o despertar gradual da consciência, o livro de Lao Tse propõe ensinamentos para que o leitor chegue a um estádio de quietude mental e física que lhe permita concentrar a energia e facilitar a abertura a diferentes níveis de consciência. Trata-se de um manual de autoconhecimento que se fundamenta no processo de alquimia interior: libertar-se dos actos, palavras e pensamentos que nos aprisionam, causando a perda e a dispersão da energia vital. O livro traça um percurso de transcendência individual para que Elia colha o conhecimento da harmonia e da quietude espiritual.

Tal como os preceitos filosóficos do livro *Tao Te King*, as palavras de Lao Tse funcionam como enigmas que têm de ser decifrados pelo

---

4   Cf. notas de Anne-Helène Suárez Girard à sua edição de *Tao Te King* (Lao Zi 2011, 132).

neófito quando ele sugere a função do mestre nesta parábola plena de simbolismo sobre a interiorização do saber: "O verdadeiro mestre [...] não é o que força a passagem, é o que a seduz. Quando o mestre passa os cães não ladram, admiram" (Tavares 2005, 44). Lao Tse continua o processo de transformação do seu discípulo, ao insinuar a relevância da noção taoísta do *wu wei*[5]. Este princípio reconhece que as mudanças da natureza e do homem são marcadas pela fugacidade e o carácter cíclico. O *wu wei* não implica não fazer nada, mas a vontade de agir em sintonia com o curso dos acontecimentos: a acção do homem deve harmonizar-se com o fluir da vida. O homem afasta-se do influxo das ilusões e das tentações a partir de uma acção virtuosa e espontânea que não pretende controlar nem exercer pressão sem necessidade de exigir ou provocar o bloqueio do fluxo natural. A sabedoria do *wu wei* busca concretizar a eficácia ao minimizar os esforços e ao evitar toda a tensão e desequilíbrio.

O verdadeiro mestre é aquele que não impõe a sua pedagogia, nem se antecipa, nem interfere na aquisição de um determinado saber. Em analogia ao relato borgesiano, o conto de Tavares insinua que o mestre genuíno é o guia que favorece a transformação do discípulo por uma série de provas iniciáticas. A parábola de Lao Tse sugere que o mestre suscita a motivação natural no discípulo a partir da prática da sedução. Se considerarmos a etimologia do verbo "seduzir" (composto de *se*, que indica privação, afastamento, e *ducere*, levar, guiar, dirigir) em correspondência com os princípios taoístas, Lao Tse tenciona seduzir o guarda de fronteira ao afastá-lo da prática da acção descontrolada da guerra e tenta guiá-lo (*ducere*) no percurso de interiorização de uma experiência primordial que se alicerce no autoconhecimento progressivo.

Embora Elia prossiga a leitura do *Tao Te King* para absorver a sageza do mestre, ele não é ainda capaz de desligar-se da sua vida passada: "[...] ainda parte do seu corpo se agarrara a algo que marcara o seu passado: a ambição e a força" (Tavares 2005, 44) por ter interiorizado o condicionamento do combate ao defender a fronteira. Nesta etapa, o discípulo não atinge a experiência transcendente de Lao Tse, porque continua ainda distanciado da experiência mística: "[...] a indiferença perante o invisí-

---

5 Na sua edição do livro *Tao Te King*, Suárez Girard traduz o termo *wu wei* por inacção, insistindo no facto de captar a forma harmoniosa como o universo ordena os seus ciclos. Criar entraves a esta ordem é interferir de modo contrário, impondo a intenção, os interesses e os desejos de cada um (Lao Zi 2011, 22).

vel e o alto" (Tavares 2005, 44). De facto, o discípulo adopta uma aproximação excessiva perante o conteúdo do livro: "Seguia demasiado à letra o caminho indicado nos textos de que era o único possuidor" (Tavares 2004, 45). A segunda etapa de iniciação surge no tempo suspenso do sonho que suprime o peso do passado. O sonho encena uma representação catártica em que Elia se observa como o discípulo que reitera o ritual de levantar o dedo indicador da mão direita à maneira de Lao Tse. Elia é assim apresentada como uma réplica do sábio ao responder às questões. O *acmé* do relato incide no momento em que Lao Tse corta com uma lâmina o dedo indicador de Elia. Como sucede em vários contos de Borges, o sonho constrói uma narrativa encaixada que subverte as fronteiras entre o insólito e a realidade, instaurando a inquietude: ao despertar, Elia verifica que perdeu, efectivamente, o dedo indicador.

A atitude desconcertante do mestre não pode ser interpretada como um mero acto de violência gratuita porque lhe acrescenta um valor metafórico: cortar o dedo indicador é cortar de raiz a imitação improdutiva. Se, etimologicamente, "amputar" significa cortar em toda a volta, realizando o acto de limpar (*putare*), o mestre limpou onde residia o vício. O mestre iniciou o discípulo a partir de um sacrifício purificador que busca desenraizar o hábito da reprodução estéril: "Elia percebeu, de modo explícito, que aquele gesto não era seu e, por isso, não era digno" (Tavares 2005, 45). Para aceder à sabedoria autêntica, Elia tem de realizar o trabalho interior do "desaprender", qualidade atribuída ao sábio, segundo o livro do *Tao Te King* (Suárez Girard 2011, 157). Na filosofia taoísta, o princípio do desaprender implica o processo de desapego dos modelos aprendidos, no sentido de eliminar toda a influência que possa travar o curso da acção livre do *wu wei*. O discípulo entra em diálogo com a cosmovisão taoísta quando suporta qualquer tipo de privação e dor ao consciencializar os perigos da imitação literal dos ensinamentos do livro. Situar-se demasiado perto de Lao Tse e ler à letra o seu texto fundador criam uma cegueira que impede o acesso pleno do discípulo à energia das palavras. A encenação alegórica do sonho indica que o caminho do discípulo taoísta não consiste em ser a sombra do mestre. O discípulo tem de encontrar dentro de si os alimentos que favoreçam a sabedoria num exercício de emancipação do modelo exemplar, construindo o seu percurso de aprendizagem: "Foi o dia da mudança [...]. Tal como o seu mestre Lao Tse seria um verdadeiro sábio, mas não o imitaria" (Tavares 2005, 45).

Num reconhecimento da força de Lao Tse, o discípulo capta a inesgotável serenidade do mestre quando este se suicida ao cravar em si mesmo uma espada. O velho sábio podia assim perecer fisicamente após ter transmitido o seu saber e ter favorecido a iniciação do discípulo a um estádio superior de consciência. A última referência a Lao Tse articula uma releitura da metáfora taoísta da água como agente de purificação e de doação de vida, já que o mestre sugere que mergulhem no rio que percorre o centro da Antiga China a espada ensanguentada com a qual se suicidou. Lavar o sangue enquanto símbolo da morte com a força regeneradora da água é um rito de enraizamento que permitiria a Lao Tse renascer num *axis mundi*: "A água ao limpar o sangue da espada far-me-á reviver" (Tavares 2005, 46). Mas o iniciado comete uma transgressão porque não cumpre o rito de ressurreição do mestre. Em vez de purificar a espada de Lao Tse na água, o discípulo executa um rito de libertação quando quebra a espada em duas partes dentro de uma gruta que indicia o espaço do nascimento mítico. Cortar a espada em dois significa despojar-se do "eu" do guerreiro e desligar-se do vínculo ao mestre Lao Tse numa atitude de distanciamento.

Nesta leitura comparatista, observa-se que o desfecho do conto sugere que Elia de Mirceia é uma apropriação ficcional do espírito do estudioso Mircea Eliade. Num acto de homenagem, Gonçalo M. Tavares reconhece em Eliade o construtor de pontes entre as culturas ocidentais e orientais, que estudou a complexa relação do homem com o mito e as estruturas específicas dos fenómenos religiosos. A sua obra sobre o sagrado e o profano possibilitou o aprofundar dos arquétipos do inconsciente colectivo, a evolução das crenças e das ideias religiosas, a visão dos ritos e mitos como modelos exemplares numa perspectiva que dinamizou a prática intercultural. No fim do conto, exalta-se Elia como o verdadeiro sábio pela ênfase da lenda, já que a sua marca só poderá ser seguida por aquele que deixar, de livre vontade, que o seu dedo direito seja amputado. A referência a este rito acentua a noção do mito do eterno retorno, desenvolvida por Mircea Eliade: o discípulo de Elia só se transformará em sábio genuíno se participar no rito de purificação, reiterando o acto primordial que se concretiza fora do tempo profano da História.

> Todos os sacrifícios são feitos no mesmo instante do princípio; o tempo profano e a duração são suspensos pelo paradoxo do rito [...] a repetição de

gestos paradigmáticos confere realidade a um acto (ou objecto) e é nessa medida que há uma abolição implícita do tempo profano, de duração, da "história"; aquele que reproduz o gesto exemplar é transportado assim para a época mítica em que o gesto exemplar foi revelado. (Eliade 1984, 50)

Tanto no caso de Jorge Luis Borges como de Gonçalo M. Tavares, os contos valorizam a herança dos sábios como doação positiva na esteira de Nietzsche, que privilegia a beleza do trabalho sedimentado: "As coisas boas são muito caras. [...] Tudo o bom é herança: o que não é herdado é imperfeito" (Nietzsche 1985, 128). Os escritores sublinham que toda a iniciação requer a memória de um corpo e de um pensamento que interiorizaram o seu percurso autónomo de aprendizagem, baseado num tempo produtivo de maturação. Nesta leitura cruzada, Borges e Tavares assumem-se como fazedores de reescritas que celebram a estética da imaginação criadora, permitindo-lhes transformar a ficção num espaço dialógico em que a lenda, a parábola e a indagação existencial e filosófica confluem, atribuindo às figuras do passado uma nova amplitude. Como foi sublinhado, a autêntica alquimia de Paracelso é a construção de uma linguagem em cifra que necessita de ser desvelada para que o rito de iniciação tenha densidade e eficiência. O discípulo falha porque não soube ler e captar o palimpsesto de ideias que a linguagem de Paracelso lhe transmite: o discípulo é a metáfora do leitor que permanece no sentido literal do texto. A personagem de Elia acede ao grau de sábio genuíno porque se liberta da influência do mestre e constrói o seu processo singular de aprendizagem. Ao contrário de Johannes, ele aprendeu a ver e a pensar, situando-se na mundividência de Lao Tse e distanciando-se dela.

"La rosa de Paracelso" e "A história de Elia de Mirceia" propõem uma educação que implica ver e ouvir com discernimento, acolhendo a palavra do Outro com responsabilidade, abarcando o âmago das coisas, protelando os juízos de valor e abrindo-se à alquimia do texto que se transmuta à medida que o leitor liga os fios disseminados. Os textos convergem nesta necessidade de ensinar a ver para além das aparências. O jogo de Borges consiste em convidar o leitor a preencher o lugar oco deixado por Johannes. Trata-se de formar um leitor activo e participante que esteja disposto a entranhar a rosa da inquietude na travessia do saber. Em Tavares, a tarefa do leitor é perceber que o seu conto celebra o espírito de investigação de Mircea Eliade que soube abrir clareiras entre o pensamento ocidental e oriental. Repensar o diálogo imprevisível entre Lao Tse e Mircea Eliade é o desafio e incentivo de Tavares, que convida o leitor a reflectir sobre o cruzamento de ideias na óptica da transculturação. O conto "A história de Elia de Mirceia" pode ser concebido como um prefácio esclarecedor do texto hermético do *Tao Te King*, na medida em que Elia foi sedimentando as qualidades do ser lúcido:

> Quem conhece os outros é inteligente,
> Quem se conhece é iluminado,
> Quem vence os outros é forte
> Quem se vence a si próprio tem força de ânimo.
> (Lao Tse 2000, 45)

Os contos de Jorge Luis Borges e Gonçalo M. Tavares recriam a memória de Paracelso e de Lao Tse como sábios que exigem aos discípulos a profundidade do comprometimento, impregnados da pujança renovadora do mito. As ressonâncias simbólicas dos textos requerem a iniciação do leitor que recebe a doação destes sábios para recombinar as ideias submersas, dar força ao seu legado e anular a impostura da imitação.

OBRAS CITADAS

BORGES, Jorge Luis. 1989. *Obras Completas III 1975-1985*. Barcelona: Emecé Editores.
ECKHART, Meister. 1987. *Sermons*. Trad. Jeanne Ancelet-Hustache. Paris: Seuil.
ELIADE, Mircea. 1984. *O Mito do Eterno Retorno*. Trad. Manuela Torres. Lisboa: Edições 70.
—. 1989. *História das Ideias e Crenças Religiosas. De Gautama Buda ao Triunfo do Cristianismo*, vol. II. Trad. Daniela de Carvalho e Paulo da Cunha. Porto: Rés Editora.
LAO TSE. 2000. *Tao Te King*. Trad. e notas de António Melo. Lisboa: Editorial Estampa.
LAO ZI. 2011. *Tao Te King*. Ed. e trad. Anne-Helène Suárez Girard. Madrid: Ediciones Siruela.
MAILLARD, Chantal. 2008. *La sabiduría como estética: China, confucionismo, taoísmo y budismo*. Madrid: Akal.

MUALEM, Shlomy. 2007. Borges y el lenguaje cabalístico: ontología y simbolismo en "La rosa de Paracelso". *Variaciones* 23: 149-171.

NIETZSCHE, Friedrich. 1985. *O Crepúsculo dos Ídolos*. Trad. e notas de Delfim Santos. Lisboa: Guimarães Editores.

ROOB, Alexander. 1997. *Alquimia e Misticismo*. Trad. Teresa Curvelo. Colónia: Taschen.

TAVARES, Gonçalo M. 2005. *Histórias Falsas*. Porto: Campo das Letras.

"NATURA DAS ANIMALHAS":
EL LIBRO DE LOS SERES IMAGINARIOS, DE JORGE LUIS BORGES, E *BESTIÁRIO LUSITANO*, DE ALBERTO PIMENTA

Márcia Seabra Neves[*]

A inscrição do animal no imaginário poético e mitológico ocidental remonta aos primórdios da Antiguidade Clássica e foi-se consolidando, ao longo de toda a Idade Média, com o surgimento dos bestiários. Servindo-se dos animais como tropos do humano e fonte de ensinamentos religiosos e morais, os bestiários medievais estão na origem de uma literatura místico-alegórica, cujos ecos ainda hoje persistem em autores que mantêm um diálogo crítico e criativo com a tradição.

Jorge Luis Borges e Alberto Pimenta, respectivamente com *El libro de los seres imaginarios* (1967) e *Bestiário Lusitano* (1980), fazem parte dos escritores contemporâneos que se inspiraram no universo imaginário dos bestiários, compondo obras que, longe de serem meras restaurações replicativas do género, se afirmam como ensaios de disrupção da lógica narrativa e da expectativa axiológica associadas à tradição do bestiário.

PARA UMA ZOOLOGIA DOS SONHOS:
O BESTIÁRIO IMAGINÁRIO DE JORGE LUIS BORGES

Em 1957, Jorge Luis Borges publica (em colaboração com Margarita Gerrero) o seu *Manual de zoología fantástica*, em cujo prólogo distingue dois tipos de zoologias: a da realidade, "zoología de Dios", composta por animais existentes; e a mitológica, "zoología de los sueños", povoada por esfinges, grifos, centauros e outros monstros (Borges e Guerrero 1957, 8). Ora, é precisamente esta zoologia dos sonhos que o autor argentino compila no seu bestiário fantástico, reeditado, em 1967,

[*] Universidade Nova de Lisboa.

com uma extensão do rol dos seres fantásticos (animais e não-animais)[1] e um título diferente – *El libro de los seres imaginários* –, que denota uma abordagem mais ampla e uma irónica ideia de totalidade em relação à fauna que compõe o manual. No prólogo a esta edição renovada, Borges convida os leitores curiosos a frequentarem o seu compêndio como quem brinca com um caleidoscópio, e anuncia o conteúdo da obra nos seguintes termos: "[H]emos compilado un manual de los extraños entes que ha engendrado, a lo largo del tiempo y espacio, la fantasía de los hombres" (Borges e Guerrero 1978, 5).

Estas palavras preambulares convocam, de modo explícito, a tarefa crítico-criativa de catalogação subjacente à própria composição dos bestiários medievais, cujo universo fabular Borges recria e rememora, no seu livro, tanto ao nível da simbologia como da arqueologia textual. Efectivamente, inspirando-se na estética enciclopédica e na estrutura formal dos bestiários tradicionais, Borges compila, descreve e posiciona os seus animais em verbetes alfabeticamente ordenados, o que, à primeira vista, confere ao seu compêndio uma premeditada organização. No entanto, a sequência alfabética do livro não podia ser mais displicente e paradoxal. Com efeito, no bestiário de Borges desfilam, lado a lado, numa desconcertante sucessão, monstros híbridos, criaturas fantásticas, animais fabulosos ou seres mitológicos de presença assídua nos bestiários medievais, seres imaginados por autores de diferentes épocas e lugares, seres imaginados pelo próprio Borges, animais da mitologia chinesa ou ainda seres antropomórficos[2].

Deste modo, Borges sequencializa, de forma aleatória e não linear, um conjunto heterogéneo de seres imaginários pertencentes à mitologia, folclore e literatura dos mais diversos tempos e espaços culturais, promovendo, assim, uma vizinhança perturbadora de elementos sem relação, articulados entre si por uma seriação que, apesar de alfabética, se revela inexplicável e subversiva relativamente ao próprio acto de cata-

---

1 Na edição de 1957, encontramos relatos de 82 animais e, na segunda edição, a lista estende-se à catalogação de 116 seres imaginários.
2 À zoologia fantástica de Borges pertencem, respectivamente: a Anfisbena, o Basilisco, a Fénix, o Catóblepas, o Centauro, Dragão, a Fénix, o Grifo, a Mantícora, a Pantera, o Pelicano, a Salamandra; Os anjos/Os demónios de Swedenborg, Um animal sonhado por Kafka, Um animal/Um réptil sonhado por C. S. Lewis, Um animal sonhado por Poe; o A Bao a Qu, Animais esféricos, o Nivelador, o Perítio, os Seres térmicos; Animais dos espelhos, o Cervo celestial, o Dragão chinês, a Fénix chinesa, o Galo celestial, a Lebre lunar, o Unicórnio chinês, o Tao-T'ieh; a Banshee, os Brownies, os Elfos, as Fadas, os Gnomos, as Nornas e as Ninfas, entre muitos outros.

"NATURA DAS ANIMALHAS": *EL LIBRO DE LOS SERES IMAGINARIOS*, DE JORGE LUIS BORGES, E *BESTIÁRIO LUSITANO*, DE ALBERTO PIMENTA

logar. Este incoerente e paradoxal modelo de catalogação encontra a sua matriz conceptual na enciclopédia chinesa descrita por Borges em "El idioma analítico de John Wilkins", onde apresenta a seguinte classificação do reino animal:

> [L]os animales se dividen en (a) pertenecientes al Emperador, (b) embalsamados, (c) amaestrados, (d) lechones, (e) sirenas, (f) fabulosos, (g) perros sueltos, (h) incluidos en esta clasificación, (i) que se agitan como locos, (j) innumerables, (k) dibujados con un pincel finísimo de pelo de camello, (l) etcétera, (m) que acaban de romper el jarrón, (n) que de lejos parecen moscas. (Borges 1989, 86)

Nesta insólita enumeração alfabética de elementos sem relação, Borges rompe completamente com a coerência classificatória dos sistemas convencionais. Ao introduzir o termo *etcétera* no interior da ordenação e não no final, o autor quebra o *continuum* espaço-tempo da classificação, instabilizando a ordem do alfabeto, cuja função sempre consistiu em ordenar o que é desordenado e, muitas vezes, absurdo.

Assim, parodiando os limites do gesto classificatório, enquanto tentativa de recenseamento exaustivo da inesgotável e "desatinada variedad del reino animal" (Borges e Guerrero 1957, 7), Borges denuncia a impossibilidade de catalogar e homogeneizar a complexidade do mundo num movimento rectilíneo e, por conseguinte, a ineficácia e arbitrariedade de todo o sistema de classificação do Universo. Ele próprio afirma que "notoriamente no hay clasificación del universo que no sea arbitraria y conjetural. La razón es muy simple: no sabemos qué cosa es el universo" (1989, 86).

No fundo, o problema que se coloca para o escritor é o da classificação de um mundo informe e em constante movimento, provavelmente tão heteróclito quanto os animais descritos em *El libro de los seres imaginarios*. Com efeito, no bestiário borgesiano, não faltam seres destituídos de forma definitiva, cujos corpos estão em contínua metamorfose. Logo a abrir o compêndio, Borges apresenta-nos, em registo fabulístico, o A Bao A Qu, um animal sem morfologia fixa, que vive no primeiro degrau das escadarias da Torre da Vitória, em Chitor. O seu corpo, em constante movimento, vai-se moldando à medida que alguém vai subindo as escadas e só consegue atingir a sua forma completa, no último degrau, se a pessoa que o alcançar for espiritualmente evoluída.

O A Bao A Qu sofre por não atingir a sua forma perfeita, que depende directamente da perfeição moral e espiritual do ser humano, facto que, no decurso de largos séculos, só se verificou uma única vez (Borges e Guerrero 1978, 8). Ora, parodiando o substrato místico-imaginário dos bestiários medievais, nesta insólita narrativa, o narrador parece desmistificar o antropocentrismo egocêntrico do homem que, durante séculos, se colocou no topo da hierarquia das espécies, relegando os viventes não-humanos para a base da pirâmide, neste caso, para o último degrau das escadarias da Torra da Vitória.

Assim, contestando uma configuração uniforme do universo e dos seres que nele habitam, Jorge Luis Borges inaugura, no seu bestiário fantástico, uma nova prática de listagem e catalogação dos animais, que consiste num procedimento de montagem, baseado em junções díspares de textos fragmentados que criam verdadeiras rupturas com o *continuum* do tempo, desviando o fio condutor dos relatos de uma ideia de linearidade cronológica. Neste sentido, a montagem como processo criativo do bestiário borgesiano "inclui a desmontagem de um sistema natural de classificação, e reestrutura elementos de uma ordenação como tempo, memória, reflexão e continuidade" (Oliveira 2009, 18). Sublinhe-se que este processo de montagem é não só utilizado no acto da catalogação dos animais, como também na estrutura interna dos próprios verbetes, construídos a partir de uma rede complexa de citações e referências canónicas que se justapõem e entrelaçam na constituição de um texto tão híbrido como os próprios seres do bestiário, como é o caso do Odradek, animal composto por pedaços de fios cortados, atados e entrelaçados, de cores e materiais diferentes (Borges e Guerrero 1978, 155-156).

No capítulo intitulado "La Prose du monde", de *Les Mots et les choses*, Michel Foucault (1966, 55) define a tarefa de quem escreve sobre animais como a de fazer confluir toda a informação já existente num saber único. Ora, compilar o "já dito desde sempre" pela linguagem do mundo, das tradições e dos poetas é o que faz o autor de *El libro de los seres imaginarios*, movendo-se provisoriamente num "mundo textual donde todo se ha dicho, donde todo se repite, donde todo puede convergerse" (Molloy 1979, 165). Neste sentido, Borges recupera da estética medieval os conceitos de autor e de autoria que, vinculados às concepções teológicas a respeito do acto de criação, não se encontravam, como na modernidade, associados à noção de propriedade textual. Na perspectiva medieval, o *auctor* supremo era Deus, criador de toda a existência, o único capaz de criar algo do nada. A seguir a Ele, os únicos detentores de *auctoritas* eram os Padres da Igreja, transmissores do Verbo Divino, e os grandes naturalistas e mestres da Antiguidade Clássica. Os simples mortais não detinham qualquer poder criador, limitando-se a reproduzir de maneira compreensível o já conjecturado *in mente dei*. Assim, no domínio literário, a referência a *auctoritates* superiores era condição *sine qua non* para a autenticidade e legitimação das obras. Daí a proliferação de citações e a importância da intertextualidade. O artista (que podia ser um copista ou um tradutor) produzia a sua obra através da reescrita, inscrevendo-a na arte da memória e da tradição, sem pretensões de autoria ou propriedade literária. Por outras palavras, "o *auctor* não era mais do que aquele que acrescentava o seu próprio discurso ao dos outros, aumentando, por isso mesmo, o âmbito da tradição e acabando, por sua vez, por ser absorvido nela – entrando, portanto, a fazer parte da 'autoridade'" (Lanciani e Tavani 1993, 75).

Assim, ao usar e abusar das citações e referências canónicas, Borges também enjeita esse conceito de uma *auctoritas* unívoca, assumindo a posição de um copista ou narrador que apenas transcreve experiências já vividas e elenca animais pertencentes a diferentes espaços, tempos e áreas do saber (literatura, filosofia, história, mitologia e ciências naturais). Note-se que o autor argentino constrói os seus verbetes não só através de recortes e montagens de citações, como também a partir de transcrições integrais de textos de outros autores, dos quais ele se apodera como se fossem seus, como é o caso de "Um animal sonhado por C. S. Lewis" e "Um réptil sonhado por C. S. Lewis" (excertos de *Perelandra*, 1949), "Um animal sonhado por Kafka", "Um cruzamento" e "Odradek" (excertos de Kafka), "O Squonk" (excerto de William T. Cox). Revela-se, neste sentido, "um escritor que, paradoxalmente, constrói sua originalidade por via da citação, da cópia, da reescrita de textos alheios, que desde sempre pensa a escrita a partir da leitura" (Sarlo 2008, 21).

Com efeito, a descrição dos animais baseia-se em releituras que se foram sucedendo e entrelaçando no decorrer dos séculos. Borges retoma e explora mitos de várias épocas e lugares e reinsere-os no presente da escrita, fazendo um registo minucioso das múltiplas formas de representação dos animais ao longo dos tempos. É o que acontece, por exemplo, no verbete dedicado ao Basilisco, um dos animais invariavelmente arrolados nos bestiários da Idade Média: "En el curso de las edades, el Basilisco se modifica hacia la fealdad y el horror y ahora se lo olvida" (Borges e Guerrero 1978, 41-43). A ideia que sobressai deste relato é a transformação do animal pela escrita. Cada escritor constrói a sua própria interpretação, criando variações sobre repertórios já existentes. Assim, entre a Antiguidade Clássica, a Idade Média e o Renascimento, o Basilisco foi, sucessivamente, uma serpente, um galo quadrúpede com cauda de serpente e um galo de oito patas, até cair no esquecimento ou simplesmente desaparecer. Não é sem alguma ironia que o narrador borgesiano termina a sua descrição com duas referências que colocam em questão as acepções anteriores e a própria existência do animal, como se questionasse os limites do próprio saber enciclopédico e taxonómico. Na realidade, embora elabore as suas descrições baseando-se numa sucessão de testemunhos de várias épocas e lugares, a imagem que fica dos animais é aquela engendrada pela imaginação transfigurante de Borges, ou seja, a imagem de seres em constante transformação e sem forma estável, que não pertencem a qualquer lugar ou tempo específicos.

Borges recorta os animais dos seus contextos mitológicos e reposiciona-os, de modo anacrónico, no seu livro, onde se cria um "outro espaço" para eles, o do "não-lugar da linguagem" que Michel Foucault designa como "heterotopia"[3]. Num texto sintomaticamente intitulado "Des Espaces autres", Foucault define as heterotopias como os espaços das alteridades, aqueles que não estão "nem aqui nem lá", que são simultaneamente reais e irreais, físicos e mentais, tal como quando nos olhamos no espelho. O filósofo francês especifica ainda que as heterotopias têm o poder de justapor num único lugar real vários espaços incompatíveis entre si, dando o exemplo do jardim, uma espécie de microcosmos que remete para outros tempos e espaços a partir de um tempo e espaço anacrónico. Neste sentido, as heterotopias são desdobramentos do espaço geralmente associados a uma ruptura absoluta com um tempo tradicional ou histórico. A estes recortes de tempo Foucault atribui a denominação de "heterocronias" (Foucault 1994, 756-759).

3 No prefácio de Les Mots et les choses, obra declaradamente inspirada pela "enciclopédia chinesa" de Borges, Michel Foucault explica que a monstruosidade da enumeração borgesiana não reside nos animais fabulosos individualmente descritos e designados como tal, nem mesmo na desnorteante série alfabética que liga cada uma destas categorias a todas as outras, supondo um insólito parentesco entre as coisas, mas sim no lugar onde elas poderiam coabitar, ou seja, no espaço comum dos encontros, que fica totalmente cancelado. Neste sentido, o filósofo conclui que, na impossibilidade de encontrar um lugar comum a todas as coisas, os animais da enciclopédia borgesiana justapõem-se no "não-lugar da linguagem", num "espaço impensável" (Foucault 1966, 8).

"NATURA DAS ANIMALHAS": *EL LIBRO DE LOS SERES IMAGINARIOS*, DE JORGE LUIS BORGES, E *BESTIÁRIO LUSITANO*, DE ALBERTO PIMENTA

Esta visão fragmentada do tempo é corroborada pelo próprio Borges, que em "El jardin de senderos que se bifurcan", uma das narrativas de *Ficciones*, assume não acreditar num tempo uniforme e absoluto, mas sim em "infinitas series de tiempos, en una red creciente y vertiginosa de tiempos divergentes, convergentes y paralelos" (Borges 1997, 116). Com efeito, *El libro de los seres imaginarios* revela-se o lugar por excelência destes "espaços outros", onde não faltam Animais dos Espelhos reduzidos a meros reflexos servis, monstros do tempo como o Baldanders, ou ainda seres de domicílio incerto como o Odradek, "o todo [compondo] um jardim – zoológico, no caso – de 'senderos que se bifurcam' cujo horizonte anunciado é o infinito" (Santiago 1998, 37).

Neste sentido, ao jogar com as heterotopias e heterocronias a partir de um espaço anacrónico, Borges remete para uma ideia de desordem do mundo, expressa no movimento instável e fragmentário da sua escrita, que Sylvia Molloy descreve como um "vaivén entre lo fijo y lo móvil, entre lo entero y lo fragmentário, entre la amenanza [...] y la atracción" (1979, 194). Assim, baseada na sobreposição de textos que se referenciam reciprocamente de forma aparentemente caótica e em relatos que se inserem em narrações anteriores ou posteriores numa acumulação complexa e potencialmente paradoxal, a escrita borgesiana assume contornos de um mecanismo em constante formação, movido por uma "máquina deconstructiva o (de manera menos anacrónica) pré-deconstructiva" (Missana 2003, 12-13), montada pelo próprio autor.

Deste modo, actuando sobre contínuos desdobramentos de espaço e de tempo, a escrita labiríntica dos verbetes de Borges articula-se e expande-se, estendendo-se ao incomensurável infinito, um dos melhores recursos do autor argentino para a desconstrução do real. Assim, se para o homem medieval a Criação constitui um imenso livro aberto escrito por Deus, Jorge Luis Borges, desviando-se desta cosmovisão místico-religiosa, propõe-se escrever o seu próprio "livro dos seres imaginários" que, à imagem do infinito universo, é constituído de saberes em constante movimento. Na verdade, o que Borges retoma da tradição do bestiário não é a sua dimensão simbólico-figurativa, nem tão pouco o seu conteúdo naturalista pseudocientífico, mas sim o acto de catalogação ou classificação dos animais, que o autor ironiza e parodia, no intuito de desvendar a precariedade da condição do homem perante as inexoráveis e misteriosas leis do cosmos. Neste sentido, ao inscrever os seus animais no território incerto e utópico da linguagem, dotando-os de uma forma transitória, o autor expõe a frágil e efémera existência do ser humano, que vive na ilusão de poder dominar a realidade e ordenar um mundo completamente absurdo e caótico.

Deste modo, através dos seus animais fantásticos, Borges denuncia a arrogância egocêntrica do homem moderno em querer abarcar o infinito através do conhecimento, ilustrando criticamente a impotência do espírito humano face ao real, que, na verdade, ele desconhece e jamais poderá controlar, apesar de todas as suas ilusões. Assim, embora os verbetes imaginários remetam para o simbolismo animal dos bestiários medievais, os animais deixam de ser utilizados como *exempla* de edificação moral e religiosa assumindo antes a expressão de um encontro com o passado e a tradição, em busca de uma memória identitária que permita interrogar um presente absurdo e um futuro incerto.

PARA UMA ZOOLOGIA DA REALIDADE: O BESTIÁRIO SATÍRICO DE ALBERTO PIMENTA

A outro espaço e a outro tempo pertence o *Bestiário Lusitano* (1980) de Alberto Pimenta, que partilha com o seu antecessor argentino a reabilitação crítica e criativa da tradição do bestiário medieval. No entanto, se o bestiário de Borges compilava seres imaginários pertencentes à "zoologia dos sonhos", o de Alberto Pimenta centra-se na "zoologia da realidade", composta por "bichos", cuja peculiar natureza o autor nos apresenta num curioso poema liminar, situado fora da paginação:

> Amostragem de bichos amestrados
> Seres dados ao bem mas não por mal
> Figuras de esmerada concepção
> Exemplos como manda a tradição
> Retratos de fiel execução – enfim
> Amostragem de curiosos e ventos
> Soprando pela história destes tempos.
> (Pimenta 1980)

Estes versos preliminares, sintomáticos da disrupção vanguardista empreendida por Alberto Pimenta, preparam desde logo o leitor para a singularidade do *Bestiário Lusitano*, onde tradição e modernidade parecem conjugar-se na desconstrução de um espaço emblemático, povoado por "figuras", "exemplos" e "retratos de bichos amestrados", advertindo, desde logo, para o carácter simbólico das suas personagens.

Alberto Pimenta elege para a constituição do seu compêndio de bestas apenas animais existentes, mas insere-os, através da ficção, na realidade absurda do tempo presente identificado com o do exercício da escrita. Assim, embora o título do livro e a própria ideia de "amostragem de bichos" remetam para o universo do bestiário, a verdade é que o tratamento formal dos textos se desvia radicalmente da lógica enciclopédica dos verbetes medievais e até dos de Borges. Com efeito, o *Bestiário Lusitano* afirma-se como um mosaico híbrido de textos heteróclitos, através dos quais o escritor, como observou Nuno Júdice, se assume como "autor-orquestra, passando do discurso em prosa ao verso, do diálogo à narrativa, da quadra ao texto erudito, do coloquialismo mais chão à especulação literária e metafísica (ainda que com intenções de a criticar através da ironia)" (1981, 79).

Na realidade, o núcleo narrativo e a arquitectura textual da obra remetem mais para o paradigma da fábula do que do bestiário propriamente dito, e o autor demonstra plena consciência dessa contaminação de géneros ao abrir o seu bestiário com uma epígrafe em latim, não identificada. Na verdade, a epígrafe foi retirada do prólogo de Aviano às suas *Fábulas*, no qual o autor se dirige a Teodósio dizendo:

Habes ergo opus quo animum	Tens, portanto, uma obra com a qual poderás
Oblectes, ingenium exerceas,	encantar o espírito, exercitar a inteligência,
Sollicitudinem leves totumque	aliviar a inquietação e conhecer, de um modo
Vivendi ordinem exitus eventos	seguro, todo o plano da vida.
Acutus agnoscas.	(Melo 2001, 65)
(Pimenta 1980)	

Ao omitir a referência ao autor latino, Alberto Pimenta apodera-se da sentença como se fosse sua, atribuindo ao seu próprio texto esta dupla função da fábula tradicional que consiste, simultaneamente, em divertir e ensinar. Ora, a dimensão fabulística da obra destaca-se, desde logo, na estrutura dos títulos que apresentam, na sua maioria, um esquema actancial binário, pressupondo a existência de uma personagem-animal que se dirige a um interlocutor suposto através de diferentes situações discursivas, como a exposição ou discurso oficial[4], o relato jornalístico[5], o solilóquio[6], a oração[7], o diálogo[8], entre outros, encenando sempre "uma relação teatral actor-auditório em que a intervenção do Autor visa denunciar o deus *ex machina* deste universo, a mão que maneja os bonifrates postos em cena, a verdadeira voz que se oculta por detrás do discurso ventríloquo dos personagens" (Júdice 1981, 79). Neste sentido, a retórica dos títulos antecipa não só o carácter subversivo dos textos relativamente ao discurso institucionalizado, como também a utilização dos animais enquanto símbolos do Homem.

Com efeito, se no bestiário medieval o animal existia enquanto realidade física e concreta, de cuja descrição se extraíam as suas "senefiances", no de Alberto Pimenta, tal como acontece no arquitexto fabulístico, os animais, submetidos a um processo de antropomorfização, são reificados e despojados da sua própria ontologia e realidade vital, funcionando apenas como arquétipos de conteúdo metafórico e ilustrações dinâmicas dos diversos tipos humanos.

Assim, numa intertextualização com o regime narrativo da fábula, Alberto Pimenta propõe-nos, através de uma visão antropomorfizada do reino animal, um retrato satírico e mordaz da sociedade portuguesa contemporânea, minada pelos vestígios de uma longa e alienante ditadura. O autor serve-se dos animais para criticar virulentamente todo o sistema político e sociocultural cerceador das liberdades individuais e responsável pelo estado caótico de uma sociedade na qual "a glória é toda para os grandes e os pequenos ficam a apitar" (Pimenta 1980, 27). São, pois, alvo do implacável sarcasmo crítico de Alberto Pimenta: o Estado e a função pública ("A alocução da raposa", "O requerimento do coelho", "A conferência de Imprensa do Castor"), a religião ("A oração dos Louva-a-Deus", "A lição da Borboleta"), o capitalismo contemporâneo ("O tacto do tatu"), o sistema jurídico ("A sentença do corvo"), a cultura de massas ("O show da onça"), o academismo e o saber científico ("O enigma das moscas"), a cultura literária institucionalizada ("O diálogo dos ratos"), entre outros.

---

4 "A alocução da raposa" (pp. 8-14); "O requerimento do coelho" (pp. 15-21); "As queixas da cegonha" (pp. 22-25); "A sentença do corvo" (pp. 38-39).

5 "Os golpes do alce" (p. 44); "A entrevista com Nessie" (pp. 50-51); "A conferência de imprensa do castor" (pp. 52-53).

6 "As palavras do papagaio" (p. 7); "O solilóquio da Bicha Solitária" (pp. 32-34).

7 "A oração dos Louva-a-Deus" (pp. 68-73).

8 "O consultório do Chacal" (p. 55); "O diálogo dos ratos" (pp. 63-67).

"NATURA DAS ANIMALHAS": *EL LIBRO DE LOS SERES IMAGINARIOS*, DE JORGE LUIS BORGES, E *BESTIÁRIO LUSITANO*, DE ALBERTO PIMENTA

Por outras palavras, os animais que desfilam em *Bestiário Lusitano* e as situações por eles protagonizadas obedecem a uma certa intencionalidade pragmática, cujo objectivo final é a sátira, servida por vários dispositivos retóricos, entre os quais se destacam a paródia, a ironia e o cómico, que se conjugam na construção de uma espécie de sátira tragicómica que transcende os limites do mero ludismo. É o que podemos constatar, por exemplo, no texto intitulado "O requerimento do coelho", uma crítica feroz ao aparelho burocrático do Estado. Tal como o título indica, nele se apresenta um requerimento redigido por um coelho que, pressentindo a sua morte e não tendo outro património para legar aos quinze filhos que ainda viviam com ele, decide vender uma pequena preciosidade que, desde sempre, lhe fora muito cobiçada: um sinalzinho de pêlo negro que tinha no meio do rabo. Se encontrar um comprador se revelou tarefa fácil, o mesmo não se pode dizer relativamente ao processamento da escritura de venda no notário:

> 52. perguntou ele (*notário*) se ele (*requerente*) trazia consigo a caderneta comprovativa da legítima posse, ou propriedade, do sinalzinho de pêlo negro ou rodopelo [...]
> 54. ao que ele (*requerente*) disse que não tinha, mas que era certo que o seu sinalzinho de pêlo negro, ou rodopelo, lhe pertencia (a ele, *requerente*) e era sua legítima propriedade
> 55. ao que o notário disse que o seu ofício (dele, *notário*), a que também se poderia chamar negócio ou indústria, consistia em provar que nada era certo e tudo carecia de prova
> 56. e que em princípio
> 57. e até prova em contrário
> 58. a pele do cidadão era pertença do estado.
> (Pimenta 1980, 19-20)

Assim, ao percorrermos as páginas do *Bestiário Lusitano*, deparamo-nos com uma espécie de "babelização interdiscursiva" (Nogueira [s.d.], 8), arquitectada por uma multiplicidade de discursos e linguagens pertencentes aos mais variados campos retóricos (político, burocrático, jurídico, jornalístico, religioso, literário, científico, intimista, coloquial, entre outros). Deste modo, a ordenação estética dos textos assenta numa desordem enunciativa que parece manifestar, por parte do autor, uma vontade de desconstrução da realidade através de uma ruptura com as formas tradicionais da literatura e respectivos códigos culturais.

Um dos textos mais representativos desta atitude é "As notas da carraça", no qual o autor procede a uma explícita transgressão das matrizes clássicas, através de uma reescrita subversiva da epopeia camoniana. Trata-se de um poema composto por quinze quadras construídas apenas com as palavras rimadas (situadas em final de verso) das quinze primeiras estâncias do Canto I de Os Lusíadas e por um insólito aparato infrapaginal, no qual o autor, assumindo o papel de crítico literário e parodiando o respectivo jargão, expõe uma interpretação lógica e semântica deste invulgar poema, restituindo-lhe a sua coesão e coerência textuais (Pimenta 1980, 58-62). No fundo, Alberto Pimenta desmonta, de uma forma provocatória, a epopeia de Camões e reescreve-a a partir do tempo presente, numa prática subversiva de desintegração e desfiguração extensiva a toda a herança cultural que ele se propõe renovar de acordo com os imperativos dos tempos modernos.

Podemos, assim, sustentar que a recuperação subversiva que Alberto Pimenta faz do género do bestiário de modo a, por seu intermédio, poder desenvolver um sofisticado exercício satírico, também se insere nesta linha contestatária de renovação pela desconstrução. O autor desconstrói o passado para reconstruir o futuro, rompendo de forma insurrecta com todas as normas rígidas e dogmas pré-estabelecidos através de uma libertação total da palavra literária, que se desdobra numa constante transgressão, ou seja, num "movimento em potência"[9] que se esquiva a qualquer forma de poder inibidor, inclusivamente o crítico. O escritor, que não hesita em afirmar que "a [sua] poesia é uma fala" (Pimenta 2013, 8), busca explorar intensivamente os variados recursos expressivos que possam possibilitar a sua intervenção na sociedade, mobilizando procedimentos poético-narrativos inovadores[10] que conferem aos seus textos uma materialidade própria e arrojada. A escrita de Pimenta configura-se, assim, como um movimento contestatário e subversivo, movido por uma viva vontade de transformação do

---

9   Retomamos uma expressão utilizada pelo autor para descrever a sua mais recente obra, *De Nada* (Pimenta 2013, 8).

10 Como por exemplo: a supressão de pontuação e/ou de maiúsculas ("As palavras do papagaio", "O sonho da aranha"), a inserção de elementos plásticos no corpo do texto ("O enigma das moscas", "O show da onça"), as alterações da mancha gráfica ("O salto do cavalo", "O sirventês da medusa"), as construções libertas de constrangimentos sintácticos e morfológicos ("O requerimento do coelho", "A entrevista com Nessie"), entre outros.

real e do próprio indivíduo, enquanto ser social. Em sintonia com esta ética literária de cunho libertário, o autor "desmonta a complexidade do corpo orgânico social, desventrando e questionando, através de um humor satírico de vocação moralizante [...], as trajectórias desse tecido movente, recosido com fios desordenados" (Nogueira [s.d.], 8).

Na verdade, o que interessa ao autor do *Bestiário Lusitano* é a besta humana, à qual ele pretende transmitir uma lição sobre a sua pretensa humanidade. Retomando, neste aspecto, a vocação didáctica e moralizante dos bestiários medievais, o autor pretende, através da figura animal, proporcionar a instrução do homem, não a de carácter moral e religioso, mas antes a de cariz social. Por outras palavras, o autor serve-se dos animais como dispositivos de ilustração de determinados comportamentos e acções humanas, no intuito de estimular o homem, enquanto ser gregário em indeclinável diálogo com o Outro, a reflectir sobre si próprio e sobre a posição que cada um deve ocupar na sociedade em que vive.

Em suma, os animais assumem, em *Bestiário Lusitano*, uma função de espelho projectivo e simbólico do homem, porquanto, através deles, ele toma conhecimento de si próprio e da sua condição de irredutível humanidade. No fundo, o que o autor pretende, com os animais do seu bestiário, é levar o homem a olhar para si próprio, projecto que Alberto Pimenta já havia intentado na vida real, através da sua lendária *performance* (*happening*), no Jardim Zoológico de Lisboa, onde, no Verão de 1977, se trancou numa jaula do Palácio dos Chimpanzés, com um letreiro onde se lia *Homo Sapiens*. Questionado, agora, sobre o que pretendia com aquele acto insólito e desconcertante, Alberto Pimenta simplesmente responde: "O ser humano exposto entre outros animais também expostos – e vestido, não nu" (2013, 9). Na verdade, a resposta a esta questão já se encontrava num dos seus poemas da época, precisamente intitulado "Jardim Zoológico", no qual o poeta tematiza claramente esta problemática do olhar animal/humano, através das grades:

[D]um lado da jaula
os que vêem
do outro
os que são vistos
e vice-versa.
(Pimenta 1977, 87)

Normalmente, os que vêem são os homens e os que são vistos são os animais. O "vice-versa" foi acrescentado pela visão desconstrutivista de Alberto Pimenta que propõe uma troca de olhares, não entre o homem e o animal, mas entre o homem e a sua própria condição humana. Ao inverter os papéis, colocando o homem no lugar do animal, ou seja, na posição passiva do ser-se olhado, o escritor relativiza, pela subversão, a suposta superioridade da espécie humana.

Ora, é precisamente esta desconstrução antropocêntrica que subjaz a *Bestiário Lusitano*, onde o escritor parece interrogar o estatuto do homem enquanto animal superior, racional e soberano, capaz de se sobrepor aos seus semelhantes humanos e não-humanos. Neste sentido, o livro encerra, de forma simbólica, com um lema de Bertolt Brecht que diz "[o]utros que falem da sua vergonha, eu falo da minha" e que, inevitavelmente, nos remete para uma outra formulação de Gilles Deleuze, que também parece adaptar-se perfeitamente ao pensamento do autor deste bestiário lusitano: "La honte d'être un homme, y a-t-il une meuilleure raison d'écrire?" (1993, 11).

Numa época em que o homem tende, cada vez mais, a questionar os limites da sua própria humanidade, Jorge Luis Borges e Alberto Pimenta encontram na tradição zoológica medieval os pressupostos essenciais para a configuração das suas obras, nas quais tentam redefinir, numa indagação humanista e existencialista, a posição do homem no universo. Ambos retomam e reinventam, em modalidade subversiva, o universo imaginário dos bestiários da Idade Média, criando zoopoéticas inovadoras, adaptadas ao tempo presente e a uma nova axiologia da animalidade. No entanto, cada autor constrói o seu bestiário particular, adoptando os seus próprios mecanismos criativos de especularidade e deslocamento transgressivo em relação aos bestiários medievais. Borges, seguindo a via do fantástico, (re)cria uma multiplicidade de seres imaginários que dispõe em verbetes alfabeticamente ordenados, valendo-se da estética enciclopédica do bestiário medieval para a composição do seu compêndio. Já Alberto Pimenta enevereda pelo caminho da sátira e da antropomorfização, inserindo os seus animais humanizados num *Bestiário Lusitano*, cujo embrião narrativo apresenta maior afinidade com o género fabulístico do que com o bestiário propriamente dito. Ambos, em todo o caso, procuram reedificar, pela intermediação da metáfora animal, um saber alternativo sobre o mundo e a condição humana.

OBRAS CITADAS

Borges, Jorge Luis, e Margarita Guerrero. 1957. *Manual de zoología fantástica*. México: Fondo de Cultura Económica.

—. 1978. *El libro de los seres imaginarios*. Barcelona: Editorial Bruguera.

Borges, Jorge Luis. 1989. El idioma analítico de John Wilkins. In *Obras Completas II 1952-1972*. Barcelona: Emecé Editores, 84-87.

—. 1997. El jardín de senderos que se bifurcan. In *Ficciones*. Madrid: Alianza Editorial, 100-118.

Deleuze, Gilles. 1993. *Critique et clinique*. Paris: Les Editions de Minuit.

Foucault, Michel. 1966. *Les Mots et les choses – une archéologie des sciences humaines*. Paris: NRF – Editions Gallimard.

—. 1994. *Dits et écrits*. Paris: NRF – Editions Gallimard.

Júdice, Nuno. 1981. Recensão crítica a *Bestiário Lusitano*, de Alberto Pimenta. *Colóquio/Letras* 60: 79.

Lanciani, Giulia, e Giuseppe Tavani. 1993. *Dicionário da Literatura Medieval Galega e Portuguesa*. Lisboa: Editorial Caminho.

Melo, Jorge Manuel de. 2001. *As Fábulas de Aviano: introdução, versão do latim e notas*. Dissertação de Mestrado. Aveiro: Universidade de Aveiro.

Missana, Sérgio. 2003. *La máquina de pensar de Borges*. Santiago de Chile: Lom Ediciones.

Molloy, Sylvia. 1979. *Las letras de Borges*. Buenos Aires: Editorial Sudamericana.

Nogueira, Carlos. [s.d.]. Da Irreverência como Princípio Estético ou a Poesia de Alberto Pimenta, http://alfarrabio.di.uminho.pt/vercial/zips/nogueira04.rtf (consultada a 2 de Abril de 2013).

Oliveira, Eduardo Jorge de. 2009. *Manuais de Zoologia: os animais de Jorge Luís Borges e Wilson Bueno*. Tese de Mestrado. Belo Horizonte: Faculdade de Letras da Universidade Federal de Minas Gerais.

Pimenta, Alberto. 1977. *Ascensão de Dez Gostos à Boca*. Coimbra: Edição do Autor.

—. 1980. *Bestiário Lusitano*. Lisboa: Appia.

—. 2013. Entrevista. *Jornal de Letras*, 20 de Março a 2 de Abril.

Santiago, Silviano. 1998. A ameaça do lobisomen. *Revista Brasileira de Literatura Comparada* 4: 31-44.

Sarlo, Beatriz. 2008. *Jorge Luís Borges, um escritor na periferia*. São Paulo: Iluminuras.

"LA CAÇA DE AMOR ES D'ALTANARÍA": UMA LEITURA DE *CRÓNICA DE UNA MUERTE ANUNCIADA*, DE GABRIEL GARCÍA MÁRQUEZ, À LUZ DE GIL VICENTE

Isabel Araújo Branco[*]

No estudo sobre as relações literárias entre a América Hispânica e Portugal, Gabriel García Márquez ocupa um lugar muito particular, não só pela recepção das suas obras no nosso país em distintos meios (dos académicos aos populares), mas igualmente por o escritor colombiano partilhar características e contextos com a cultura e autores portugueses e por conhecer aspectos da nossa história, literatura, geografia e sociedade. Prova disso é a escolha de um excerto de uma obra de Gil Vicente para epígrafe de *Crónica de una muerte anunciada* (1981): "La caza del amor es altanería."

A novela não indica a fonte concreta, mas a citação é retirada de *Comédia de Rubena*, peça de Gil Vicente, datada de 1521 e classificada por Stephen Reckert como "desconcertante" e uma "mistura de audaz naturalismo e fantasia romântica" (1983, 44). Propomos, pois, uma leitura da novela de García Márquez à luz da epígrafe inicial e de outra citação de Gil Vicente presente no texto (embora não identificada como tal pelo narrador), e igualmente de toda a *Comédia de Rubena*. Numa forma de homenagear também o próprio texto do autor colombiano – uma original variante do romance policial –, procuramos seguir algumas pistas para responder a questões colocadas pela própria obra, evitando enganos mais ou menos propositados que nos possam levar por caminhos mais óbvios.

Antes de iniciar a nossa análise, recuperemos um excerto de uma entrevista de García Márquez ao *Diário de Lisboa*, em 1981, em que recorda o momento em que, na sua mente, se cruzou a história do protagonista da novela com o texto de Gil Vicente:

[*] Universidade Nova de Lisboa.

> Eu sempre desejei, durante anos, escrever um livro baseado na morte de Santiago Nasar, meu conterrâneo [...]. Porém, há uns anos fui convidado a ir a Argel [...]. E estava no aeroporto de Argel quando entrou um monarca árabe, que levava no braço um falcão. E, assim que o vi entrar, lembrei-me do verso de Gil Vicente e lembrei-me sobretudo do seu outro verso que está citado dentro do livro e que é "Halcón que se atreve con garza guerrera, peligros espera." [...] Então recordei-me outra vez da história e dei-me conta que a tinha muito viva, muito fresca, e decidi escrevê-la. (Alves 1981, 2)

Comecemos, então, por ver alguns aspectos comuns às duas obras. O mais evidente é que ambas têm como tema amores clandestinos que levam à perda da honra da personagem feminina, à vergonha pública e à condenação social. Outro aspecto é a presença de duas línguas nos textos: o de Gil Vicente inclui falas em português e em espanhol e o de García Márquez faz referência a conversas em espanhol e em árabe. Os caracteres violentos de membros da família das raparigas constituem outro traço comum: o pai de Rubena era "fuerte, cruel per nacion,/ celoso, muy bravo, sin templa ninguna" (Vicente 1984, 357); os irmãos de Ángela Vicario, Pedro e Pablo, são magarefes, abatendo gado para ganhar a vida, e utilizam as ferramentas e competências profissionais para matar Santiago Nasar. São bravos e fortes, como o pai de Rubena, mas não cruéis. Também o início das obras nos interessa: encontramos um resumo da acção fundamental logo nas primeiras linhas. Na peça de Gil Vicente, o espectador fica a saber que a bonita e solteira Rubena se envolveu com um clérigo e engravidou. O rapaz, quando soube, fugiu e ela mantém o seu estado em segredo. No romance, sabemos que Santiago é morto uma hora depois de acordar, "destazado como un cerdo" (García Márquez 1991, 12). Contudo, este avanço não retira de todo o interesse nas obras. Pelo contrário, alimenta-o.

Rubena e Ángela não desvendam o segredo voluntariamente, mantendo-se em silêncio até não poderem mais: a primeira só admite o seu estado quando sente as dores de parto, a segunda apenas em plena noite de núpcias confessa que não é virgem. Queixa-se Rubena:

Ay! que no oso queixar!
Ay! que no oso dezir!
Ay! que no oso querelar
ni me puedo ya vengar

del consentir!
(Vicente 1984, 358)

Também Ángela não ousou quebrar o silêncio até ser obrigada pela família a dizer o nome de quem a desonrou, sendo espancada pela mãe. Também ela não parece querer vingar-se. Ambas abandonam a sua terra quando o segredo é descoberto, para evitarem a vergonha pública: Rubena vai parir a filha longe, levada por diabos convocados por uma feiticeira, isolando-se depois nos montes; Ángela vai com toda a família para outra vila e não regressa.

Tendo em conta a intertextualidade criada entre as duas obras, podemos ver Ángela como um *alter ego* de Rubena e na acção de vingança dos irmãos Vicario uma reparação da honra das duas. Aliás, Pedro e Pablo/Paulo são nomes dos Evangelhos, designações de santos apóstolos que intervêm para repor a harmonia no mundo. Pedro é a "pedra", o fundamento da Igreja cristã. Paulo foi inicialmente antagonista de Cristo, juntando-se depois a ele e passando de perseguidor a perseguido. Pedro e Paulo são com frequência associados no universo cristão, nomeadamente em igrejas ou catedrais com o nome de ambos. Por seu lado, Cismena, a filha de Rubena, acaba por ser um prolongamento da mãe. Indirectamente provoca a morte de Felicio, tal como Ángela provocou a de Santiago.

Anjo que tua alma, adoras;
anjo que me tira a vida,
hora é de seres ida
do triste corpo em que moras[1].
(Vicente 1984, 407)

Estas são as últimas palavras pronunciadas por Felicio antes de falecer. Santiago Nasar faz eco disto, no final do texto: "Que me mataron" (García Márquez 1991, 118). Cismena é o anjo que leva Felicio à morte; Ángela faz o mesmo no Caribe. A identificação é evidente, não só na acção, como nas denominações: Ángela deriva do latim *angelus*, que significa "anjo" ou "mensageiro". Sendo a morte um efeito indirecto da acção das raparigas, estas não deixam de ter alguma responsabilidade, como afirma o Príncipe da Síria, depois da morte de Felicio:

[1] Sublinhados nossos nestes versos e nos seguintes.

> Pues tu fe era tan buena,
> no deviera ser pensada.
> *Ni la Señora Cismena*
> *dexa de ser la culpada.*
> (Vicente 1984, 408)

Podemos, em certa medida, ver *Crónica de una muerte anunciada* como uma versão moderna de *Comédia de Rubena*, embora em tom trágico e com laivos policiais. A novela, aliás, centra-se em duas interrogações: Ángela perdeu a virgindade com Santiago? Como é possível que o assassinato de Nasar não tenha sido evitado, sendo essa a intenção dos gémeos ao anunciarem repetidamente os seus propósitos?

A acção dos irmãos Vicario é, na verdade, central na trama. No momento em que o privado se torna público, a moralidade e a honra são julgadas na rua. O equilíbrio foi rompido e é obrigação familiar repô--lo através de um acto de vingança. Contudo, essa acção é, ao mesmo tempo, reprovável. Presos nesta teia de compromissos familiares e sociais, Pedro e Pablo procuram libertar-se através da intervenção de terceiros, confiando na dita moralidade que condena a morte. Se não querem transformar-se em assassinos, a solução é anunciar de forma repetida a intenção de matar Santiago e assim libertarem-se do paradoxo em que caíram: serem impedidos pela população de cometer o crime sem, no entanto, deixarem de reparar a honra da família. Como recorda uma personagem, Clotilde Armenta, olhavam Santiago "más bien con lástima" (García Márquez 1991, 22). Não alcançam esse objectivo, tal como aconteceu com o Orestes da mitologia grega, também ele preso a obrigações morais e religiosas que, contudo, ao serem concretizadas, o condenam também a ele. Por ordem de Apolo, o herói grego vingou a morte do seu pai, Agaménon, matando a sua mãe, Clitmnestra. Contudo, ao mesmo tempo que repõe a harmonia imposta pelos deuses, quebra o equilíbrio ao tornar-se um matricida e passa a ser perseguido pelas erínias. Orestes fica, pois, refém de um complexo paradoxo.

Regressemos às citações de Gil Vicente. Temos, pois, a epígrafe e uma frase do próprio narrador, dirigida ao seu amigo Santiago. Vejamos o texto do dramaturgo português:

> *La caça de amor*
> *Es d'altanaría;*

"LA CAÇA DE AMOR ES D'ALTANARÍA": UMA LEITURA DE *CRÓNICA DE UNA MUERTE ANUNCIADA*,
DE GABRIEL GARCÍA MÁRQUEZ, À LUZ DE GIL VICENTE

>trabajos de día,
>de noche dolor:
>halcón caçador
>con garça tan fiera,
>peligros espera.
>(Vicente 1984, 395)

>*Halcón que se atreve*
>*con garça guerrera,*
>*peligros espera*[2].
>(Vicente 1984, 394)

Estas citações desempenham uma função narrativa e temos de as ler como tal. Trata-se da "necessidade" mencionada na *Poética* de Aristóteles, autor que García Márquez especialmente admira:

>Tanto na representação dos caracteres como no entrecho das acções, importa procurar sempre a verosimilhança e a necessidade; por isso, as palavras e os actos de uma personagem de certo carácter devem justificar--se por sua verosimilhança e necessidade, tal como nos mitos os sucessos de acção para acção. (Aristóteles 2000, 124)

Os excertos dão-nos pistas para responder a uma das questões colocadas pelo próprio texto: terá Ángela perdido a virgindade com Santiago, como afirma? É Santiago, o falcão, que provoca Ángela, a garça guerreira, e que desafia o destino? Santiago cria falcões e aprendeu com o pai "la maestranza de las aves de presas altas" (García Márquez 1991, 15). Este dado pode servir como estratégia de distracção, permitindo ao leitor justificar a presença das citações de Gil Vicente com a actividade do rapaz. Todavia, nesta espécie de policial, nem tudo o que parece é, e os excertos da comédia levam-nos a uma hipótese de resposta à pergunta atrás formulada. Ángela é simbolizada pela garça, um animal puro que simultaneamente é guerreiro: um anjo que se sabe defender. Será Santiago o falcão caçador, atrevido e altivo, que julga que não vai ser apanhado? Ter-se-á posto em perigo ao provocar a garça? Lembremos que Sant'Iago foi também conhecido durante séculos na Península

---

2 Sublinhados nossos, correspondendo aos excertos presentes em *Crónica de una muerte anunciada*.

Ibérica como Santiago Mata-Mouros e tido como protector dos militares cristãos nas Cruzadas do Ocidente, ou seja, trata-se de um santo guerreiro, de certa forma "caçador" de muçulmanos. Já Felicio, o apaixonado de Cismena de *Comédia de Rubena*, assume-se como o falcão mencionado nas rimas e diz que quer caçar a rapariga:

> *Os perigos que eu espero*
> *nesta caça venturosa,*
> real garça rigorosa,
> *eu os busco, eu os quero*
> *por seguir ave fermosa.*
> E pois voais alterosa,
> E tão ligeira,
> a vitoria toda é vossa [...].
> (Vicente 1984, 395)

Outros aspectos apontam para a identificação de Santiago com o falcão caçador. Por exemplo, na semana anterior sonhou que voava sozinho num avião de papel. É o próprio narrador que afirma que ele tem "mano de gavilán carniceiro" (García Márquez 1991, 20). Enquanto toma o pequeno-almoço em casa, na manhã derradeira, Santiago agarra pelo pulso a criada Divina Flor e diz-lhe: "Ya estás en tiempo de desbravar" (García Márquez 1991, 16). A mãe dela, Victoria Guzmán, ameaça-o com a faca com que despedaçava coelhos para o almoço. A seguir, antes de sair, ele volta a agarrar a rapariga. Lembra esta, anos mais tarde: "Me agarró toda la panocha —me dijo Divina Flor—. Era lo que hacía siempre cuando me encontraba sola por los rincones de la casa, pero aquel día no sentí el susto de siempre sino unas ganas horribles de llorar" (García Márquez 1991, 20). Se tem esta atitude com Divina Flor, porque não também com Ángela?

A suposta reacção de espanto de Santiago quando lhe contam que é procurado pelos gémeos é apontada por algumas personagens como um indício de inocência. Mas mais uma vez a epígrafe dá-nos pistas em sentido contrário. "Altanaria" significa também "altivez" e "soberba" (*Dicionário da Língua Portuguesa* 1985, 80). Santiago é um homem rico e respeitado, ao ponto de alguns vizinhos acreditarem que Pedro e Pablo não o matariam devido à sua posição social: "[É]sos no matan a nadie, y menos a un rico" (García Márquez 1991, 59), diz Rogelio de la Flor à mulher. Assim sendo, a aparente admiração de Santiago não poderia reflectir, não inocência, mas surpresa face à audácia de Pedro e Pablo de desacatar a hierarquia social? Não somos os únicos a aproximarmo-nos desta hipótese interpretativa. Também a personagem Polo Carrillo "pensaba que su serenidad no era inocencia sino cinismo. 'Creía que su plata lo hacía intocable', me dijo" (García Márquez 1991, 101).

Também Ángela fingiu e as suas atitudes foram vistas como normais pelos outros, no momento:

> Su cautela pareció natural, porque no había un percance público más vergonzoso para una mujer que quedarse plantada con el vestido de novia. En cambio, el hecho de que Ángela Vicario se atreviera a ponerse el velo y los azahares sin ser virgen, había de ser interpretado después como una profanación de los símbolos de la pureza. Mi madre fue la única que apreció como un acto de valor el que hubiera jugado sus cartas marcadas hasta las últimas consecuencias. (García Márquez 1991, 45)

Não teria Santiago feito o mesmo? Não teria mantido o seu jogo até ao fim, dissimulado, para não ser apanhado? "No quiero flores en mi entierro" (García Márquez 1991, 46), pediu Santiago ao ver a decoração floral da igreja para o casamento de Ángela. Este comentário tão despropositado não seria um reflexo da culpa que sentia e do medo das consequências da sua acção?

Ángela procura ser honesta (possui uma "decencia pura" [García Márquez 1991, 91], segundo o narrador) e, na noite de núpcias, decide não pôr em prática os artifícios que encobririam a anterior perda da virgindade: "No hice nada de lo que me dijeron —me dijo—, porque mientras más lo pensaba más me daba cuenta de que todo aquello era una porquería que no se le podía hacer a nadie, y menos al pobre hombre que había tenido la mala suerte de casarse conmigo" (García Márquez 1991, 92). Porque estaria, então, a mentir quando afirma que foi Santiago o culpado, mantendo a sua versão durante mais de vinte anos? A honestidade dos outros actos não lhe dá crédito?

Vejamos outro aspecto. O narrador recorda que ele, o seu irmão Luis Enrique, Santiago e Cristóbal formavam um grupo de amigos íntimos, e afirma que saberia da relação com Ángela, caso esta existisse: "[N]adie podía creer que tuviéramos un secreto sin compartir, y menos un secreto tan grande" (García Márquez 1991, 46). Luis Enrique, pouco antes do assassinato, completamente embriagado, ouve os irmãos Vicario advertir que matarão o companheiro e, quando lhe perguntam pelo seu paradeiro, responde: "Santiago Nasar está muerto" (García Márquez 1991, 71). A afirmação surpreende quem o ouve, mas não mostrará que Luis Enrique – ao contrário do narrador, que passa o ano longe da vila, a estudar – sabe do episódio amoroso secreto e que o seu subconsciente antecipa as consequências disso, isto é, a morte por desonra? Ele é o único a admitir em público indirectamente a culpa de Santiago.

As inexactidões do narrador levam-nos a pensar que ele não sabe tudo e que se engana involuntariamente. Primeiro, afirma que o dia fatídico teve lugar há 27 anos, mais tarde fala em 23. Diz também que a mãe não saía de casa há anos ("hacía años que no salía a la calle, ni siquiera para ir a misa" [García Márquez 1991, 26]), mas, quando esta vai para a rua tentar salvar Santiago, leva "la mantilla de iglesia que sólo usaba entonces para las visitas de pésame" (García Márquez 1991, 28). As várias versões dos acontecimentos avançadas pelas várias testemunhas mostram-nos que é fácil cair em enganos e incorrecções. Se o narrador se engana, então não é totalmente confiável, incluindo na certeza de inocência do amigo.

Será, então, Santiago responsável pela perda da virgindade de Ángela? Uma primeira leitura da novela indica-nos que não. No entanto, uma análise mais aturada e intertextual com *Comédia de Rubena* – peça de onde foram retirados excertos incluídos na obra de García Márquez, recordamos – abre a porta a outra resposta. É possível (talvez mesmo provável) que sim, que Santiago tenha mantido uma relação secreta com Ángela, dissimulando-a até à morte, e sofrendo com os "perigos" por ele provocados. Não temos uma resposta definitiva, mas procuramos abrir outros horizontes. Certezas temos apenas uma: a da infelicidade das personagens de García Márquez e Gil Vicente, provocada pelo amor. Como exclamava Rubena: "Oh, mocedad desdichada,/de falso amor enganada" (Vicente 1984, 358).

OBRAS CITADAS

ALVES, Eugénio. 1981. García Márquez ao "DL". "Feliz, eu?... Isso era dantes quando ninguém me conhecia...". *Diário de Lisboa, Ler/Escrever*, 31 de Outubro.

ARISTÓTELES. 2000. *Poética*. Trad. Eudoro de Sousa. Lisboa: Imprensa Nacional--Casa da Moeda.

Dicionário da Língua Portuguesa. 1985. Porto: Porto Editora.

GARCÍA MÁRQUEZ, Gabriel. 1991. *Crónica de una muerte anunciada*. Madrid: Mondadori.

RECKERT, Stephen. 1983. *Espírito e Letra de Gil Vicente*. Trad. Manuel de Lucena. Lisboa: Imprensa Nacional-Casa da Moeda.

VICENTE, Gil. 1984. *Copilaçam de todalas obras de Gil Vicente*, vol. I. Lisboa: Imprensa Nacional-Casa da Moeda.

ÍNDICE

9 PREFÁCIO

15 PREFACIO

I. IDENTIDADES EM QUESTÃO / IDENTIDADES EN CUESTIÓN

23 TANGO: EL DESEO DE PERTENECER
   María Rosa Olivera-Williams

43 JOSÉ SARAMAGO E MIGUEL OTERO SILVA: UMA REESCRITA DA IDENTIDADE SOCIAL
   Raquel Baltazar

51 HACIA UNA ÉTICA DEL DESARRAIGO EN LA NOVELÍSTICA CUBANA
   Magdalena López

59 LA VOZ FEMENINA EN LA NOVELA POLICIACA COMO ELEMENTO PRIMORDIAL EN *LA MUERTE ME DA* DE CRISTINA RIVERA GARZA Y *CAMPO DE SANGUE* DE DULCE MARIA CARDOSO
   Alicia V. Ramírez Olivares

67 TRANSGÉNERO Y POSTCOLONIALIDAD EN *SIRENA SELENA VESTIDA DE PENA*
   Silvia Hueso Fibla

II. SUJEITOS À MARGEM E IDENTIDADES TRANSFRONTEIRIÇAS / SUJETOS AL MARGEN E IDENTIDADES TRANSFRONTERIZAS

81 TRANSFORMACIONES DEL *MALANDREO* CARCELARIO EN EL CINE VENEZOLANO: DE CLEMENTE DE LA CERDA A LUIDIG OCHOA
   Andrea Carolina López López

93 NARRATIVAS DE LA DIÁSPORA VENEZOLANA EN EL SIGLO XXI
   Víctor Carreño

109 *AL OTRO LADO* DE HERIBERTO YÉPEZ. PERCEPCIONES DESDE Y SOBRE LA FRONTERA MÉXICO-ESTADOS UNIDOS
   Silvia Ruzzi

III. REPRESENTAÇÃO E MEMÓRIA / REPRESENTACIÓN Y MEMORIA

123   ENTRE MURALES Y AZULEJOS: FICCIONES HISTÓRICAS DE MÉXICO Y PORTUGAL
Armando Trinidad Aguilar de León

133   LA CONFESIÓN DE LOS PECADOS: MEMORIA Y CULPA COMO PROCESO DE SUMISIÓN EN JUAN RULFO
Gerardo Gómez Michel

147   A CENSURA AOS FILMES IBERO-AMERICANOS NA GOVERNAÇÃO DE MARCELLO CAETANO
Ana Bela Morais

157   VALPARAÍSO Y LISBOA EN EL CINE: ENFOQUES LOCALES, VISIONES FORÁNEAS
Silvia Donoso Hiriart

IV. METAFICÇÃO E AUTORIA / METAFICCIÓN Y AUTORÍA

173   ENTRE SUEÑOS Y TISANAS: MICRORRELATO Y METAFICCIÓN EN ANA MARÍA SHUA Y ANA HATHERLY
Cristina Almeida Ribeiro

187   AUTORÍA Y AUTORIDAD EN DIÁLOGO: ANTÓNIO LOBO ANTUNES, ENRIQUE VILA-MATAS Y CÉSAR AIRA
Felipe Cammaert

199   JOSÉ JUAN TABLADA, CARLOS OQUENDO DE AMAT Y ÁLVARO DE CAMPOS: LA VANGUARDIA COMO EXPERIMENTO DE LA MODERNIDAD
Alejandro Palma Castro

V. RECEPÇÃO, RELEITURAS E CONFLUÊNCIAS / RECEPCIÓN, RELECTURAS Y CONFLUENCIAS

217   A CONSTRUÇÃO DE UMA IDEIA DE LITERATURA HISPANO-AMERICANA NO CAMPO CULTURAL PORTUGUÊS. UM FENÓMENO DE MEDIAÇÃO CULTURAL
Margarida Borges

229   EL *BOOM* DE ROBERTO BOLAÑO EN PORTUGAL
María Fondo

241   OS OLHOS DA NICARÁGUA. LER EUGÉNIO DE CASTRO COMO RUBÉN DARÍO O LEU
Miguel Filipe Mochila

253   JORGE LUIS BORGES E GONÇALO M. TAVARES. REESCRITA, MEMÓRIA E TRANSGRESSÃO
Celina Martins

265   "NATURA DAS ANIMALHAS": *EL LIBRO DE LOS SERES IMAGINARIOS*, DE JORGE LUIS BORGES, E *BESTIÁRIO LUSITANO*, DE ALBERTO PIMENTA
Márcia Seabra Neves

281   "LA CAÇA DE AMOR ES D'ALTANARÍA": UMA LEITURA DE *CRÓNICA DE UNA MUERTE ANUNCIADA*, DE GABRIEL GARCÍA MÁRQUEZ, À LUZ DE GIL VICENTE
Isabel Araújo Branco

ÍNDICE REMISSIVO / ÍNDEX

...*A Valparaíso* 159, 162, 163, 164, 168
2666 229, 231-236, 238, 240
41 clósets 114, 120,
463 Tisanas 185
5 metros de poemas 203, 204, 206, 213
Aguinis, Marcos 40
Aira, César 197
Al otro lado 11, 17, 112, 118, 119, 120
Al sol y bajo la luna 200
Alberdi, Juan Bautista 26
Anacrusa: 68 Sonhos 185
Anda Jr., Raúl de 150
Antônio das mortes 151, 152
Antunes, António Lobo 12, 18, 187, 188, 190, 192, 197
Aristóteles 285, 289
Asturias, Miguel Ángel 218, 219, 221, 222
atroz encanto de ser argentinos, El 31, 40
Augé, Marc 120
Bajo tierra 11, 17, 101, 107
Bajtín, Mijail 40
Bakhtin, Mikhail v. Bajtín, Mijail
Balibar, Étienne 105
Barthes, Roland 197
Basterra, Gabriela 146
Bestiário Lusitano 13, 19, 265, 272, 273, 275, 277, 278, 279
Betinoti, José 31
Bolaño, Roberto 237, 238, 239

Borges, Jorge Luis 263, 279
Botánica del caos 173, 183
boutique, La 151
Braidotti, Rosi 76
Brizuela, Ramón Antonio 91
Butler, Judith 77
cafagestes, Os 152
Campo de Sangue 11, 17, 60, 62, 64, 65
Campos, Álvaro de 12, 18, 199, 200, 206, 207, 209, 210, 211, 212, 213
Candido, Antonio 91
Cantos de vida y esperanza 241, 250
Cárcel o infierno 17, 81, 83, 84, 85, 86, 87, 88, 92
Cardoso, Dulce Maria 65
Carpentier, Alejo 222, 226
Casa de geishas 173, 180, 181
Casamayor-Cisneros, Odette 57
Casas muertas 43, 45, 46, 50
Castellanos Moya, Horacio 239
Castro, Eugénio de 249
Caverna, A 43, 46, 47, 50
Cazadores de letras: minificción reunida 185
Clifford, James 105
Colaço, Jorge 127
Comédia de Rubena 13, 19, 281, 284, 286, 288
Contursi, Pascual 40
Coronil, Fernando 106
Cortázar, Julio 224, 235

Crónica de una muerte anunciada 13, 19, 281, 284, 285, 289
Culturas híbridas: Estrategias para entrar y salir de la modernidad 110, 120
Darío, Rubén 249
De fantasmas y destierros 100, 106
De la Cerda, Clemente 91
Deleuze, Gilles 120, 279
Desde los blancos manicomios 11, 17, 51, 53, 56, 57
"Dialética da Malandragem" 91
Directrizes para uso da censura cinematográfica 149, 150, 155
Drago, Luis María 40
Echavarren, Roberto 77
Eliade, Mircea 263
Enríquez Ureña, Max 250
Ensaio sobre a Cegueira 44, 48, 50
Epopeya del pueblo mexicano 129, 130
Espinosa v. Spinoza
estado mágico. Naturaleza, dinero y modernidad en Venezuela, El 106
Even-Zohar, Itamar 250
Fafe, José Fernandes 226
feria, La 201, 202, 212
Fernández Pintado, Mylene 57
Ferreira, João Palma 226
Ferreira, Serafim 226
Ferreira, Vergílio 226
Fome de amor 153
Foucault, Michel 279
Francia, Aldo 168
Franco, Jean 146
Fresán, Rodrigo 233
Freud, Sigmund 139, 142, 144, 146, 208, 244
"frontera como falla, La" 109, 112, 120

Fuentes, Carlos
Fusión de dos culturas 130
Gallegos, Rómulo 47, 50, 197, 198, 230
García Berlanga, Luis 151
García Canclini, Néstor 110, 120
García Márquez, Gabriel 13, 19, 221, 222, 224-226, 231, 236, 281-289
Gardel, Carlos 23, 37-40
Glissant, Edouard 52, 57
Gomes, Miguel 11, 17, 97, 98, 100, 103, 104
Gómez, Eusebio 34
González Camarena, Jorge 130
Guattari, Félix 52, 74, 110, 120
Guerra, Ruy 156
Hatherly, Ana 12, 18, 173-176, 180-183, 185
"história de Elia de Mirceia, A" 13, 253, 262, 263
Histórias Falsas 253, 264
hombres de presa, Los 33, 34, 40
homem nu, O 150, 151
Horas 244, 245, 249
Hutcheon, Linda 173, 185
"idioma analítico de John Wilkins, El" 267, 279
Ivens, Joris 159, 162-164, 167, 168
Kristeva, Julia 59, 62, 64, 65
Lamborghini, Osvaldo 194
Lao Tse 254, 255, 258-263
Lemebel, Pedro 68, 72, 75-77
Levantado do Chão 43-45, 50
libro de los seres imaginarios, El 13, 19, 265, 267, 268, 271, 279
Li-Po y otros poemas 200, 201, 212, 213
Lisbon Story 12, 18, 159, 164, 165, 166, 167, 169

Lombroso, Cesare 34
Lopes, Óscar 226
Los detectives salvajes 191, 229, 230, 232, 235, 237
Machado, Álvaro Manuel 226
Made in Tijuana 120
Magris, Claudio 120
Mallarmé, Stéphane 203, 204, 207, 212
Mantilha de Medronhos, A 247
Manual de zoología fantástica 265, 279
Mateo Palmer, Margarita 57
Méndez Guédez, Juan Carlos 106
"Mi noche triste" 24, 36, 37
Molloy, Sylvia 77, 279
muerte de Honorio, La 44, 48-50
muerte me da, La 11, 17, 59-61, 64, 66
Neruda, Pablo 50
Nietzsche, Friedrich 146, 264
Nocturno de Chile 229, 231, 235, 237
nueva escritura, La 193, 194, 197
Oaristos 243, 244, 249
Ochoa, Luidig 11, 17, 81, 83, 88, 89, 92
"Ode marítima" 207, 208
"Ode triunfal" 207, 208
Oficina Nº 1 43, 46, 50
Oliveira, Manoel de 12, 18, 98, 164, 166, 169
Onetti, Juan Carlos 224
Oquendo de Amat, Carlos 212
Orpheu 209, 249
Ostrov, Andrea 77
Otero Silva, Miguel 50
Otras plegarias atendidas 11, 17, 51, 56, 57
Parra, Nicanor 235

Paz, Octavio 213, 250
Pedro Páramo 12, 18, 139, 141, 142, 143, 144, 145
Pessoa, Fernando 213
Pimenta, Alberto 279
Pires, José Cardoso 227
Platão 46, 48
Platón v. Platão
Poema surrealista del elefante y del canto" 205, 206, 212
Poética 205, 285, 289
"post-transfronterizo, Lo" 120
Preciado, Beatriz 77
Prohibido 150
Ramos Mejía, Francisco 34
raros, Los 242, 245, 249
Regules, Elías 41
reincidente, El 11, 17, 81, 83, 84, 87, 88, 92
Ricoeur, Paul 41
Rivera Garza, Cristina 66
Rivera, Diego 129, 130
Roa Bastos, Augusto 225
Rocha, Glauber 151
Rodó, José Enrique 28, 30
Rodrigues, Urbano Tavares 227
"rosa de Paracelso, La" 13, 253, 256, 262, 264
Rosas blancas para mi hermana negra 154
Sábato, Ernesto 224
Sala das Batalhas do Palácio Fronteira 131
Salazar, Abel 154
Santos, Nelson Pereira dos 153
Santos-Febres, Mayra 77
Saramago, José 50, 132, 227
Sarduy, Severo 77
Sarmiento, Domingo Faustino 26, 30, 32

Sena, Jorge de 227
Shua, Ana María 185
Sifuentes-Jáuregui, Ben 77
Singularidades de uma rapariga loura 12, 18, 164, 169
Sirena Selena vestida de pena 11, 17, 67, 68, 76, 77
SNI (Secretariado Nacional de Informação) 149, 152-154
Sontag, Susan 231
Soy un delincuente 11, 17, 81, 83, 84, 87, 88, 91, 92
Spinoza 25, 41, 295
Steiner, George 106
sueñera, La 173, 176-178, 185
Tablada, José Juan 213
Tao Te King 255, 258, 259, 260, 263
Tavares, Gonçalo M. 264
"Um fantasma português, com certeza" 11, 17, 98

Una tarde con campanas 11, 17, 100, 106
Utopía, distopía e ingravidez. Reconfiguraciones cosmológicas en la narrativa postsoviética cubana 57
Valadão, Jece 151
Valle, Gustavo 107
Valparaíso mi amor 12, 18, 159, 160, 161, 162, 164, 167, 169
Vargas Llosa, Mario 224-226
Vicente, Gil 289
Vila-Matas, Enrique 198, 240
Waugh, Patricia 185
Wenders, Wim 12, 18, 159, 164-166, 168, 169
Yépez, Heriberto 120